강정평화서신

강정평화서신
©송강호, 박정경수

초판1쇄 인쇄 2018년 1월 12일
초판1쇄 발행 2018년 1월 19일

지은이 송강호, 박정경수
펴낸이 김성민
편집 김혜원
디자인 공윤지, 최건호

펴낸곳 도서출판 짓다
출판등록 제 633-96-00050호
주소 (08727) 서울특별시 관악구 관악로 247, 401호
전화 (02)596-8493
팩스 0505-300-5437
홈페이지 www.jidda.co.kr
이메일 jidda@jidda.co.kr

ISBN 979-11-956118-3-6 (03300)

이 책의 무단 복제를 금지합니다
책값은 뒤표지에 표시되어 있습니다.
잘못 만들어진 책은 언제든지 교환해드립니다.

이 도서의 국립중앙도서관 출판예정도서목록(CIP)은 서지정보유통지원시스템 홈페이지(http://seoji.nl.go.kr)와 국가자료공동목록시스템(http://www.nl.go.kr/kolisnet)에서 이용하실 수 있습니다.(CIP제어번호: CIP2018001391)

짓다 (도서출판 짓다) 밥을 짓고 시를 짓고 집을 짓듯 이야기를 짓다.
짓·다 - 나의 짓, 너의 짓, 우리의 짓

강정평화서신

평화는 가둘 수 없다

송강호
박정경수
지음

짓다

목 차

프롤로그 - 깊은 절망의 밤에 평화의 꿈을 꾼다 7

1부 강정은 현재 진행형이다 - 평화의 길목에서 보낸 편지 13

1. 왜 교도소 앞마당에서 평화를 배워야 하나요? 15
   송강호의 옥중일기 1 24

2. 평화의 학교는 이미 열려 있어요 35
   송강호의 옥중일기 2 56

3. 군사기지로 고통받는 작은 섬들의 연대를 꿈꾸며 61
   송강호의 옥중일기 3 77

4. 평화의 꿈을 좇는 난민이 됩시다 81
   송강호의 옥중일기 4 98

5. 공권력의 폭력에 노출될 때 103

6. 다시, '3천년의 꿈'을 꿉시다 121

7. 포기할 수 없는 꿈, 생명평화의 마을 '강정' 139
   제주법정 최후진술서 1 (2012. 12. 20) 149

8. 비무장 평화의 섬 제주도를 꿈꿉니다 **157**
　　제주법정 최후진술서 2 (2013. 1. 21) **165**

9. 역사는 악인뿐 아니라 방관자도 심판합니다 **175**

10. 다시, 평화의 돛을 올립니다 **193**

11. '자유의 도성' 대한민국을 꿈꾸며 **207**

12. 한국전쟁은 왜 60년 전쟁이 되었나? **223**

13. 폭력과 싸우는 힘, 상상력 **241**
　　송강호의 옥중일기 5 **248**

14. 통일 길목을 지키는 이정표들 **261**

15. 젊은이들에게 군복무 대신 '평화복무'를 **277**

16. 평화를 위한 새로운 정당을 꿈꾸며 **293**

17. 전쟁 없는 세상에 대한 희망 **313**

2부 강정 이후를 말하다 - 평화를 만드는 대화 **331**

에필로그 - 평화의 답장을 기다리며 **389**

프롤로그
깊은 절망의 밤에 평화의 꿈을 꾼다

왜 하나님은 우리의 간절한 기도와 처절한 저항에도 불구하고 강정에 해군기지 건설이 완공되도록 허락하신 것일까? 불법과 사기, 편 가르기와 매수, 부정과 편법으로 무리하게 군사시설이 지어지도록 왜 가만 놔두신 것일까? 아름답고 거룩한 바위 구럼비를 쪼개고 부수어 그 위에 시멘트 콘크리트를 붓고 생매장하도록 왜 보고만 계셨을까? 마을 주민들은 실망과 낙담으로 뿔뿔이 흩어지며 이제는 더 이상 어찌할 수 없다고 자포자기하도록 내버려두시는 것일까? 이것이 10년 동안의 저항의 종말인가? 정말 이제 강정은 끝나버린 것인가?

그렇다면 우리가 이곳 강정에서 흘린 땀과 눈물과 피는 무슨 의미였을까? 해군기지는 우리를 비웃듯이 거대하게 우뚝 세워져 있고 우리는 마치 빼앗긴 땅에서 쫓겨나지 않으려고 발버둥치는 철거민처럼 비루하게 떼를 쓰며 버티고 있는 것 같아 보일 수도 있겠다. 그러나 나는 하나님이 강정에 군사기지 건설을 허락하신 데는 우리가 미처 알 수 없었던 어떤 깊은 뜻이 있었다고 생각한다.

하나님은 우리나라의 군사력을 증강시키라고 해군기지를 제주에 세우도록 내버려 두신 것이 아닐지도 모른다. 그분은 이 문제 많은 군사기지를 평화교육과 훈련, 평화운동의 실험과 실천의 장으로 삼아 제주도와 우리 한반도의 평화뿐 아니라 동북아시아와 세계 평화를 위해 일할 일꾼들을 길러내라는 뜻으로 이 기지를 허락하신 것이 아니었을까? 온 인류를 괴롭힌 폐렴을 퇴치한 페니실린을 생산한 파스퇴르 연구실의 푸른곰팡이처럼 강정 해군기지는 전쟁 없는 세상을 향한 새로운 평화운동을 배태할 백신 연구소로 준비된 곳이 아닐까? 그런 선한 이유 때문에 우리는 이 절망과 낙심과 고통을 이겨내야만 하고 또 그럴만한 힘을 낼 수 있는 것이 아닐까?

나는 그리 머지않은 훗날 더 이상은 평화의 섬 제주도에 군사기지가 필요 없는 날이 올 것이라고 믿고 있다. 그 날이 되면 이 제주 강정 해군기지에서 해군을 해산시키고 이 기지를 국제적인 평화대학으로 바꾸는 날이 올 것이라고 믿는다. 그런 믿음이 있기에 오늘도 해군기지 정문 앞에서 손에 손을 잡고 우리는 전쟁기지가 아니라 평화의 학교를 원한다고 외칠 수 있는 것이다.

군사주의나 전쟁 그 자체와의 투쟁은 힘과 무력에 의한 싸움이 아니다. 평화를 위한 싸움은 상상력과 예술의 힘으로 싸우는 것이며 사랑과 우정의 힘으로 폭력에 대항하는 것이다. 우리는 승리를 위해서 보이지 않는 진실을 볼 수 있는 눈을 떠야 하며 현실 너머에 있는 가능성의 세상을 예견할 수 있어야 한다. 나는 우리의 상상력이 폭력을 이기는 날이 올 것이라고 굳게 믿고 있다. 그 상상력은 아름답고, 사랑스러우며, 우리뿐 아니라 상대방에게도 희망을 줄 수 있는 것이어야 한다. 전쟁과 군대는 절대로 그런 상생을 위한 희망을 줄 수 없다.

나는 예수를 따라다니며 꿈을 꾸게 되었다. 어쩌면 눈을 뜨게 되었다는 말이 더 적당한지도 모르겠다. 그분은 이기심과 탐욕으로 눈먼 내게 눈을 뜨게 하셔서 옛 예언자들의 아름다운 묵시를 볼 수 있게 해 주셨고 정의롭고 평화로운 하나님의 나라를 볼 수 있게 해 주셨다. 나는 새로운 눈으로 새 꿈을 꾸고 있다. 마치 어둔 밤, 별이 빛나는 하늘을 바라보면서 전율했던 것처럼 그 꿈은 어두운 내 인생 속에서도 나를 설레게 하는 빛이었고 사막같이 목마르고 고단했던 나의 삶을 적시는 감동의 샘이었다.

전쟁 없는 세상에 대한 꿈을 실현하기에는 인생이 너무 짧다. 그래서 젊은 세대가 같은 평화의 꿈을 이어가는 것이 고맙고 감동적이다. 2012년 〈복음과 상황〉의 지면을 통해 내가 박정경수 형제와 공개적인 서신 연락을 할 수 있었다. 이 서신 교환을 통해 평화의 희망을 이야기할 수 있었던 것은 내게 큰 기쁨이고 행운이었다. 때로는 감옥 안에서 편지를 쓰며 자유를 느낄 수도 있었고 출옥 후에는 자유로운 몸으로 편지를 쓰면서도 감옥에 갇힌 것과 같은 답답함을 느끼기도 했다. 나는 이 서신을 통해 내가 나의 세대에 미처 이루지 못한 평화의 꿈을 다음 세대에게 부탁했다. 나는 다음 세대가 우리 세대보다 창조적으로 더 아름답게 이 평화의 희망을 실현해 나갈 것을 믿고 기대한다.

나는 2000년대 초반 동티모르에서 평화를 위해 일할 때 주말에는 별이 빛나는 동티모르 헤라 파셀푸티 해변에서 밤을 지새우곤 했다. 어둔 밤에는 별을 헤었고 동이 트는 새벽에는 적막한 모래해변을 거닐었다. 적도의 밤, 나는 하늘에서 쏟아져 내리는 것처럼 찬란하게 빛나는 티모르의 별들을 바라보면서 그리고 새벽녘 바닷가를 거닐면서 먼 옛날 아브라함이 꾸었던 꿈을 생각하곤 했다. 아브라함의 꿈은 어두운 시대 속에서 나의 꿈이 되었다. 그리 머지않은 훗날 밤하늘의 별처럼, 그리고 바닷가의 모래알처럼 수많은 젊은이들이 내가 걸었던 그러나 아직 이루지 못한 평화의 길을 찾아오리라는 꿈이다.

개척자들 송강호

1부
강정은 현재 진행형이다
평화의 길목에서 보낸 편지

제주도는 2005년 "세계 평화의 섬"으로 지정되지만 바로 2년 후 (2007년) 해군기지 사업에 대한 논의가 시작되고 정부는 해군기지를 강정마을에 유치하기로 결정한다. 강정마을은 주민투표를 실시해 해군기지 건설 반대로 저항하지만 결국 2011년에 공사는 강행된다. 구럼비 바위의 혼을 보호 계승하고 강정의 생태계 속 생물들과의 평화로운 공존을 위해 마을 주민들은 공권력과 힘겹게 싸웠다. 송강호는 구럼비 폭파 현장에서 철조망을 넘다가 공무 업무 방해혐의로 체포 구속된다. 송강호는 약 1년의 수감생활로 고초를 겪는다. 1부는 송강호의 수감생활 중 평화활동가 박정경수와 주고받은 편지글을 엮은 것이다. 박정경수는 양심적 병역거부로 1년 6개월 수감생활 경험이 있고 군사기지 반대운동에 오랫동안 관심을 가져왔다. 그래서일까. 그는 평화와 투쟁의 삶의 고단함에 대해 잘 알고 있었다. 둘의 교감은 각별했다. 송강호는 보석으로 석방되지만 시위를 계속 이어간다. 강정마을 주민 모두에 큰 상처를 남겼을 뿐만 아니라 평화의 섬 제주도의 미래도 불투명해졌다. 활동가들은 현재를 산다고 했다. 절망 속에서도 희망의 틈을 내는 몸부림, 그것이 이들 삶의 본질이기도 하다. 해군군사기지는 완공되었지만 강정 평화 투쟁은 현재진행형이다.

1. 왜 교도소 앞마당에서 평화를 배워야 하나요?

송강호 선생님께,

　선생님, 건강하신지요. 지난 번 면회에서 편지 약속을 드려 기다리고 계셨을 텐데 많이 늦어졌습니다. 막상 편지를 쓰려니 첫 인사부터 망설여지더군요. 언제나처럼 "평화의 이름으로 인사드립니다"라고 쓰고 싶었지만 교도소 생활에 평화라니요. 쓰고 지우기를 몇 번, 결국 선택한 것이 겨우 건강을 묻는 안부 인사네요. 그래도 선생님이라면 고통의 시간 속에서 분명 평화를 찾고 계시겠지요?

　기껏 편지를 쓰는 일인데 저는 이 시간이 제주로 내려가는 길보다 훨씬 더 멀게 느껴졌습니다. 그건 아마도 기억과 책임의 무게가 주는 마음의 여백 때문이지 않았을까 생각합니다. 선생님께 편지를 쓰는 일이, 그리고 강정마을과 평화에 대해 이야기하는 것이 저에게는 제 부족함과 부끄러움, 그리고 두려움을 대면하는 시간이기도 했습니다. 편지는 손이 쓰는 것이겠지만 마음이 편지를 쓰기 위해서는 조금 더 많은 시간이 걸리더군요.

선생님, 혹시 그곳 교도소를 밖에서 본 적이 있으신가요? 담장 너머의 풍경을 말이지요. 강정마을에서 활동하다 그곳에 온 누군가를 면회하기 위해 이곳을 방문하신 적이 있겠지요. 5년간 법 없이도 살던 마을 주민 300여 명을 범법자로 만들어 버린 해군기지 건설은 이 낯선 장소를 더 이상 낯설지 않은 곳으로 만들어 버렸을지도 모른다고 생각했습니다.

제주교도소는 참 작고 아담하더군요. 제가 있던, 수천 명을 한곳에 모아 놓는 그곳과 비교하면 참 소박하고 인간적이라고 생각했습니다. 제주도에 단 한 곳뿐인 유치장도 수용 인원이 얼마 되지 않는다고 하지요. 강정마을에서 큰일이 벌어질 때마다 그곳 경찰서의 유치장이 미어터지던 걸 기억하고 있습니다. 도둑이 없는 섬, 담벼락이 허리춤에도 오지 않는 건물들, 그리고 주인이 있는지 없는지를 알려주는 정낭의 미덕까지. '제주도를 갈 때마다 해군기지 건설만 아니었다면 여전히 조용하고 평화로운 섬으로 남았을 텐데 ….' 생각하곤 합니다.

몇 해 전, 제가 감옥에 들어간 지 얼마 지나지 않아 '개척자들' 식구들과 함께 저를 찾아온 적이 있으시지요. 그렇게 몇 번이나 찾아오셨습니다. 그때는 정말 미안하고 죄송한 마음뿐이었습니다. 왠지 저의 선택이 사람들을 고생스레 만든 것 같아서요. 그때는 제가 선생님을 면회하러 교도소를 찾아가게 될 줄 상상도 못했지요. 우연한 기회에 개척자들을 알게 되었을 때도 그 인연이 이렇게 길게 이어질 거라고 상상하지 못했습니다. 그러고 보니 저와 선생님이 만나는 평화의 길목은 늘 교도소 앞마당인 모양입니다.

 선생님을 면회하는 내내 선생님이 저를 면회 오셨던 때, 파란 수형복과 수번을 달고 있던 제 모습이 머릿속에서 지워지질 않았습니다. 그래서였을까요. 면회실에서 선생님을 뵈었을 때 무슨 말을 해야 할지 생각이 나지 않았습니다. 아니, 무슨 말을 할 수 있겠습니까. 머릿속에 가득한 질문은 몽땅 제가 해야 할 대답이었는데 말입니다. 처음 구치소로 저를 찾아오셨을 때 선생님은 저를 바라보며 어떤 생각이 드셨나요. 애써 의연한 척 했지만 감옥에서 몇 달 간은 웃는 법을 잊어 버렸던 기억이 납니다. 그래서일까요. 그때 제 표정이 기억나지 않습니다. 아니, 기억할 수가 없겠지요. 다만 진심으로 걱정해 주시던 선생님과 개척자들 식구들의 표정은 분명하게 기억이 납니다.

선생님께 이런 이야기를 한 기억이 나네요. 병역거부를 하고서 미처 알지 못했던 것을 깨달았다고. 병역거부, 특히 감옥살이는 혼자서 하는 게 아님을 알게 되었다고 말입니다. 혼자 선택할 수 있는 일이 아니지요. 혼자 그 고통의 시간을 보내는 것이 아니라 응원해 주시는 분들, 그리고 진심으로 걱정해 주시는 분들이 있기 때문에 견딜 수 있다는 생각을 했습니다.

응원의 목소리보다 행동의 발걸음 소리

감옥에서 쓰신 선생님의 옥중일기를 훔쳐 읽었습니다. TV에서 흘러나온 안치환의 노래 '사람이 꽃보다 아름다워'의 '지독한 외로움에 쩔쩔매 본 사람은'이란 소절을 들으며, 선생님도 '홀로 가고 있다, 함께 갈 수 있는 사람이 없을지도 모른다'는 지독한 외로움을 느꼈다고 하셨지요. 좁은 문으로 걸어가는 길은 늘 외로움을 동반하나 봅니다. 동행자가 없는 외로움…. 그제야 선생님께서 응원의 목소리보다는 동행의 발걸음 소리를 듣고 싶으셨다는 걸 알았습니다. 아마 선생님을 뵈러 교도소로 향하는 발걸음보다 강정마을의 구럼비로 향하는 발걸음을 보고 싶으셨던 것이겠지요?

조금 다른 이야기를 해 볼게요. 제가 개척자들과 교제하며 인상 깊게 본 사진이 한 장 있습니다. 선생님이 개척자들을 시작할 무렵의 사진이었습니다. 커다란 텐트 사진이었지요. 지금의 양평 샘터 어딘가에 집도 아닌 커다란 텐트를 쳐 놓고 청년들과 살던 때 찍은 것 말이에요. 개척자들 공동체를 방문하면서 종종 그때의 이야기를 들을 수 있었습니다. 제 기억이 맞는지는 모르겠네요. 지금처럼 집을 지을 수도, 지을 수 있는 사람도 없던 시절에 청년들과 무작정 텐트를 치고 공동체 생활을 시작하셨다고 하셨지요. 멀리서 물을 길어 오고 겨울에는 얼음을 깨 가며 생활했던 고된 시간이었을 테지요. 어떤 구체적인 계획이 있었던 것도 아니고 단지 기도 모임을 통해 가졌던 평화의 비전을 품고 그 일을 시작하셨다고 들었습니다. 그때 시작하지 않으면 안 될 것 같았다는 말도 하셨지요. 저는 개척자들 하면 자꾸 그 텐트 사진이 떠오르곤 합니다. 그 텐트 사진 한 장이 개척자들 사역의 많은 부분을 설명하는 것 같아서요. 혹시 그때의 이야기를 들려주실 수 있으신지요. 제대로 된 것이라고는 아무것도 없던 그때에 선생님을 움직이게 한 건 무엇이었는지, 선생님이 꿈꾸었던 건 무엇이었는지요.

무모함. 사실 제가 처음 개척자들과 선생님을 만나면서 들었던 생각입니다. 정말 무모하리만치 용감한 이야기를 아무렇지 않게 하시는 선생님을 보며 이것은 어떤 힘일까 생각했던 적이 많습니다. 저도 제 주변에서는 제법 별종으로 불립니다만 도무지 들어본 적도 없는 이야기들이 많았으니까요. 참 이상하게 그 무모함이 부럽기도 했지만, 사실 고마웠습니다. 그 무모함을 머리로는 이해하기 힘들었지만 가슴으로는 깊게 공감할 수 있었으니까요. 아마 저처럼 두근거렸을 청년들이 많았을 테지요. 불가능한 것들 앞에서도 묵묵히 발걸음을 내딛는 사람들이 만들어내는 신뢰. 저는 그 단단함이 지난 10여 년간 개척자들이 만들어낸 평화의 씨앗이 아닐까 생각합니다.

그리고 저는 그런 신뢰를 지금의 강정마을에서, 그리고 강정마을 해상 팀(SOS, Save Our Sea)의 활동에서도 마주하게 됩니다. 지난해 1월이었지요. 지난 수년간 방문했던 강정마을의 주민과 활동가 수십 명이 연행되었다는 소식을 듣고 선생님과 긴급하게 제주에 내려가며 제 머릿속은 많이 복잡했습니다. '무엇을 할 수 있을까?' 저는 머리가 앞서는 사람인가 봅니다. 그렇게 답답한 가슴을 안은 채 제주 강정을 돌아다니면서도 정작 머리로는 무엇을 할 수 있을지만 생각하고 있었으니 말입니다. 지금 생각해 보니 그때 이미 선생님은 '강정에 내려오겠다'고 결심하시지 않았나 하는 생각이 듭니다. 또 마음속에 커다란 평화의 텐트를 하나 그려 놓으셨겠지요.

평화를 부르짖으면 감옥에

선생님! 왜 이 나라는 평화를 바라는 이들을 감옥으로 보내는 걸까요. 그들을 모두 감옥에 넣어 버린다면 과연 이 나라는 평화로워질까요? 이 나라의 정치인들이 갈등의 현장에서 내놓을 수 있는 해답이 교도소의 차가운 콘크리트 담벼락밖에는 없다는 사실이 너무 안타깝습니다. 매년 총을 들지 않겠다는, 사람을 죽이는 연습을 할 수 없다는 수백 명의 청년들을 감옥에 보내는 것도 모자라 이제는 평범하게 살아가던 주민들마저 범법자를 만들고 있습니다. 이 나라에서 평화를 염원하는 것이 그렇게 위험한 일일까요.

지난해 제주에서 선생님이 제게 그런 이야기를 하신 적이 있지요. "제주 강정마을을 보고 청년들이 군대에 가지 않겠다고 이야기하게 되면 좋겠다. 강정마을을 찾아온 청년들이 병역을 거부하는 평화활동가가 되었으면 좋겠다." 선생님, 저는 그동안 저의 양심을, 저의 입장을 변호하기 위해 소극적으로 병역거부를 이야기해 온 것 같습니다. 저는 병역을 고민하며 저를 찾아온 청년들에게 그것은 당신의 선택이라고만 이야기했습니다. "책임질 수 있는 만큼 행동해라. 힘든 길, 철저하게 당신이 감당해야 하는 길이다." 저를 찾아왔던 몇 명의 사람들 중에 아직 감옥에 간 사람이 없는 걸 보면 저의 대답이 제법 효과적이었던 모양입니다. 아니면 저의 용기 없는 태도에 그들이 병역거부를 공감하지 못했기 때문일 수도 있고요. 지금 생각해 보니 어쩌면 그들이 듣고 싶었던 말은 함께 걸어갈 수 있다는, 함께 걸어가겠다는 응원이 아니었을까 싶습니다. 혼자서 걸어갈 수 없는 그 길을 철저하게 그들의 길이라고 대답했던 게 미안해집니다.

하지만 이제는 바꾸어 보려고 합니다. 적극적으로 평화의 길을 모색하기 위해 무엇을 해야 할지 말입니다. 선생님과 개척자들 활동가들이 강정마을에 내려간 초기 제가 처음 들었던 말은 '갈등과 화해'였습니다. 해군기지 건설로 갈등의 현장이 되어 버린 강정마을 주민들에게 도움이 되고 싶다고, 그들과 아이들의 마음을 채워 주고 치유해 주고 싶다고 이야기하셨지요. 하지만 한 달도 채 되지 않아 제가 들었던 소식은 선생님이 갈등의 한가운데로 들어가셨다는 것이었습니다. 그리고 선생님은 강정마을에 갈등 해결과 평화를 위한 학교를 만드는 것이 아니라, 강정마을이 평화의 학교가 되어야 한다고 이야기하셨지요. 주민들 뒤에 서는 게 아니라 적극적인 평화를 위해 그들 옆에서 해군기지 공사장으로 들어가는 트럭과 거대한 중장비 앞을 가로막으셨지요. 저는 그 처음 한 달 동안 선생님이 무엇을 보셨는지 많이 궁금합니다. 전 세계 갈등 현장에서 화해와 평화를 위한 학교를 만들어 온 개척자들이 주민들의 입장에서 적극적인 반대 활동을 시작한 것은 무엇보다 큰 변화로 보였으니까요. 저는 그 지점에 평화학교와 적극적 평화의 해법이 있다고 생각합니다.

청년들이 더 많이 강정마을에 가면 좋겠습니다. 그냥 강정마을에 갔다 오는 것이 아니라 더 많은 것을 느끼고 자신의 역할을 찾아 가면 좋겠습니다. 선생님처럼 진실한 눈으로 갈등의 현장을 바라본다면, 어느 누구도 가만히 지켜보기만 할 수는 없을 거라고 생각합니다. 지금 어떤 일들이 벌어지는지 알아야지요. 이 나라의 군대와 이 나라의 경찰이 주민들과 대결하는 곳에서 이제는 한낱 구호뿐인 평화를 다시 생각해 보았으면 합니다. 청년들이 내면의 평화를 기도하는 것이 아니라 더 많은 사람들과 함께 평화로운 길을 찾아가게 되면 좋겠습니다.

곧 선생님의 재판이 열리겠지요. 자신을 무죄로 만들기 위한 재판이 아니라, 법정 투쟁을 통해 해군기지의 문제점을 명백히 증명하겠다는 선생님의 말을 기억하겠습니다. 5월이 가기 전에 다시 찾아뵙겠습니다.

2012년 5월 19일
박정경수 드림

송강호의 옥중일기 1

2012. 4. 7(토)

2상 9611번, 두 번째 들어온 제주교도소에서 받은 새 번호다. 작년 7월 15일 바로 옆의 2상 11호에서 보름을 보냈다. 그때는 지금보다도 더 답답했었는데 이제는 그리 답답하지도 않고 갑갑하지도 않다. (중략) TV에서 안치환의 '사람이 꽃보다 아름다워'라는 노래를 젊은 후배 가수가 불렀다. '지독한 외로움을 경험한 사람은 알게 되지'라는 가사에서 눈물이 글썽거렸다. 그래 내가 바로 그런 사람 같다. 오늘 성희는 와서 나보고 혼자가 아니라고 위로해 주고 갔지만 나는 내가 홀로 가고 있다는 느낌이 든다. 지독한 외로움을 느낀다. 나를 사랑하지 않아서가 아니다. 설령 나를 사랑한다 하더라도 나와 함께 갈 수 있는 사람은 없을지도 모른다. 사람은 누구나 외로운 존재인지도 모른다. 누군가 함께 공감할 수 없는 가치를 추구하는 사람은 외롭다.

2012. 4. 19(목) *

우리나라 민주주의의 초석을 깔아 놓은 날을 누가 기억이나 할

---

* 저자 송강호의 다른 책,《평화, 그 아득한 희망을 걷다》(IVP, 2012), 137~138쪽.

지 모르겠다. 대한민국 민주주의의 앞날이 오늘 날씨처럼 암울한 것 같아 보인다. 강정마을에서 많은 사람들이 끊임없이 투쟁하고 또 체포, 연행된다는 소식이 들리지만 제주도청이나 대한민국 정부의 조치는 여전히 해군 감싸기로 일관하고 있는 것이 안타깝다. 오늘 오전에 문정현 신부님과 송영섭 목사님, 실버와 해마 그리고 아내가 접견을 왔다. 문 신부님은 오른손에 깁스를 하고 오셨다. 신부님께 절을 올렸다. 한평생 고단한 길을 걸어오신 노신부님이 죽을 위기를 넘어서 지금까지 살아오신 것이 너무 감사하다. 제주대학병원에서 나오셔서 처음으로 이곳을 찾아 주셨다고 신부님의 마음을 전해 주셨다. 신부님을 뵈면서 눈시울이 뜨거워졌다. 구사일생으로 살아나신 신부님의 그 아픈 상처가 느껴지는 것 같다. 단지 신체적인 아픔만 아니라 가슴 속에 날마다 찢어질 그 상처를 어찌 모를까?

(중략) 오늘 백신옥 변호사님이 찾아왔다. 내 재판을 강기탁 변호사가 맡은 사건과 병합하는 것이 어떠냐고 물었다. 그것이 형을 줄일 수 있는 길이라고 했다. 나는 형의 길고 짧음에 관심이 없고 이 해군기지 건설사업의 부당성과 불법성을 증거하며 나를 무죄로 판결하도록 변호할 변호사를 찾는다고 했다. 물론 판사는 그렇게 판결하지 않을 것이다. 그러나 법정 투쟁을 통해 해군기지의 문제점을 명명백백히 증명하여 이 불법을 저지르는

해군과 그를 동조하는 법관들을 정의의 심판대에 세우기를 바란다. 지금까지 법을 빙자하여 정의와 평화, 민주주의와 자유를 억압해 온 제주 법정과 그 판사들을 심판할 변호사들이 아니라면 나는 재판을 분리하여 내 형을 더 길게 늘일 이유는 없을 것이다. 그러나 나를 변론하겠다는 '민주사회를위한변호사협회'가 해군기지 건설사업에 대항해서 투쟁할 의지가 있다면 내 재판이 그 장이 되기를 원한다. 역사는 훗날 부당하고 불의한 법관들을 심판할 것이다. 그러나 정의로운 변호사와 판사들은 그 역사를 단축한다. 그 긴 역사 속에서 희생당할 사람들과 파괴될 자연과 문화유산을 구원할 변호사들이 법정에 설 수만 있다면 천일이라도 이 감옥을 지킬 의향이 있다.

박정경수 형제님,*

    형제님, 저는 다행히 감옥에서조차 평화를 누리고 있습니다. 그러나 강정마을에서 매일같이 불의한 공권력에 맞서 싸워야 하는 주민의 고단한 일상을 생각할 때면 마음이 무거워집니다. 나만 감옥에서 이기적인 평화를 누리고 있다는 가책을 느낍니다. 감옥은 저의 삶을 성냥갑처럼 작은 공간 안으로 집어넣었습니다. 자유만 없는 것이 아니라 시원하고 신선한 공기도 따스한 햇볕도 없는 무미한 보호 공간입니다. 매일 새벽 차가운 바다를 가르고 구럼비에 가서 기도하던 습관 때문에 이곳에서도 그 시간만 되면 눈이 떠집니다. 먼동이 트는 동편의 검은 철창 실루엣이 자유를 막고 있는 감옥의 실재를 느끼게 합니다. 일어나 마룻바닥에 무릎을 꿇고 기도드립니다. 구럼비의 파괴를 막아 달라고, 산산이 깨어진 강정마을 공동체에 평화를 달라고, 아름다운 제주도가 비무장 평화의 섬이 되게 해 달라고, 마지막으로 한라에서 백두까지 평화통일운동이 불길처럼 번져나가게 해 달라고 기도드립니다. 예전에 내가 형제님을 접견하러 간 곳은 성동구치소였습니다. 철창을 사이에 두고 만난 형제님의 모습을 보며 눈물이 앞을 가렸습니다. 젊음의 가장 소중한 시간을 무의미하게

---

*《평화, 그 아득한 희망을 걷다》, 140~146쪽.

허비하도록 강요하는 감옥에, 형제님이 자신의 신앙과 양심을 지키려는 대한민국의 모든 젊은이를 대신하여 갇혀 있는 것처럼 보였습니다. 우리 조국이 신(神)이 부여한 자유를 실천하는 젊은이에게 그런 잔인한 처벌밖에 할 수 없는 야만적인 나라라는 것이 원통했습니다. 나에게는 가족 모두가 숨기기를 원했던 어두운 가족사가 있습니다. 먼 친척 중 한 명이 '여호와의 증인'이었습니다. 오래전 일이지요. 강제 징집됐는데, 집총을 거부했기에 심한 구타와 참을 수 없는 고문을 당했습니다. 그러나 이를 참지 못하고 자신을 괴롭혔던 군인들에게 총을 난사하여 여럿을 죽였고 결국 군법회의에 회부되어 사형을 당했습니다. 죽은 젊은이들 모두가 전쟁과 군대의 불쌍한 희생자들인 게지요.

신념 때문에 감옥에 갇히는 안타까운 현실

자신의 신앙과 신념을 지키려는 젊은이들이 국가의 폭력으로 감옥에 갇히고 고통을 겪는 것을 바라보는 일이 마음 아픕니다. 형제님 같은 양심적 병역거부자들을 면회하러 교도소 앞마당을 들락거렸던 때가 엊그제 같은데 이제는 입장이 바뀌었네요. 누군가 선교사를 환송하러 공항에 다섯 번만 나가면 어느새 자신도 선교사가 되어 환송을 받게 된다고 하던데 교도소 앞마당도 그런 것 같습니다. 양심수 접견 네댓 번 하다 보면 자신도 어느 순간 양심수가 되어 감옥에 갇혀 접견을 받게 되나 봅니다. 교도소 앞마당은 배움의 장이지요. 교도소의 높은 담은 우리 마음속에 있는 높은 장벽입니다. 그 담장을 넘어갈 만한 행동은 무엇이든 할 수 없도록 만드는 삼엄한 의식의 경계선입니다. 감옥에 간 사람은 나쁜 짓을 한 사람이라는 사회적 통념을 벗어나기는 어렵습니다. 그리스도인들도 예외는 아닙니다. 그러나 역사를 돌아보면 예수님과 그 제자들이 모두 전과자들이었고 초대교회 그리스도인들도 투옥을 불가피한 고난으로 알고 감수하였습니다. 예전에는 신앙으로 인해 받는 박해였지만, 지금 종교의 자유가 보장된 대한민국에서 종교 박해는 더 이상 없지 않느냐고 반문하실 분도 많이 계실 겁니다. 여기서 과연 신앙이 무엇인가라는 질문을 하게 됩니다. 오늘날의 국가는 더 이상 예배드리고, 기도드리고, 성경 보고 교회 다니는 일을 금지하지는 않습니다. 그러나 당신이 기도드린 내용과 성경으로부터 배운 바, 예배를 통해 결단한 바를 실천할 때는 이야기가 달라집니다. 신앙의 실천은 개인적인 차원의 시혜나 봉사를 넘어서 훨씬 더 복잡다단한 사회 관계망 속으로 우리를 초대합니다. 경수 형제님도 살인하지 말라는 성경 말씀의 가르침, 그리고 네 이웃을 네 몸처럼 사랑하라는 예수 그리스도의 말씀을 실천하려 군 복무와 집총을 거부하였고, 그 결과로 1년 6개월이란 긴 시간을 감옥에 갇혀 있을 수밖에 없었으니 내가 무엇을 말하려고 하는지 잘 알고 있을 겁니다. 양심적인 병역거부에 대해서는 이후에 다시 이야기할 수 있기를 바랍니다. 그리스도인들이 감옥 가기를 두려워하면 신앙의 실천은 교회의 울타리 안에 머무를 수밖에 없습니다. 그러다 보니 기독 청년들이 우리나라의 평화통일과 같은 절박하면서도 거대한 역사의 흐름을 비켜나게 되는 것이지요. 그래서 교회들은 비대하고 교인들은 허다해도 안타깝게 우리 사회 현실의 변화에는 거의 기여하지 못합니다. 이런 점에 있어서는 불교도들도 마찬가지입니다. 불자들이 살생을 금하는 부처님의 근본 가르침을 실천한다면 군대도 가지 않았을 거고 세상에 전쟁은 없어졌을 겁니다. 그러나 국가 공권력 앞에서는 불교 역시 마찬가지로 무기력합니다. 심지어 군대에 군승까지 있으니 무슨 말을 더 하겠습니까? 나는 젊은 그리스도인들이 형제처럼 법과 처벌을 두려워하지 않고 자신의 신앙과 양심을 실천할 수 있기를 바랍니다. 물론 용기가 필요하겠지요. 불의에 맞서 정의를 실천하고 폭력에 맞서 평화를 실현하기 위해 하나님께 두려움을 물리쳐 주시고 용기를 달라고 비는 기도는 진실합니다. 우리는 그런 기도 속에서 고독을 경험합니다. 좁은 문으로 들어가는 험한 길에 들어서 있는 외로운 자신의 모습을 보게 되는 것이지요. 진실과 정의를 따르는 사람은 본래 고독합니다.

진실과 정의를 따르는 자의 고독

여러 나라의 갈등과 분쟁의 현장에서 화해와 평화를 위한 학교를 세워 왔던 '개척자들'이 해군기지 반대 활동에 참여하는 것이 형제님께는 큰 변화로 보였다고 했지만, 사실 이 둘은 동전의 앞뒷면처럼 하나의 문제로 귀착합니다. 곧 전쟁입니다. '개척자들'은 지난 십여 년 동안 모양은 달라도 한결같이 전쟁을 막고 평화를 만드는 일에 천착해 왔습니다. 이전까지는 다른 나라에서 전쟁 이후에 남겨진 난민들의 고통에 동참했다면 강정 해군기지 반대 활동은 우리나라가 저지르는 무모한 전쟁 준비를 막으려는 것입니다. 그 어느 것 하나 쉬운 일은 없지만 국내에서의 평화활동은 우리나라 정부에 대항해야만 하는 것이라서 더 어렵습니다. 외국에서는 평화 봉사라고 칭송받는 활동도 우리나라에서는 반정부 활동으로 비난받는 것이지요. 남의 눈의 티는 잘 보여도 자기 눈의 들보는 보지 못한다는 예수님의 말씀은 국가에도 적용됩니다. 우리는 북한이나 일본 같은 다른 국가의 악에 대해서는 쉽게 분노하면서 우리나라의 죄악에 대해서는 인식조차 못하곤 합니다. 나는 내 조국 대한민국이 다른 나라에 비해 더 정의롭거나 더 평화적이라고 믿지는 않습니다. 대한민국 정부는 권력자들과 부자들을 우선적으로 보호하고 사법부는 권력자들의 충복이 되어 있습니다. 국가권력의 가진 자 편들기는 '소위'

기독교인이 대통령이 된 현 정권(이명박 정권-편집주)하에서 더 심해졌습니다. 정부에 의해 순진무구한 주민 600여 명이 체포·연행되고, 300명 이상이 사법적으로 처벌당한 강정마을에서 거룩한 가면 뒤에 감춰진 이 악독한 대한민국 정부의 진면목이 적나라하게 드러납니다. 이런 현장에서 고통당하는 이웃을 도우려는 선량한 시민은 쉽게 범죄자로 간주되어 감옥에 갇히게 됩니다. 평화를 만드는 사람은 교도소의 담장을 타는 위태로운 삶을 살아갈 수밖에 없습니다. 2003년 미국을 방문한 적이 있습니다. 그때 이라크와 콜롬비아 등지에서 자국이 벌이고 있는 전쟁피해자를 돕는 '크리스천 피스메이커 팀즈(christian peacemaker teams, CPT)'라는 평화단체를 방문했습니다. 지금은 돌아가셨지만, 당시 대표였던 슈톨츠 푸스(Stolz Fuss) 씨가 자기 차에 나를 태워 집으로 가던 중 시내 한복판에서 왼편을 가리키며 "우리 CPT 멤버들이 모두 이 집에서 살았어요"라고 했습니다. 눈을 돌려보니 붉은 벽돌로 된 담의 상단이 보이지 않을 정도로 높았고 양쪽 끝도 한눈에 들어오지 않을 정도로 큰 집이었습니다. 나는 이 가난한 평화 단체의 집이 어떻게 저렇게 클 수가 있을까 의문스레 쳐다보고 있었는데 잠시 후 차창으로 그 집의 정문이 보였습니다. 그 정문 석판에 '시카고 교도소'라고 크게 새겨져 있는 것을 보고 함께 크게 웃었던 적이 있습니다. 언젠가 한국기독학생회(IVF) 집회에서 강연을 했는데 한 청년이 제게 질문을 했습니다. "많은 청년이 젊을 때는 그리스도를 위해 헌신을 결심하지만 이후에는 그런 신앙을 잃어버리는 이유가 무어라고 생각하시는지요?" 나는 "자신의 신앙을 실천하는 데 따르는 고난의 경험이 부족하기 때문"이라고 답했습니다. 그 고난은 육체적인 고통, 물질적인 손해, 자유의 구속을 포함합니다. 고난으로 단련되지 않는 신앙은 유혹이나 위협이 오면 쉽게 포기하거나 타협하게 됩니다. 경수 형제님이 보내주신 편지에는 다른 질문들도 있었지만 지면 관계상 다음 기회에 답변해야 할 것 같습니다. 오늘 제 이야기는 교도소 앞마당에만 머물렀네요. 감옥의 철창살 사이로 녹음이 나날이 더 짙어져 가는 한라산이 보입니다. 이제 봄날이 다 갑니다. 환절기에 건강 조심하기를 바라며, 평화를 빕니다.

2012년 5월 23일
한라산 거문오름 아래 제주교도소에서
송강호 올림

2. 평화의 학교는 이미 열려 있어요

송강호 선생님께,

　선생님, 그간 잘 지내셨는지요. 선생님이 계신 그곳이 이런 인사가 어색한 곳이란 것을 잘 알면서도 아직 첫인사를 대신할 다른 말이 떠오르지 않습니다. 편지를 쓰는 내내 숙제가 될 거 같습니다.

　편지가 많이 늦어졌습니다. 많이 기다리셨죠? 얼마 전 친구들과 이런 이야기를 했습니다. 이렇게 편지를 쓰는 것이 정말 쉽지 않다, 내게는 마치 기도를 드리는 것 같은 시간이라고 말입니다. 사실 저는 기도가 많이 어렵습니다. 정말 그렇습니다. 누군가에게는 기도가 일상일지 모르겠지만, 제게는 기도가 한없이 부끄러워지는 시간이어서 그런가 봅니다. 피할 수 없는 시간이지요. 거짓에 싸인 저를 그 시간만큼은 여지없이 허물어야 하니까요. 선생님께 부치는 편지이긴 합니다만, 한편으로는 저 스스로에게 보내는 편지이기도 합니다. 그래서인지 펜을 들고 있는 순간은 마치 기도하는 것처럼 저를 무너트리기도 하는 시간입니다. 그래서 단지 신변과 안부를 묻기보다 더 깊은 질문과 고민에 다가가는 그런 시간이기도 합니다. 늦어진 시간만큼 질문에 닿기 위한 망설임의 시간이 필요했다고 이해해 주셨으면 합니다.

감옥에 있으면서 많은 편지를 받았습니다. 저는 들어갈 때부터 기결수였고, 열흘도 되지 않아 출역을 나가야 했기에 처음에는 편지를 쓸 시간이 별로 없었습니다. 매일매일 이어지는 고단한 시간에 연필을 잡을 정신조차 없었지요. 감옥생활에 익숙해지기 전에 먼저 고단한 노동에 익숙해져야 했으니까요. 답장을 쓸 여유가 없었는데도 편지는 계속 도착했습니다. 매일 저녁 6시쯤 취사장에서의 노동이 끝나고 제 사물함에 놓여 있는 편지를 확인할 때면 그렇게 고마울 수가 없었습니다. 잠시 피곤도 잊을 수 있었지요. 나중에 조금 여유가 생기고 나서는 일이 끝나는 시간보다 편지가 도착하는 시간이 더 기다려질 정도였으니까요.

그것은 어쩌면 사람에 대한 갈증 같은 것이었습니다. 제가 혼자 이곳에 동떨어져 있는 것이 아니라는 사실, 여전히 누군가와 함께 걸어가고 있다는 확신을 그렇게 종이 위에 쓰인 얼마간의 글자들을 통해 확인하고 싶었던 게지요. 제가 보내는 편지도 그렇게 선생님의 험난한 길에 짧은 동행이 되었으면 합니다.

국가 눈치를 보는 그리스도인

사실 이번 편지를 쓰면서 마음이 많이 무거웠습니다. 얼마 전 동원 형제가 강정에서 연행되었다는 소식과, 곧 구속이 결정되었다는 소식을 들었습니다. 아마 선생님도 이 편지가 닿기 전에 동원 형제의 소식을 이미 들어 알고 계시겠지요. 선생님은 동원 형제와 함께 강정의 앞바다에서 보낸 고난의 시간만큼 그 먹먹한 가슴이 저보다 더할 거란 생각이 듭니다. 동원 형제를 제주에서 만났을 때 주변 사람들로부터 그가 진지하게 병역거부를 고민하고 있다는 이야기를 들었습니다. 그때 제주 강정에서 주민들의 갈등과 눈물을 온몸으로 경험했을 청년의 삶을 떠올려 보았습니다. 그리고 그것을 피할 수 없는 자신의 삶으로 받아들였을 그 고민의 흔적과 여정을 머릿속에서 따라가 보았습니다.

선생님이 보내신 편지에서처럼 오늘날 국가는 더 이상 예배드리고 기도 드리는 그리스도인의 삶을 금지하지는 않지만, 그리스도의 가르침은 여전히 이렇게 어두운 감옥에 가두어 두고 있구나 하고 생각했습니다. 그가 막아서고자 했던 것은 공사장의 크레인과 트럭들이 아니라 강정마을의 갈등과 주민들의 눈물이었을 텐데 말입니다. 왜 우리는 그 눈물을 모른 척 지나쳐 버리게 되는 것일까요. 왜 오늘의 그리스도인들은 자신의 신앙과 양심이 감옥에 갇히기보다 정부가 만들어 놓은 담장을 더 두려워하게 된 것일까요. 우리가 감옥 안에 있는 그리스도의 말씀과 가르침에 동행하지 않는다면 우리는 과연 누구를 향해 기도드릴 수 있을지 진지하게 고민하게 됩니다.

그러고 보니 지난 편지에서 허다한 청년들이 헌신의 마음을 잃어버리는 이유를 "자신의 신앙을 실천하는 데 따르는 고난의 경험이 부족하기 때문"이라고 지적하셨지요. 선생님의 말씀대로라면 저는 감옥에서 제법 고난의 경험을 연습하고 온 셈이 되겠네요. 그런데 정말 그런 것이, 막막한 그 길을 지나고 나서 오히려 요즘 더 큰 자유를 깨달았다는 생각도 듭니다. 아마 그런 경험이 없었다면 저 역시 여전히 강정에서, 또 다른 현장에서 불의를 보면서도 늘 머뭇거리며 두려워하고 있지는 않았을까요. 막상 감옥을 나오고 나니 돌아갈 길이 없다는 생각도 들었습니다. 한 친구는 그런 저를 보며 "앞으로 일방통행이겠구나"라고 말하더군요. 앞으로 저의 삶이 평화를 향한 일방통행이라면 나쁘지 않겠구나 생각도 듭니다. 오늘의 고난이 동원 형제에게도 마찬가지의 시간이 되겠지요. 그가 앞으로의 시련과 고난에서 신앙과 양심을 지킬 수 있는 단단한 마음을 경험했으면 합니다.

선생님, 사실 지난 한 달은 제게 끔찍한 시간이었습니다. 예상은 하고 있었지만 생각지도 않은 순간에 우리 정부가 일본과의 군사협정을 체결하겠다고 발표했기 때문입니다. 선생님도 신문을 통해 어느 정도 소식을 듣지 않으셨을까 생각합니다. 협정 체결 한 시간을 남기고 여론을 의식한 정부가 이를 연기하기는 했지만, 일본과의 군사협정을 체결하겠다는 정부의 의지를 다시금 확인할 수 있었습니다. 제가 끔찍하다고 말하는 까닭은 우리가 점점 전쟁에 가까워지고 있다는 생각 때문입니다.

올해 1월 미국의 오바마 대통령은 군사적으로 '아시아로의 복귀'를 선언했지요. 지난 몇 년간 미군은 베트남전쟁 당시 사용했던 아시아 지역의 군사기지로 재배치되고 있습니다. 태국의 우타파오 공군기지, 필리핀의 수비크만 해군기지와 클라크 공군기지, 베트남의 깜라인만 해·공군기지뿐만 아니라, 인도네시아 말레이시아 브루나이와도 낮은 단계의 군사 교류를 추진하고 있습니다. 호주와 싱가포르에는 새 기지 및 항구 이용권을 확보한 상태라고 하지요. 또 지난달에는 미 국방부장관이 2020년까지 해군 함정의 60%를 아시아 지역에 집중 배치하겠다고 밝혔습니다.

한국과 일본도 이런 미국의 흐름에 맞추어 군사 협력을 추진

하고 동아시아에서 중국을 상대로 신냉전의 소용돌이로 몰아가고 있는 것입니다. 중국도 마찬가지로 해안 지역의 섬과 연안에 새로운 군사기지를 건설하고 수많은 무기를 사들이고 있습니다. 저는 이런 소식을 접할 때마다, 당장 전쟁이 일어나는 것은 아니더라도 우리가 전쟁에 한걸음씩 가까이 다가가고 있다는 생각에 두려움을 떨치기 어렵습니다.

우리는 지금 무엇을 할 수 있을까요? 제가 전쟁의 문제와 평화를 진지하게 고민하기 시작한 계기는 지구 반대편에서 벌어진 이라크전쟁, 아니 정확히는 미군의 무차별 폭격 때문이었습니다. 수많은 사람이 죽었습니다. 왜 이렇게 많은 사람들이 죽어야 하는지, 스스로 대답을 찾을 수 없었기에 거리로 다시 거리로 나설 수밖에 없었지요. "사람을 죽이지 말라, 전쟁을 멈춰라!" 하지만 우리 정부는 국가의 이익을 위해 그곳 이라크에 군대를 파병하겠다고 했습니다. 저는 그때의 기억을 잊을 수가 없습니다.

전쟁 준비에 저항하는 평화 준비

하지만 그렇게 몇 년이 지나고 신문의 국제 면에서 이라크의 소식을 찾기 힘들어질 즈음 다른 고민이 생겼습니다. 전쟁 중에는 전쟁에 반대하면 됐는데, 막상 전쟁 소식이 뜸해지니 무엇을 해야 할지 갈피를 잡을 수 없었습니다. 전쟁과 폭격, 그리고 파병을 반대하기 위해 지구 반대편에서 십여만의 사람들이 모였지만 전쟁을 막기란 쉽지 않았습니다. 저는 그것이 목숨을 걸고 전쟁터에 나가는 군인들만큼 우리가 용기가 없었기 때문이라고 생각하지는 않습니다. 다만 방아쇠를 떠난 총알처럼, 그리고 이미 떨어져 버린 미사일처럼 우리에게 전쟁은 되돌리기 힘든 경험이기 때문이라고 생각했습니다.

그러니 누군가 전쟁을 준비하고 있을 때, 우리는 평화를 준비해야 하지 않을까요. 당장 전쟁을 하는 것이 아니라고 해도 지금 우리는 전쟁을 막기 위해 무엇을 할 수 있을까, 누군가 전쟁을 준비하는 동안 우리도 무언가를 해야 하지 않을까 하고 말입니다. 그런 면에서 지금 강정마을은 평화를 위한 '기지'가 될 수 있지 않을까 생각해 봅니다. 기지라는 것이 전쟁을 준비하는 장소이니 그다지 좋은 느낌은 아니지만, 어떤 이름으로 불리든 우리에게 평화를 위한 장소, 평화를 준비할 수 있는 학교가 필요하다는 생각을 머릿속에서 지울 수가 없습니다.

언젠가 선생님은 "제주가 그리고 강정마을이 그런 평화를 위한 학교가 되어야 한다. 강정마을이 평화 공원, 평화의 학습장이 되어야 한다. UN 평화대학을 유치하자" 이야기하셨죠. 사실 그때 저는 강정마을이 처한 현실, 그러니까 해군기지 공사를 어떻게 막을 수 있을까만 머릿속에 가득했습니다. 앞일을 내다볼 여유가 없었지요. 하지만 요즘 그런 것들이 필요하겠구나 생각하게 됩니다. 그러고 보니 제가 선생님을 처음 만났을 때 선생님의 꿈은 평화학교를 짓는 것이었지요. '코메니우스학교', 제가 처음 들었을 때는 과연 이렇게 학교가 생겨도 될까 싶었던 학교 말이에요. 평생 평화를 위해 헌신할 아이들을 받아들이겠다는 그 학교가 저는 참 좋았습니다. 생각해 보니 개척자들과의 인연도 바로 평화를 위한 학교, 거기서부터였군요!

    오늘은 서울에는 제법 많은 비가 내리네요. 길고 긴 가뭄도 이제는 끝나려나 봅니다. 강정마을에도, 그리고 선생님이 계신 교도소에도 시원한 화해와 평화의 비가 내린다면 좋겠습니다. 건강 잘 챙기시고요. 7월이 가기 전에 다시 찾아뵐 수 있었으면 좋겠습니다.

2012. 7. 5.

박정경수 드림

박정경수 형제님께,

형제님, 보내주신 편지는 잘 받았습니다. 지난 월요일(9일)에 바다에서 불법 작업을 하던 준설선에 올라 항의했던 김동원 형제도 결국 이곳으로 이감되었습니다. 그 청년은 평화를 사랑하는 따뜻한 사람입니다. 저도 교도관이 찾아와 명찰에 공범이라는 표시를 해서 그제야 그 청년이 투옥되었음을 알았습니다. 서로 만나거나 대화를 나눌 수 없도록 격리 수용되어서 가까운 거리에 있으면서도 얼굴 한 번 못 보고 목소리 한마디 들을 수가 없네요. 지난달에 입감된 김복철씨까지 포함하면 현재 제주교도소에는 강정마을 해군기지 건설에 반대 활동을 한 세 사람이 수감되어 있습니다.

강정의 상황은 점점 더 암울해지고 있습니다. 해군은 환경파괴가 불 보듯 뻔한데도 원래 계획했던 환경 보전 방침을 무시하고 불법적으로 공사를 강행하고 있습니다. 제주도는 이름뿐인 특별자치도입니다. 도정이 해군의 불법 공사를 중단하라고 요구해도 정부와 해군은 들은 척도 하지 않습니다. 게다가 지난 5일 대법원은 강정마을 주민 438명이 제주 해군기지 건설 계획을 취소해 달라는 소송에서 해군의 공사 강행이 적법하다고 판결했습니다. 매우 사려 깊은 반대 의견이 있었음에도 다수의 판사들은 다시 해군의 손을 들어 주었습니다. 강정마을 주민들이 다시 깊은 실망과 낙담을 겪을 것을 생각하니 마음이 아픕니다. 대법원 판사들도 국가안보 이데올로기 앞에서는 눈을 감아 버리네요. 강정마을의 평화 투쟁은 점점 더 깊은 질곡으로 빠져들고 있습니다.

군사력에 의한 평화 유지가 과연 현실적일까요

제주도를 둘러싼 주변 정세가 점점 더 위태로워지고 있으니 우리나라도 무장을 서둘러야 한다며 저를 비판하는 사람들이 적지 않습니다. 이어도 주변에 중국의 선박들이 출몰하고 있고 거기서 그리 멀지 않은 곳에 위치한 센가쿠열도(중국명 다오위다오)의 소유권 문제를 놓고 중국과 일본이 자주 충돌하고 있습니다. 이런 긴장된 분위기 속에서 한국은 중국과 일본의 200해리 영역을 포함하는 광범위한 동지나해가 한반도의 대륙붕 지역임을 내세워 소유권 주장을 함으로써 긴장에 긴장을 더하고 있습니다. 국경 분쟁은 자연스런 일입니다. 누구나 조금이라도 자기 땅이 넓어지기를 원하는 것처럼 국가들도 끝없는 욕심을 내기 때문이지요. 문제는 그런 주장을 관철시키는 방법에 관한 것입니다. 지금 동북아시아-서태평양 지역에서는 각국의 이익이 대립하면서 무엇보다 먼저 군사적 해결이 고려되고 있다는 점이 문제입니다. 이 지역에는 국경 분쟁이 빈번한데 그 대부분은 그 경계가 모호한 바다의 섬들과 암초와 관련되어 벌어지고 있습니다. 각국은 이 섬들을 자국의 영토에 편입시키고 그 주변 해역을 차지하기 위해 군비를 증강시키고 해군력을 확장하려 들고 있습니다. 이러한 주변국의 동태에 따라 제주 해군기지 건설의 타당성이 더욱 설득력을 얻는 것처럼 보입니다. 우리 바다를 지키고 우리 배들의 자유로운 운항을 보장하기 위해서 강력한 해군력이 필요하다는 주장도 일견 옳아 보입니다. 그러나 좀더 주의 깊게 생각해 보면 군사력에 의한 평화유지라는 것이 비현실적일 뿐 아니라 위험한 발상이라는 사실을 알게 됩니다.

첫째로, 우리가 군사력을 대항해야 할 주변국이 그리 가벼운 상대가 아니라는 사실입니다. 중국도, 일본도, 러시아도 모두 초강대국입니다. 그 중에서도 가장 유력한 잠재 적국인 중국은 10억이 넘는 인구에 10년 후에는 미국을 제치고 최고의 경제 대국이 될 초강대국입니다. 중국과 군사적으로 대결하겠다는 것은 우리가 미국과 전쟁을 벌이겠다는 것보다도 더 큰 모험을 하겠다는 것입니다. 과거 칭기즈칸의 원제국과도 싸운 적이 있으니 아무리 초강대국이라고 한들 못 싸울 게 무엇이냐고 배짱을 부릴 수도 있겠지요. 그러나 우리가 그렇게 온 국가를 담보로 잡힌 채 중국을 상대로 싸울 만한 이유가 있는지를 먼저 따져 봐야 할 겁니다. 중국은 미국과 일본을 제치고 우리나라의 최대 무역 대상국이 되었습니다. 사실상 중국을 잠재 적국으로 간주하며 해군기지가 건설되고 있는 이 제주도를 찾는 관광객 중 가장 많은 이들이 중국에서 옵니다. 이런 상황에 한미일은 중국의 코앞이라 할 수 있는 황해에서 합동 군사훈련을 진행하고 있습니다. 그러니 중국 고위 관리가 "한국은 중국을 통해 벌어먹으면서 등 뒤에서 칼을 들이대고 있다"고 불편한 심기를 말하는 것이지요. 제가 이렇게 말씀 드리는 것을 애국심의 부족이라고 탓하시면 더 이상 드릴 말씀이 없을 것입니다만, 우리는 중국과 군사력으로 싸워 이길 수도 없고 굳이 싸울 이유도 없습니다. 예수님도 일만을 거느린 왕이 이만을 거느린 다른 왕과 맞서 싸워야 할 경우 당할 수 없으면 전쟁이 벌어지기 전에 화친을 청하는 것이 당연한 이치라 가르치지 않았습니까?(누가복음 14: 31~32) 중국은 대한민국이 미국의 동맹국이 되어 미국과 중국 사이의 패권 다툼에 앞장서지 않기를 바라고 있습니다. 오히려 중립적인 위치에서 동북아시아의 조정자나 중재자가 되기를 원하고 있습니다.

우리나라는 너무 오랜 세월 힘 있는 나라에 빌붙어 국가 안보를 지켜오는 데 인이 박인 나머지 민족의 자주적 정신이 많이 훼손된 듯합니다. 강대국에 예속되어 있어야 마음이 편한 것이지요. 그래서 우리 젊은이들이 강대국의 불의한 전쟁에 용병으로 끌려가 피를 흘렸고, 이 땅의 어린 소녀들이 외국 군인의 창녀가 되었으며, 지금도 내 나라 내 땅에서 외국 군인이 우리 국민을 수갑에 채워 끌고 다녀도 정부는 항의 한 번 제대로 못하는 비굴한 나라가 된 것입니다. 우리가 국가와 민족의 자존심까지 잃어버린 채 강대국에 빌붙어 지키려는 것이 도대체 무엇인가요? 그것이 아주 없는 것은 아니겠지요. 이 땅에서 지켜야만 할 만큼의 부를 누리는 이들이 적지 않으니까요. 부자들이 가장 두려워하는 것은 평등한 나라입니다. 오해하지 마십시오. 저는 공산주의자가 아닙니다. 인간은 법이나 공권력을 통해 절대로 평등한 사회를 만들 수 없습니다. 형제님도 잘 아시다시피 저는 자발적인 가난의 선택을 통해 함께 나누는 세상을 꿈꾸었기 때문에 개척자들 공동체를 만들었습니다.

동북아시아의 군사적 긴장을 평화의 관계로

다시 원래 드리려던 말씀으로 돌아가지요. 현재 우리나라가 나아가야 할 방향은 군사력의 증강이 아닙니다. 그렇다고 주변국들이 군비를 증강시켜 군사력을 강화시키는데, 손 놓고 구경만 하자는 것도 아닙니다. 오히려 더 적극적으로 동북아시아의 군사적 긴장과 대결 구도를 평화의 관계로 변화시키기 위한 적극적인 노력을 해야 하겠지요. 그것이 두 번째로 드리려는 말씀입니다. 군사 강국이 아닌 외교 강국으로 나가야 합니다. 우리는 학교 다닐 때 자기 힘만 세다고 자랑하는 아이들보다 반의 모든 아이들과 좋은 관계를 맺는 친구들과 갈등 없이 사이좋게 지낸 경험을 갖고 있습니다. 국가 간의 관계도 큰 틀에서 볼 때 큰 차이가 없습니다. 자기의 이익만 챙기려 드는 탐욕스런 나라는 주변 국가의 적이 됩니다. 그러나 서로 싸울 명분도 이유도 없는 관계를 맺고 있는 나라들처럼 안전하고 평화로운 나라는 없습니다. 독일과 프랑스라는 강대국 틈바구니에 끼여 있는 작은 나라 스위스가 오늘날까지 평화롭게 자국을 지킬 수 있는 가장 큰 이유는 스위스를 본부로 삼은 수많은 국제기관들과 그에 기초한 외교적 관계 때문이지요. 스위스나 핀란드, 노르웨이 같은 외교 강국이 되는 것이 우리나라가 가야 할 바른 길입니다. 우리가 주목할 만한 또 다른 나라는 바로 중앙아메리카의 코스타리카입니다. 이 나라는 《군대를 버린 나라》라는 책이나 다큐멘터리 영화로 세계에 널리 알려져 있습니다. 지정학적으로 매우 불안한 중남미의 한 복판에서 적극적인 외교를 통해 평화를 만들어 가는 영구 비무장 중립국 코스타리카는 남북이 분단되어 아직까지도 냉전체제의 찌꺼기를 벗어나지 못하고 있는 우리 한반도가 나아가야 할 소중한 이정표입니다.

현 정권 아래서 우리나라는 평화의 섬 제주도에서 북한의 남침 대비와는 아무 상관도 없는 미지의 잠재적인 적을 대상으로 해군기지를 건설하고 있습니다. 건설이라는 것이 늘 그러하듯 이 기지 건설도 일조 원의 예산을 세우고 있지만 그를 크게 상회할 것이고 기지가 지어지고 나면 6조 5천억 원이라는 막대한 비용으로 구축함과 핵미사일을 탑재할 이지스함과 잠수함까지 구입할 예정입니다. 그뿐 아닙니다. 정권 말기임에도 새로운 전투기를 구입하기 위해 8조 5천억 원을 미국 기업에 지불할 예정입니다. 올해에도 우리나라는 국방예산으로 33조 원(올해 43조 원—편집주)을 허비하고 있습니다. 무상급식도, 아이들 보육 지원도, 장애인 복지도 예산이 없어서 제대로 못하는 나라가 10년, 20년만 지나면 고철 덩어리가 될 무기 구입을 이렇게 열성적으로 서두르는 이유는 무엇일까요? 누군가는 이익을 얻기 때문이지요. 군부, 은밀하게 무기 무역을 하는 재벌 기업 그리고 분단과 냉전 구도 속에서만 탄탄하게 권력 기반을 얻게 되는 보수적인 정치인들, 그리고 이들에게 권력과 부당한 이익을 챙겨주면서 수조 원이 넘는 우리 국민들의 혈세를 거머쥐는 미국의 군산복합체가 바로 그들입니다. 이들의 이익을 지키기 위해서 60만이나 되는 가난한 청년들은 대통령, 국회의원, 판사나 그들의 자녀는 가지 않는 군대에서 2년이라는 인생의 황금기를 바치는 것입니다.

어떤 이는 제가 애국자가 아니라고 비난하실지 모르겠습니다. 예, 저는 애국자가 아닙니다. 그리고 국가가 하라면 무조건 맹목적으로 열성을 다해 충성하는 애국자를 혐오합니다. 이 세상의 전쟁과 대량 학살에 바로 그런 애국자들이 공헌한 것이니까요. 만일 우리나라가 국방비의 10분의 1이라도 이웃나라와의 친선 외교를 위해 쓴다면, 그 열 배의 국방비로 얻을 수 있는 국가 안보보다 더 확실한 안전과 평화를 확보할 수 있을 것입니다. 왜 우리는 새롭게 발상을 전환해 동북아시아의 분쟁과 갈등을 해결하려 하지 않는 것일까요? 제주 해군기지를 포기해, 그 건설과 무기 구입에 소요될 7조 5천억 원이라는 천문학적 비용으로 남북이 대치중인 비무장지대의 지뢰를 제거하고, 그 위에 제네바나 뉴욕의 국제연합본부와 같은 시설을 건설하여 동북아시아의 패권 다툼으로 일어날지도 모를 미증유의 가공할 만한 전쟁 가능성을 대화와 협상을 통해 미리부터 제거하자는, 그런 혁신적인 제안을 왜 국제사회에 내놓지 못하는 것일까요? 한반도는 동북아시아의 갈등과 분쟁을 조정하고 중재하며 화해와 평화를 만들기 위해 비어 있는 아름다운 중정(中庭)이 되어야 합니다. 남과 북이 함께 적극적인 비무장 평화수립국가로 나아가기 위해서 상호 신뢰를 쌓아가며 군비를 축소하고 병력을 감축하는 단계적인 노력을 기울여 나가야 하는 것이지요.

평화는 적극적으로 가르치고 훈련해야

셋째로 평화를 가르치고 훈련하는 과제입니다. 국가는 군인을 만들기 위해 군사훈련을 합니다. 장교를 만들기 위해서 사관학교라는 엄격하고 체계적인 교육기관을 운영합니다. 평화를 만드는 사람을 기르기 위해서도 교육과 훈련은 필요합니다. 그리스도인들은 평화를 만드는 사람들입니다. 그러나 교육과 훈련이 없다면 훈련받지 못한 군인처럼 아무런 쓸모가 없는 무능한 사람으로 남는 것입니다. 평화교육과 훈련은 다양한 분야와 차원에서 진행되어야 합니다. 작게는 한 개인을 둘러싼 가족과 학교, 직장, 교회 안에서 개인적으로 만나는 인격적인 관계 속에서 평화로운 삶을 살아나가는 데 필요한 교육과 훈련에서 출발해야 하지만, 더 나아가 지역 공동체 안에서의 갈등이나 직장의 노사 문제처럼 보다 더 큰 사회적 단위 속에서 갈등을 중재하는 법을 배우고 훈련해야 할 것입니다. 재개발로 갈등을 겪고 있는 빈민 지역의 교회는 재개발 과정에서 더 알짜배기 땅을 어떻게 차지할 것인가에 관심을 기울이기보다 재개발로 삶의 터전을 빼앗길 수밖에 없는 가난한 세입자들의 집과 가정을 지키기 위한 조정자요 중재자로서의 자기 위치를 지켜야 합니다. 이를 위해 교회는 그리스도인이 지역사회의 갈등과 분쟁을 일으키는 사건·사고에 적극적으로 개입·관여해야 하는 존재임을 늘 일깨워 주어야 합니다.

　예수전도단의 제주열방대학에서 많은 청년들이 선교 훈련을 받고 있지만, 바로 옆의 강정마을에서 주민들이 군사기지 건설로 고통을 당하고 평화활동가들이 구속 처벌을 당하는데 한 사람도 찾아오는 이가 없다는 사실이 우리나라 기독청년들의 현실을 보여 주고 있습니다. 내게는 복음주의도 보수주의도 진보주의도 모두 허울뿐 입니다. 다 껍데기일 뿐이지요. 정의와 평화를 위한 고난의 현장에서 만나는 이들, 그들이 바로 나의 이웃이고 나의 노선에 함께 동참하는 내 친구들입니다. IVF의 일부 청년들, 한국기독교장로회 목사님들과 소수의 예장통합 목사님들, 그리고 문정현 신부님과 과격한 예수회 신부님과 수사님, 종교적인 정체성을 밝히려 들지 않는 '전쟁없는 세상'의 젊은이들과 소속도 없이 오직 개인의 양심에 따라 이 길을 함께 걷는 이름 없는 청년들이 그들입니다. 이번 여름에는 기독청년아카데미와 새벽이슬에서 청년들과 함께 강정을 방문해 준다고 하니 감사합니다. 저는 하나님이 그리스도인을 통해서만 일한다는 생각을 하지 않습니다. 그분은 자신의 뜻에 따라 그리스도인뿐만 아니라 불신자나 타종교인까지 당신이 원하는 사람들을 선택하셔서 자신의 일을 시키신다고 믿고 있습니다. 이들의 공통점은 교단이나 교파, 신앙이나 교리가 같다는 게 아니라, 자기를 부인하고 타인을 위해 기꺼이 희생하는 마음을 갖고 있다는 점입니다. 나는 이런 변화를 이 땅에서 경험하는 하나님의 거룩한 기적이라고 믿고 있습니다. 어떻게 탐욕스럽고 고집스러운 인간이 그 악한 마음을 내려놓을 수 있는 것인지 제게는 신비로울 뿐입니다.

저는 정의와 평화에 신성이 깃들어 있다는 믿음을 갖게 되었습니다. 하나님 나라의 빛이 거기에서 비춰는 것이지요. 그렇기 때문에 하나님의 마음은 불의한 강자에게 억울하게 짓밟힌 약자들이나 불화와 갈등으로 아픔과 슬픔을 겪고 있는 불행한 사람들에게 가 있습니다. 이들이 딛고 있는 고통스런 대지에 하나님의 나라가 닿아 있습니다. 이곳이 바로 우리가 잃어버린 최우선적인 선교의 장이라고 저는 생각합니다. 우리는 그런 현장에서 비로소 질문하는 법을 배우게 됩니다. 도대체 매년 국방비로 지출되는 비용이 얼마나 되지? 전투기 한 대가 얼마야? 왜 우리나라는 1950년에 시작된 전쟁을 아직도 끝났다고 선언하지 못하는 것일까? 우리나라에서 생산하는 집속탄이나 잠수함의 해외 수출을 자랑스러워 할 것이 아니라 그로 인해 다른 나라의 어린이들과 여인들과 무고한 시민들이 겪을 처참한 죽음과 그 가족들의 비애를 슬퍼해야 하는 것 아닐까? 등 예전에는 물을 생각도 하지 않았고 물을 필요도 없던 감추어졌던 질문이 머릿속에 떠오르는 것입니다. 그렇기 때문에 강정은 평화를 배우는 학교가 되는 것이지요. 오키나와가 일본인들에게 평화의 학교가 되고, 하와이가 미국인들에게 그러하듯이 전쟁을 준비하기 위해 세우는 기지들로 인해 공동체와 자연이 파괴되는 현장 속에서 평화를 만드는 사람들은 자라납니다. 그래서 강정에 해군기기 건설이 중단되고 그곳이 평화의 공원이 되기를 간절히 바라지만 우리의 바람과 달리 그곳에 해군기지가 들어서게 된다 하더라도 강정은 오키나와처럼 계속 평화의 학교로 남게 될 것입니다. 사람들이 제게 왜 독일에서 신학박사가 되어 돌아와 대학에서 후학을 길러내지 않냐고 묻곤 합니다. 그때마다 저는 조용히 웃습니다. 이미 학교는 열려있습니다. 강정에, 아프가니스탄에, 캐시미르에, 그리고 난사군도에, 디에고 가르시아에 평화를 가르칠 학교들이 활짝 열렸습니다. 그곳에서 하나님은 우리에게 평화를 가르치십니다. 저는 젊은이들을 그 학교로 안내하는 길잡이일 뿐이지요. 몽학선생이라고나 할까요? 안쓰러워하는 분들의 얼굴을 내다보며 저는 대답을 삼킵니다.

말씀을 드리다 보니 어두운 감옥에 앉아서도 제 마음 속에 눈 덮인 힌두쿠시 산맥의 영봉에서 불어오는 차가운 바람이 불어오고, 인도양의 푸른 바다의 거친 파도가 출렁거리네요. 인간들이 서로를 죽이는 분쟁 지역마다 왜 그리도 자연은 빼어나게 아름다운지요! 세계가 학교입니다. 너무나 아름다운 광대한 학교이지요.

경수 형제님, 이제 끝을 맺어야겠네요. 오늘 재판을 받으러 법정으로 가며 길 가의 나무들을 보니 나뭇잎이 푸르다 못해 검게 보였습니다. 지루했던 장마전선도 잠시 지나간 듯하더니 태풍 소식이 있네요. 무더운 여름, 건강 조심하십시오.

2012. 7. 17.

한라산 자락 거문오름 아래 제주교도소에서

송강호 올림

송강호의 옥중일기 2

2012. 7. 1. (일) 구름 낌*

(상략) 잉게 숄이 쓴 실화 소설, 《아무도 미워하지 않는 자의 죽음》을 다시 읽었다. 나치 치하에서 저항했었던 뮌헨 대학생들의 가슴 저미는 슬픈 이야기다. 왠지 히틀러의 독일이 오늘날 민주주의가 퇴보하고 비밀주의가 성행하는 우리나라의 이명박 정권과 닮은꼴이라는 생각이 들었다. "그는 조국의 위대성과 번영, 복지를 위해 일할 것이라고 약속했다. 그는 모든 사람들에게 빵과 직장을 약속했으며 국민 모두가 독립된 자유롭고 행복한 생활을 이 조국에서 영위할 때까지 쉬지 않고 일하겠다고 공약했다." 이것은 히틀러의 약속이었다. 숄의 아버지는 히틀러의 등장으로 독일 국민이 겪을 수밖에 없었던 갈등과 고통을 자녀들에게 이렇게 말했다. "이건 전쟁이야, 평화스럽게 지내온 같은 민족 사이에서 벌어진 전쟁이란다. 저항할 힘이 없는 개개인으로부터, 그들의 어린이들의 행복과 자유를 앗아가는 전쟁이란 말이다. 참으로 끔찍한 죄악이야." 나는 이런 고백을 강정 주민들에게서 여러 차례 들어왔다. "우리는 마치 언뜻 보기에는 아

---

*《평화, 그 아득한 희망을 걷다》, 154~155쪽.

름답고 깨끗한 집이지만, 꽉 닫힌 지하실 안에서는 무섭고 공포에 찬 기분 나쁜 일들이 벌어지고 있는 집에서 살고 있는 듯한 기분에 사로잡혔다"는 한스 숄의 느낌이 바로 우리의 기분이 아닌가? 4대강, 경인아라뱃길, 한강르네상스 등으로 화려하게 포장된 이명박 정권의 치장들 배후에서 용산 참사, 한진중공업과 쌍용자동차 공장 노동자들의 숱한 죽음들을 겪고 있는 우리나라의 현실이 아닌가? 이 젊은이들이 느꼈던 "종종 이 세상이 낯설고 고독하며, 신에게 버림받은 땅이라는 느낌"이 바로 우리의 경험과도 같았다. (후략)

2012. 7. 6. (금) 구름 낌*

밤마다 돌풍이 불어 잠이 깬다. 창문 밖에 걸어 놓은 빨래들이 바람에 아래층 땅바닥으로 떨어질까 봐 불현듯이 깨어 빨래들을 거둬들인다. 요즘 들어 거의 매일 밤바람 때문에 깨어난다. 감옥에서 지내며 고마운 선물 세 가지가 있다. 이 모두는 다 밖에서 들어오는 것들이다. 하나는 햇빛이다. 아침 새벽에는 동편에서 뜬 해가 남쪽 벽면에 붉게 햇살을 비춰주고 늦은 오후 해질녘에는 서편에서 지는 해가 북쪽 벽면으로 붉은 빛을 비춰준

---

* 《평화, 그 아득한 희망을 걷다》, 158~159쪽.

다. 어린 아이처럼 그 햇살을 고스란히 얼굴에 담으며 앉으면 손 뼘 하나만큼의 햇살 조각을 얼굴 위에 얹어준다. 그 빛이 따스한 선물이다. 두 번째 선물은 바람이다. 한라산 쪽으로부터 시원한 바람이 감옥 쇠창살을 넘어 들어와 우리 방을 휘돌아 서쪽 복도 쪽으로 힘겹게 빠져 나간다. 방안에 걸어 놓은 수건과 행주들을 흔들며 신선한 바람이 방안에 우리와 함께 머물러 주는 것이 고맙다. 세 번째 선물은 새벽 여명이 밝기도 전에 창 밖에서 지저귀는 새소리다. 창 밖에서 "우리가 살고 있어요"라고 재잘거리는 새들의 목소리가 아침을 깨우며 간밤에도 우리가 살아있었음을 알려 준다. 사람들은 감옥 안에는 더럽고 탁한 공기로 가득 차 있다고들 이야기한다. 그 말은 감옥 안에서 살아가는 재소자들이 뿜어내고 있는 암울한 분위기를 말하는 것일 게다. 강도, 강간, 살인, 사기, 마약, 폭행 등 수백 수천 가지 악행들을 모의하고 저질러온 수감자들이 작고 어두운 방에 밀집해 있으니 어찌 깨끗한 정기가 방안에 담기겠는가마는 그래도 이 답답하고 무겁고 어두운 감옥 안으로 들어오는 외부의 선물들이 우리가 살아있음을 일깨우고 우리를 위로해 주는 것 같다. 내가 처음에 감옥에서 살며 모든 것이 죽어있고 정지되어 있는 것 같아서 일부러 시계를 사서 그 초침 돌아가는 것을 바라보는 것을 낙으로 삼지 않았던가? 그래도 나는 다른 수감자들에 비해 훨씬 덜 적적하게 지낸다. 거의 매일 아내와 동료들과 친구들이 접견을 오고 편지와 엽서들도 거의 매일 받게 되니 외롭지가 않다. 단 10분 접견이 하루 종일 마음을 풍선처럼 부풀게 만든다는 것도 감옥에서 매일 배운 인생 경험이다. 꼭 마약처럼 흥분된 상태가 하루를 간다는 사실이 스스로에게도 놀랍다. 9일이 되면 수감된 지 100일이 된다. 아침저녁으로 달력을 유심히 쳐다보며 하루하루가 지나가는 것을 확인한다. 자유롭고 싶다. 부당하게 내 자유를 뺏긴 것이 억울하다. 이런 억울한 감정들과 분노가 방안의 공기를 탁하게 만드는 것일 게다. 감옥에서 모든 좋은 것들은 다 밖에서 안으로 들어온다. 앉아있기만 해도 후텁지근했던 하루가 지나가고 어두운 창밖으로부터 시원한 공기가 방안으로 들어온다. 감사하다.

3. 군사기지로 고통받는 작은 섬들의 연대를 꿈꾸며

송강호 선생님께,

　무척 무더운 날씨입니다. 요즘 사람들을 만나면 대개 날씨 이야기부터 꺼내곤 합니다. 지구온난화나 기후변화 같이 머릿속에서 떠올리던 이야기들이 이제는 점점 피부로 느껴집니다. 지난해에는 가장 추운 겨울이라며 떠들썩했는데, 올해는 가장 더운 여름을 이야기하고 있습니다. 하지만 이상한 날씨를 함께 고민하기보다 에어컨만 불티나게 팔리는 것 같아 올해 여름이 더 힘겹습니다. 내 방의 더위를 밖으로 버리기만 하면 된다는 에어컨의 논리는 우리 사회의 모습을 꼭 닮아 있습니다. 사실 요즘 서울은 에어컨 때문에 너무 춥거나 덥습니다. 날씨도 사람들을 따라가는 걸까요. 날씨까지 봄과 가을을 버린 채 극단적으로 바뀌는 것 같습니다.

이렇게 선생님께 보내는 편지에서도 날씨 이야기부터 쓰려니 선생님이 계신 그곳이 떠오릅니다. 작은 바람도 함께 나누어 써야 하는 그곳의 더위에는 비할 바가 없겠지요. 제가 살았던 성동구치소도 봄과 가을이 무척 짧았습니다. 계절의 변화를 쉽게 느낄 수 없었지요. 그래도 담장 너머로 봄이 오고 여름이 가는 변화를 무던히 기다렸지요. 감옥보다 계절이 가는 것이 반가운 곳이 또 어디 있겠습니까. 지금 생각해 보니 그때 사람들 모두 그래서 콘크리트 담장과 바닥 사이로 스며드는 초록을 참 좋아했구나 싶습니다.

그런데 여름에는 옆 사람의 체온이 그렇게 싫을 수가 없었습니다. 당연한 이야기지요. 신영복 선생님이 《감옥으로부터의 사색》에 "모로 누워 칼잠을 자야 하는 좁은 잠자리는 단지 옆 사람을 37도의 열덩어리로만 느끼게 한다"고 썼던 이야기가 생각납니다. 신 선생님은 "이것은 옆 사람의 체온으로 추위를 이겨 나가는 원시적 우정과는 비교되는 형벌"이라고 하셨지요. 선생님은 어떠신가요. 저는 여름 내내 이 이야기를 실감하며 가을이 오기를 기다렸는데 말입니다. 이 더위에 옆 사람의 체온이 고마울 수 있을까요.

강정마을과 오키나와

더위 이야기를 하다 보니 한여름의 강정마을은 어떨까 하는 생각이 들기도 합니다. 분명 계속되는 공사와 경찰의 무자비한 행태로 강정마을의 여름은 어느 해보다 더 덥고 힘들겠지요. 공사 차량의 진입과 부당한 재판은 분명 주민과 활동가들에게 커다란 부담일 겁니다. 혹시 이런 고통과 어려움들이 내부를 향해 소리 지르지 않을까 하는 걱정이 듭니다. 함께 싸울 때는 몰라도, 서로 고통을 나누고 위로를 하는 데는 서툰 사람들이 많을 테니까요. 저는 감옥에서 쉬이 그런 모습들을 마주하곤 했습니다. 문제는 무더운 날씨지만 당장 미워지는 것은 바로 옆 사람의 체온이듯이 갈등과 미움은 쉽게 바로 옆 사람에게 전이되는 것 같습니다. 우리는 왜 멀리 있는 이들보다 가까운 사람들을 더 쉽게 미워할까요. 혹시 선생님의 그 좁은 방에서도 이 무더위는 평화를 시험하는 리트머스지가 아닐까요. 기도해 주세요. 저는 쉽게 이런 무더위와 고통을 함께 이겨 나갈 지혜가 잘 떠오르지 않습니다.

선생님, 혹시 지난해 강정마을을 방문했던 오키나와의 활동가들을 기억하시는지요? 휠체어에 앉은 채로 늘 호탕하게 웃던 토미야마 상과 하얀 턱수염의 토미타 상은 지난해 강정마을 평화캠프에 함께하기 위해 오키나와에서 왔었지요. 일본 남쪽에 위치한 오키나와는 사람도, 자연환경도, 그리고 역사도 우리네 제주와 참 많이 닮은 곳입니다. 저는 얼마 전 다시 오키나와를 다녀왔는데요, 매년 방문하는 오키나와지만 강정마을 때문인지 이번 방문은 더 특별했습니다. 몇 해 전 오키나와를 방문했던 제주의 환경활동가 김동주도 제주와 오키나와 두 섬은 닮은 곳이 정말 많다고 말합니다. 김동주는 두 섬이 각각 4·3 사건과 오키나와전쟁을 겪으며 가족 혹은 이웃의 한둘쯤은 잃어야 했던 아픈 역사를 간직하고 있고 한국과 일본의 최남단에 위치한 채 평화로울 때는 별다른 개발도 하지 않고 관광지로 이용되다가, 필요할 때면 언제든지 군사기지로 이용될 수 있는 곳이라고 설명했습니다.

오키나와는 해양 스포츠와 수려한 자연환경으로 유명한 관광지이기도 하지만, 미군기지와 자위대 기지로 유명한 군사기지이기도 합니다. 일본 국토의 1%도 채 되지 않는 면적에 75%의 주일 미군기지가 집중되어 있고, 일본에서는 태평양전쟁 중에 유일하게 지상전을 경험하고 4만 명이 목숨을 잃은 곳입니다. 전쟁의 향방이 정해진 뒤에도 일본이 천황을 지키기 위해 수많은 군인과 민간인들의 목숨을 버리면서 미국과 협상을 벌였던 것이죠. 오키나와에 가면 소위 '가마'라고 불리는 동굴들이 있습니다. 이 가마들 중에는 오키나와전쟁 당시 '집단 자결지'로 알려진 곳들이 많습니다. 수많은 사람이 이 가마에 숨은 채 미국에 포로로 잡히는 대신 자결을 선택했다고 합니다. 오키나와 사람들은 일본 제국주의의 신민화 교육이 이와 같은 집단 자결의 참화를 낳았다고 생각하고 있습니다. 미군의 잔인성을 배우며 일본의 군국주의 아래 집단 자결을 끊임없이 교육받은 결과인 셈이지요. 병영 사회, 매순간 국민을 군인으로 만들려 우리 사회에 시사하는 바가 크다고 생각합니다.

아, 이번에 오키나와에 갔더니 선생님을 기억하는 오키나와의 활동가들이 내년 5월에 꼭 선생님을 초대하고 싶다고 했습니다. 오키나와에서는 매년 5월 15일 커다란 집회와 평화 행진이 열리곤 하는데요, 그날은 저 같은 외국 활동가나 일본 본토의 많은 활동가들도 오키나와를 방문하곤 합니다. 이날은 과거 중국의 일부였던 류큐 왕국이 일본에 강제로 편입된 날이기도 하고, 태평양전쟁 이후 미군정의 지배를 받던 오키나와가 1972년 일본에 다시 반환된 날이기도 합니다. 저는 오키나와전쟁으로 수많은 목숨을 잃어야 했던 이 작은 섬이 1972년까지 미국의 영토처럼 사용되었다는 사실을 알고 깜짝 놀라고 말았습니다. 그때까지만 해도 일본 본토로 오가는 것조차 쉽지 않았다고 하니까 말이지요.

오키나와의 평화 투쟁

오키나와에 꼭 소개시켜드리고 싶은 곳들이 있습니다. 그중에서도 저는 헤노코라는 곳에 선생님과 꼭 함께 가 보았으면 합니다. 헤노코는 오키나와에서도 제주 강정마을과 가장 닮은 곳이라는 생각이 들거든요. 해군기지는 아니지만 미군의 해병대 활주로가 바다 위에 건설되고 있고, 아름다운 바다와 자연의 생명들을 버릴 수 없다는 점에서 그렇지요. 헤노코 농성장에는 마치 예전 구럼비 앞바다의 천막처럼 커다란 천막과 함께 헤노코 투쟁 과정을 보여 주는 사진들이 전시되어 있습니다. 저는 강정마을 농성장보다 이곳 헤노코의 농성장을 먼저 보았는데요, 얼마 전에 가 보니 어느새 투쟁 일수가 3000일이 훌쩍 넘어 있어 깜짝 놀랐습니다. 헤노코는 해상 활주로 건설을 막기 위해 마을 주민들이 보트와 카누를 타고 공사를 막아냈던 걸로 잘 알려져 있습니다. 선생님이 함께하신 강정SOS해상팀의 활동과 참 많이 닮아 있습니다.

오키나와 이야기를 쓰다 보니 하고 싶은 이야기가 참 많습니다. 선생님께 보내는 이 편지를 빌려 좀 더 많은 사람들에게 오키나와를 소개하고 싶은 욕심도 생기거든요. 군사기지 문제와 동아시아의 평화 문제를 고민하다 보면 반드시 만나게 되는 곳이 바로 오키나와이기 때문인가 봅니다. 이 이야기는 꼭 하고 싶은데요. 몇 해 전 한국에도 많이 소개되었던 일본의 헌법9조수호운동을 보면서 조금 불편했습니다. 물론 당연히 '군대 없는 나라'를 명시한 일본의 평화 헌법이 지켜지길 바라면서도 그것이 역사적으로 가능했던 구조, 군대가 없는 일본이 유지될 수 있었던 그 구조에 대해서는 잘 이야기되지 않았던 것이 무척 아쉬웠거든요. 바로 한국과 오키나와에 집중된 미군기지가 그것이지요. 일본의 경제성장은 일정 부분 한국전쟁과 베트남전쟁 같은 전쟁 특수와 거대한 군대를 유지하지 않아도 되었던 전후 평화 헌법의 구조 안에서 가능했다고 이야기합니다. 이제는 자위대가 거대해졌지만, 그동안 이웃 한국과 일본 변방 오키나와의 엄청난 군사기지가 일본의 평화 헌법을 지켜주었던 셈이지요. 저는 이런 일제 침략의 과거사뿐만 아니라 냉전과 군사분업적 역사의 실타래를 하나씩 풀어낼 때에만 동아이사의 평화가 가능하지 않은가 하는 생각을 합니다.

선생님, 저는 8월 중순쯤 다시 제주를 방문할 듯합니다. 지난번에는 교도소 앞까지 갔다가 어처구니없게 신분증을 가지고 오지 않아서 혼자 밖에서 기다려야 했었는데요. 이번에는 선생님 얼굴을 꼭 뵙고 싶습니다. 이번 제주 방문은 선생님처럼 재판을 받기 위해 가는 것입니다. 지난해부터 때때로 제주를 오가다보니 기다리는 것은 재판뿐이네요. 그래도 늘 함께했던 친구들과 재판을 받는 것 같아 마음이 무겁지는 않습니다. 앞으로도 재판을 받으러 제주를 방문해야 할 것 같아 아무래도 정기적으로 선생님 얼굴을 뵐 수 있지 않을까 하는 농도 잠시 해 봅니다.

홀로 재판을 기다리셔야 하는 선생님의 마음은 어떠신지요. 많은 개척자들 형제자매들이 이번 달에는 선생님이 꼭 나오실 거라고 믿고 기도하고 있습니다. 저도 유리벽을 마주하기보다 직접 얼굴을 뵙고 싶은 마음이 크네요.

제주에서 뵙겠습니다. 담장 너머에도 평화의 시간이 머물기를 기도하겠습니다.

2012. 8. 8.

박정경수 드림

박정경수 형제님께,

　편지 잘 받았습니다. 몇 차례의 태풍에 지루했던 여름이 힘겹게 밀려가는 것 같습니다. 올해처럼 태풍을 기다린 해도 없습니다. 동반하는 비바람에 날도 선선해지고, 강한 파도로 해군기지 건설 작업이 잠시나마 중단될 수도 있기 때문입니다. 태풍이 불 때면 바람과 파도를 일으켜 해군기지 건설을 막아달라고 기도드렸습니다. 감옥에서 할 수 있는 것은 이렇게 막막합니다. 자신이 아무것도 할 수 없다는 무력감이 밀려오고 내가 속한 소수가 옹호하는 가치를 무시하고 짓밟는 다수의 횡포 앞에서 좌절감이 찾아올 때마다 외로움을 느낍니다.

　엊그제 미사 도중 경찰의 군화에 짓밟힌 성체를 붙들고 오열하셨던 문정현 신부님이 오늘 저를 찾아오셨습니다. 어쩌면 오늘이 제게는 마지막 접견이 될지도 모릅니다. 저는 이제 더 이상 수감자라는 사실을 인정하지 않으려고 하기 때문입니다. 나는 자유인입니다. 나는 우리나라의 자연 유산을 지키고, 그에 기식하고 있는 하나님의 피조물들의 생명을 보호하며, 이 땅에 전쟁과 대량 살상 무기들이 판치지 못하도록 막으려고 싸웠습니다. 저는 저의 행동에 어떤 후회나 개선의 의사도 없습니다. 이 감옥에서도 저의 자유를 실천하기로 결심했습니다. 문 신부님께서는 제가 수감을 거부할 경우 앞으로 교도소에서 겪게 될 고통을 일러 주시며 교도소에 순응해 줄 것을 간청하셨습니다. 지금까지 문 신부님의 분부를 거역한 적이 없지만, 이번만큼은 마음속에서 흘러나오는 저의 내면의 소리를 따르려고 합니다. 이제는 제 아버님께도 저의 수감 소식을 알려 달라고 부탁드렸습니다. 구속이 연장되어서 추석 연휴에도 찾아뵐 수 없기 때문입니다.

형제님, 오키나와에서 오셨던 토미야마 상과 토미타 상의 소식을 알려주셔서 감사합니다. 장애가 있는 토미야마 상은 휠체어를 끌고 강정마을까지 와서 열정을 다해 '반전 평화'의 힘을 보태 주셨습니다. 오키나와와 제주도는 닮은 구석이 많습니다. 제주도가 옛날 탐라국이란 독립 왕국이었듯이 오키나와도 독립된 류쿠 왕국이었습니다. 또한 두 섬이 모두 2차 대전의 희생 제물이었던 비참함도 너무 닮았습니다. 그렇기에 제주도와 오키나와의 반전 평화활동에는 깊은 공감과 연대가 생긴 것이지요. 최근에는 하와이의 주민들까지 제주도의 강정마을을 방문해서 하와이가 미군기지로 인해 겪고 있는 고통을 호소하며, 진정으로 하와이 주민들이 원하는 것은 하와이가 제주도처럼 군사기지 없는 평화의 섬으로 변모하는 것이라고 전해 주었습니다.

제주도의 하와이 강정마을의 암울한 미래

하와이는 1893년 군사력을 동원한 미군에 의해 점령되었습니다. 아름다운 오아후 섬 진주만에 군사기지가 들어선 이후 이제 더 이상 이곳에서 진주조개는 찾아볼 수 없게 되었습니다. 하와이의 군사기지 전문가 백구한 씨는 강연에서 "하와이의 물은 기지에서 방출한 수많은 발암물질과 방사성 폐기물로 되돌릴 수 없을 만큼 오염되었다"고 밝혔습니다. 그는 '제주도에 민군복합항으로 해군기지를 건설하면 하와이 같이 될 수 있다'고 발표했던 박근혜 씨에 대해서 "그녀는 하와이에 관해 매우 무지했거나 해군기지를 받아들이도록 사람들을 속이고 있거나 둘 중 하나라고 밖에 볼 수 없다"며, "제주의 몇몇 사람들은 하와이처럼 되길 원하는지도 모르겠다. 하지만 진실은 하와이 사람들이 강정처럼 되길 원한다는 것이다! 하와이 사람들은 다시 깨끗한 물을 갖길 바란다"고 했습니다. 하와이(Hawaii)의 '와이(wai)'는 물이란 뜻입니다. 하와이는 물의 섬입니다. 하와이의 원주민들은 '부(wealth)'도 풍부한 물이라는 뜻의 '와이와이(waiwai)'라고 했습니다. 강정(江汀)이 '물 강(江), 물가 정(汀)'인 것처럼 제주도에서 가장 물이 풍부한 마을입니다. 그것 자체로 강정마을은 제주도의 하와이라고 할 수 있습니다. 그러나 해군기지가 들어서면서 지하수는 벌써 오염되기 시작했고, 구럼비 바위를 뚫고 솟아오르던 맑고 깨끗한 용천수 샘들은 시멘트로 막히고 있습니다. 우리나라를 지키기 위해서 맑은 물줄기를 막아 버리고, 아름답고 성스러운 바위를 부셔 버립니다. 이 물과 바위에 기식하던 희귀한 동식물들이 몰사하고 있습니다.

나는 대한민국의 법정이 나를 엄벌에 처한다고 위협해도, 우리나라의 대통령이 내 행동을 금지하는 엄명을 내린다 해도 우리 조국의 자연 유산을 지켜내기 위해서 결단코 내 뜻을 굽히지 않을 것입니다. 우리에게 필요한 것은 군사기지·탄약고·무기고가 아니라, 맑고 깨끗한 물이고 오염되지 않은 신선한 공기입니다. 대한민국 정부는 자연환경과 인권, 민주주의와 같은 소중한 가치들을 희생시키면서 군부의 몸집 불리기와 재벌들의 수익을 챙겨 주고 있습니다. 수단과 목적이 도치된 기막힌 현실 속에서 강정마을은 고통을 겪고 있습니다.

경수 형제님, 나는 감옥에서 꿈을 꾸고 있습니다. 앞으로 석방이 되면 돛배를 구해서 오키나와와 하와이로 항해를 할 겁니다. 그리고 그곳에서 군사기지로 땅과 바다를 잃어버린 희생자들을 만나 평화를 위한 결속과 연대를 더욱 굳게 만들어 동병상련으로 맺어진 국제적인 협력을 발전시키는 것이지요. 섬 주민이야말로 국가주의의 광기에 가장 쉽게 희생당할 수밖에 없는 약자입니다. 누구도 돌보지 않는 비정한 현실 속에서 고립된 채 정부의 공권력에 무참하게 당할 수밖에 없는 작은 섬들의 주민들이 함께 뭉치지 않는다면 온 세상의 섬들은 언제든지 군사주의의 희생 제물이 될 수밖에 없습니다. 인도양의 외로운 섬 디에고가르시아가 영·미에 의해 그렇게 희생되었고 남중국해의 수많은 섬들도 주변국들의 군사력 앞에 똑같은 위기에 처해 있습니다. 나는 전쟁을 반대하고 평화를 사랑하는 세계의 시민들과 함께 이런 위기에 처한 고독한 섬들을 향해 돛을 올리고 싶습니다.

바다는 인류가 공유하는 푸른 대륙

바다는 모든 인류가 공유하는 푸른 대륙입니다. 누구도 이를 사유화할 수 없고 배타적인 소유권 주장을 할 수 없습니다. 오키나와 하와이의 군사기지에서 흘러나오는 오염 물질이나 후쿠시마 원전에서 방출된 세슘 성분이 어느 날엔가는 우리 제주 앞바다에서 살고 있는 자리돔을 통해 우리의 밥상에 오를 수밖에 없는 것이지요. 언젠가 제가 인도네시아 술라베시 섬에서 지낼 때 바닷가에서 파도에 떠내려 온 쓰레기들을 치우고 있었습니다. 그때 바닷가에 동동 떠 있는 흰 막대를 발견하고 집어 들어 보니 긴 형광등이었는데 놀랍게도 그 끝에 '번개표'라는 한국어 표기가 선명했습니다. 이 막대 등이 바다의 조류를 타고 먼 인도네시아까지 떠내려 온 것을 보고 다시금 바다는 모든 인류의 것이고 내 나라의 앞바다는 지구 끝의 다른 나라의 앞마당과 연결되어 있다는 자각으로 전율했습니다.

경수 형제님, 어떤 때는 제가 화성에 있다는 생각이 듭니다. 다른 기독 청년들은 무슨 생각을 하고 무엇을 하고 있는 것인지 알 수가 없는 외딴 별에 고립된 느낌이지요. 대한민국은 역사의 소용돌이 속에서 휘청거리고 있는데 젊은이들의 움직임이 눈에 잘 안 띄네요. 김정은의 등장과 그로 인한 사회 변화 속에서 새로운 남북 협력과 통일의 가능성을 열고자 하는 젊은이들의 패기를 보고 싶습니다. 또 이런 변화가 예기치 못한 퇴보로 진행되며 돌출될지도 모를 중국과 미국의 무력 충돌의 가능성도 신랄하게 토론하는 청년들의 모습을 보고 싶습니다. 나는 기독 청년들이 푸른 바다를 누비며 군사기지 건설로 고향에서 쫓겨난 주민들과 함께 군대를 쫓아내고 '비무장 평화의 섬'을 만들어 내는 모습을 보고 싶습니다. 오염되고 파괴된 푸른 바다 속으로 들어가 다시 형형색색의 물고기들이 모여들 수 있도록 인공 산호들을 이식하는 모습을 보고 싶습니다. 나는 우리 기독 청년들이 고리원전 1호기처럼 원전이란 이름의 위험한 원자폭탄을 하루 빨리 가동 중지시키기 위해 냉각탑을 점령하는 용감한 행동을 보고 싶습니다. 이런 호연지기(浩然之氣)로 가득 찬 패기 있는 기독 청년들은 어디에서 무엇을 하고 있나요?

경수 형제님, 평화 헌법에 관한 이야기로 끝을 맺어야 할 것 같습니다. 형제님은 일본의 헌법 9조에 명시된 영구적인 군대와 침략 전쟁의 포기가 가능했던 이유가 오키나와 한미의 군사적 부담에 무임승차를 할 수 있었던 역사적 정황 때문이 아니었느냐고 했습니다. 저는 그렇다하더라도 일본이 계속 헌법 9조를 굳게 수호하기를 바랍니다. 그뿐 아니라 우리 대한민국과 중국, 러시아도 일본과 같은 평화 헌법을 채택하기를 바랍니다. 물론 법만으로 평화가 실현되지는 않지만 만일 일본에 헌법 9조가 없었다면, 지금 일본은 경제성장에 상응하는 강력한 군사 대국이 되어 다시금 동북아시아의 주변 국가를 위협하고 있었을 것입니다.

나는 기독 청년들이 취업이나 비정규직, 반값 등록금 등 많은 문제들에 짓눌려 있지만 그것을 넘어서 예수님이 그의 제자들과 더불어 세상을 바꾸는 꿈을 품으셨던 것처럼 교회와 캠퍼스에서 도원결의와 같은 의기투합을 하기를 바랍니다. 자꾸만 작아지고 소심해지는 젊은이들의 포부와 기상을 바라보며 안타깝기만 합니다. 젊은 그리스도인들이 아무것도 두려워하지 말고 여러분이 진정으로 하고 싶은 일, 해야만 한다고 생각하는 일에 생애를 걸 수 있기를 진정으로 바랍니다.

저는 이제 감옥에서 무죄를 주장할 뿐 아니라 그런 믿음을 갖고 죄인이 아닌 것처럼 살아갈 겁니다. 그것도 곧 처벌로 다가올 것입니다. 어쩌면 접견이나 서신 연락조차 허락되지 않을지도 모릅니다. 법정에서 처벌받아 교도소까지 와서 교도소의 규정에 의해 또다시 이중으로 처벌을 받아야 하는 고통을 감수하면서까지도 나는 나의 자유를 실천하고 싶습니다. 나의 존엄성을 지켜야 할 책임은 누구보다도 먼저 내 자신에게 있으니까요. 멀리 보이는 한라산 정상에는 이내 가을이 찾아온 것 같습니다. 한라산 중턱의 교도소의 새벽녘은 서늘한 기운조차 느껴집니다. 어느덧 여름의 끝자락에 와 있나 봅니다. 환절기 감기 조심하시기 바랍니다.

2012. 8. 13.
한라산 자락 거문오름 아래 제주교도소에서
송강호 올림

송강호의 옥중일기 3

2012. 8. 1. (수) 맑음, 더움

이제 수감된 지 넉 달이 지났다. 새로운 달력을 붙였다. 감옥에서는 출정일을 적은 달력을 붙여 놓고 심리일, 구형일, 선고일을 표시해 놓는다. 8월 12일이 구속만기일이라고 하지만 아무에게도 알리지도, 표시하지도 않았다. 어쩌면 다시 한 번 두 달 구속 연장을 받을지도 모르기 때문이다. 판검사들이 시민의 인권을 생각이나 할까? 더구나 해군기지 건설사업을 반대하는 자에 대한 선입견과 편견조차 갖고 있을 터이다. 난 그저 마음을 편히 먹고 아무런 기대도 하지 않고 지낸다. 어떤 욕망도 기대도 없이 그냥 아무런 감정도 욕심도 없이 그저 내 앞에 주어지는 생을 담담히 따라가는 삶을 동경해 온 것이 아니던가? 그저 물이 흐르듯이 낮은 곳을 향해서 순순히 흐르는 삶이 나의 바람이었는데 그래서 그리된 것인지 아니면 그저 무덤덤해진 것인지 지금으로서는 잘 모르겠다. 마태복음을 그리스어로 읽고 있다. 시간 여유가 없어서 아침에만 읽고 있다. 낮에는 장기도 두고 수감자들과 어울리기도 한다. 감옥에서 승패가 갈리는 게임은 긴장과 집중을 하게 해서 멍하니 시간 가기만 기다리는 재소자들에게는 자극이 되는 것 같다. 태풍이 또 오고 있다고 해서 기쁘다. 오후부터 멀리 뵈는 나뭇가지들이 눈에 보일 정도로 흔들리고 있는 것을 보니 그리 멀지 않은 곳까지 온 모양이다. 제발 태풍이 파도를 몰고 와서 구럼비를 원래의 모습으로 다시 회복시켜 주기를 바란다.

2012. 8. 7. (화) 흐림

(상략) 아침마다 고요한 시간에 신약성경 원전을 조금씩 읽고 있다. 영어 번역이 대조되어 있어서 사전 없이도 이해가 된다. 그러나 가끔은 꽤 까다로운 수동태나 과거형의 불규칙 동사 변화가 나오면 그리스어 문법책을 펼쳐 확인해 보고 싶지만, 감옥에서 어찌 모든 것을 다 바라랴. 오늘 마태복음 26장 26절 이하에 나오는 예수님의 마지막 만찬을 읽었다. 3년을 함께 동고동락했던 제자들과 나누는 마지막 식탁이 왜 그렇게 슬픈지 눈물이 났다. 레오나르도 다빈치는 그 최후의 만찬을 15세기 이탈리아 귀족 가문의 품위 있는 홀을 배경으로 그려 놓았지만 내 머리 속에 연상되는 그 만찬은 작고 어두운 감옥 같은 곳에 모여 앉아 단조로운 식탁 위에 누룩 없는 빵과 포도주 밖에 없이 이 세상에서 다시는 함께할 수 없는 슬픈 식사다. 사랑하는 사람들과의 마지막 식사가 왜 이렇게 내 마음에 애절한 감응으로 다가오는지 모르겠다.

본회퍼의《옥중서간》을 읽을 때도 그가 사랑하는 사람들과 나누던 행복했던 과거를 회상하며 쓴 글들이 마음을 아프게 했었다. 특히 부활절이나 친척들의 생일에 풍성한 식탁에 모두 다 둘러앉아 즐거운 시간을 보냈던 기억을 떠올리며 이런 시간이 다시 돌아올 것인지 아니면 그저 과거에 주어졌던 아름다운 추억으로 만족해야 하는지 알 수 없는 운명에 그저 끌려갈 수밖에 없는 무력한 자신의 심경을 고백한 글이 기억난다.

사랑하는 사람들을 다시 만나고 싶었던 본회퍼의 간절한 소망은 결국 거절당했다. 그리고 그가 사랑하는 이들에게 돌아왔을 때 이미 그는 이 세상 사람이 아니었다. 정의가 불의에 의해 처형당하는 역사는 예수 그리스도의 시대에도, 1940년대 독일에서도, 그리고 지금 새천년의 벽두에 우리 대한민국에서도 끊임없이 반복된다. 우리는 예수 그리스도와 의를 위해서 핍박을 받았던 하나님의 사람들의 생애와 죽음을 통해 감추어진 역사의 진실을 배워야 한다. 삶의 의미는 이기는 데 있는 것이 아니라 패배하는 데 있다. 한 번 혹은 몇 번의 패배로 물러나는 미완성의 패배가 아니라 어떤 시련도, 절망도, 좌절도 끝내 거부하고 끝없이 패배하는 삶을 한없이 긍정하면서 끝까지 포기하지 않는 삶이 우리의 운명이라는 것이다.

나는 믿는다. 우리는 패배하고 신(神)은 승리하며 우리는 죽지만 신(神)은 우리를 다시 살려 내신다는 진실을.

4. 평화의 꿈을 좇는 난민이 됩시다

송강호 선생님께,

 날씨가 제법 쌀쌀해졌습니다. 이제는 짧은 셔츠와 바지가 낯설 만큼 계절을 따라 사람들의 모습도 빠르게 변해 가고 있습니다. 어제까지만 해도 이 더위가 언제 물러갈지 답답해하던 이들의 모습을 상상하면 오늘의 날씨는 거짓말 같기만 합니다. 유난히 더웠던 올 여름을 더 이상 사람들의 얼굴에서 찾을 수 없으니 말입니다. 아마 두 차례 큰 태풍이 지나가고 가을이 온 것을 실감하는 모양이지요.

 선생님, 보내 주신 편지에서 올해처럼 태풍을 기다린 해도 없었다고 하셨지요. 저도 꼭 그렇습니다. 무언가 불가능해 보이는 상황 앞에서 우리 마음은 비슷한가 봅니다. 마치 기도처럼 많은 사람들이 저에게 똑같은 이야기를 하곤 했습니다. 태풍과 파도가 해군기지 공사를 막아 주면 좋겠다고요. 그런 간절한 마음 때문이었을까요. 지난 8월 태풍 볼라벤이 제주를 지나면서 강정 앞바다에 띄워 두었던 거대한 케이슨(상자 모양의 콘크리트 구조물-편집자 주)을 모조리 부숴버렸습니다. 아마 소식은 미리 들으셨겠지요. 아파트 8층 높이의 8,800톤이나 하는 이 거대한 콘크리트 구조물 7개가 태풍과 파도에 여지없이 망가지고 만 것입니다. 정말 누구의 말처럼 수백억 원을 들여서 아름다운 강정 앞바다에 콘크리트 더미만 몽땅 버려 놓은 꼴이 되었습니다. 강정마을만이 아닙니다. 제주 남부의 서귀포항은 지각변동이란 말이 맞을 만큼 엉망이 되었습니다. 사진으로만 보았지만 지진이 난 듯한 서귀포항의 외항방파제의 모습을 보고 자연의 거대한 힘을 실감할 수 있었습니다. 하지만 태풍과 파도보다 반성이 없는 인간의 무모함은 더 위험합니다. 누가 보더라도 또 다시 대형 태풍이 제주로 향한다면 분명 위험한 상황이 똑같이 발생할 것이 뻔한데도 해군과 공사업체는 별다른 변명도 없이 공사를 강행하고 있습니다. 아니 오히려 태풍으로 늦어진 공사 일정을 앞당기겠다며 더 많은 레미콘 차량을 강정마을로 불러들이고 있습니다. 덕분에 해군기지 공사장 앞에서는 하루에도 십수 차례의 고착과 충돌이 벌어지고 있다고 합니다.

태풍처럼 몰아붙이는 해군기지 공사

올해 태풍이 네 차례 한반도를 지났다고 하지요. 50년만의 일이라고 합니다. 하지만 요즘 날씨를 보면 50년, 100년 만에 일어나는 일들이 너무 자주 일어나곤 합니다. 기후변화가 원인이라고 지적하는 사람들이 많은데, 이런 거대한 태풍이 더 자주 있을 것이라고 생각한다면 분명 제주 해군기지는 안전을 생각해서라도 다시 검토해야 할 사업이 분명합니다. 그동안 지적되었던 설계 오류나 문제점들은 말할 것도 없지요. 그런데도 무엇이 해군기지 공사를 이렇게 급하게 몰아대는 것일까요. 최근 해군기지의 공사가 대략 20%를 넘어섰다고 들었습니다. 20%라는 단순한 숫자보다 구럼비 바위 위로 쏟아부었을 어마어마한 시멘트와 화약의 울음소리가 들리는 것 같아 끔찍한 요즘입니다.

얼마 전 제주교도소로 면회를 갔을 때 선생님 얼굴을 뵐 수 있어서 좋았습니다. 그런데 막상 뵙고 보니 희뿌연 플라스틱창 너머로 해야 할 이야기가 많이 생각나지 않더라고요. 다만 지난 편지에서 선생님의 결심을 듣고 감옥에서 형 집행을 거부하는 것은 아닌지 많이 걱정이 되었습니다. 돌아올 처벌이 너무 분명해 보였으니까요. 다행히 얼굴을 뵈니 당장 큰 문제가 생기지는 않은 것 같아 보였습니다. 자세한 이야기를 들을 수는 없었지만 독거실로 자리를 옮겼다는 이야기도 들었습니다. 빈 방 안에 홀로 벽을 바라보는 생활이 어떠신지 궁금합니다. 사람들이 없는 방에서 건강을 챙기기는 더 어려울 텐데 다음 편지에는 짧게 최근의 근황이라도 들려주셨으면 합니다.

지난 편지 중 선생님이 자꾸만 작아지는 젊은이들의 포부와 기상을 안타까워하신 대목을 읽으며 내내 고민이 되었습니다. 왜 청년들은 이렇게 조용한 것일까요? 저는 요즘 병역거부에 대해 다시 생각하고 있습니다. 아마 감옥을 나오고 요즘처럼 많은 고민을 해보기는 처음인 듯합니다. 비록 멀리 떨어져 있지만 강정에서의 하루하루가 저에게는 질문이 되곤 합니다. 지난 편지에서도 말씀드린 것처럼, 저는 요즘 강정마을과 해군기지 건설을 보면서 군 입대를 앞둔 청년들에게 이제는 적극적으로 병역거부를 권해야겠다고 생각하게 되었습니다. 지금껏 저는 제 친구들에게 감옥을 권유해 본 적이 별로 없었는데 말입니다. 어차피 각자의 선택을 존중해 주는 편이 나의 생각도 존중 받는 가장 쉬운 길이라고 생각했는지도 모르겠습니다.

'전쟁없는세상'과 병역거부

제가 병역거부를 한 해는 지금과 참 많이 닮았습니다. 바로 평택의 대추리 투쟁이 한참이었던 2006년이었으니까요. 평택의 대추리는 아주 작은 마을이었지만 서울과 가까운 곳에 위치했기 때문에 아마 더 많은 사람들이 그곳을 찾았던 걸로 기억합니다. 저도 학교 친구들과 여러 차례 평택을, 그리고 대추리를 찾곤 했지요. 이미 아프간과 이라크 전쟁을 지켜보며 분명한 반전의 입장을 갖고 있었던 때였지요. 그 무렵 평택시청에서 한 초등학교 교사가 병역거부를 했습니다. 대추리 투쟁의 한 가운데인 평택에서 아이들을 가르치던 분이었습니다. 평화운동단체인 '전쟁없는세상'을 통해 안면이 있는 분이기도 했지요. 얼굴을 떠올리니 아마도 꽤 오랜 시간 고민을 이어 왔을 거라는 걸 알 수 있었습니다.

생각해 보면 병역거부자들 중에는 제법 교사들이 많습니다. 쉽게 상상하기 힘든 사실이지요. 혹은 선생님이 아니더라도 교육대학이나 교육학과를 나온 사람들이 많습니다. 우연일지 모르지만, 저는 아마도 아이들을 만나면서 부끄러운 자신의 양심을 마주했기 때문이 아니었을까 생각해 봅니다. 그 양심의 목소리가 소위 우리 사회의 편안한 직장까지 포기하게 만들었다는 사실이 지금의 제가 보아도 놀랍기만 합니다. 그런데 그 무렵 저는 이제는 돌아갈 수 없겠구나 생각했습니다. 막상 군대를 가지 않겠다고 말 해 놓고도 매일 같이 돌아갈 핑곗거리가 없을까 안절

부절못하던 때이기도 했습니다. 부끄러웠지요. 그 교사의 "제 꿈은 좋은 선생님입니다"라는 짧지 않은 소견서를 읽으며 부끄러웠습니다. 그게 제가 병역거부를 할 수밖에 없었던 몇 가지 이유 중 하나였지요. 그렇다면 과연 지금의 청년들에게 부끄러움을 깨닫게 할 사람들은 누구일까요. 온갖 멘토들이 난무하는 지금, 청년들을 꾸짖거나 부끄럽게 하기보다 성공을 약속하는 달콤한 이야기로 꾀는 사기꾼들뿐이니 당연한지도 모르겠습니다. 교회의 지도자들은 성공과 안락함 속에 머물고, 사회 지도층이 그들의 성공으로 평가받는 시대에 과연 청년들은 누구를 보고 용기를 낼 수 있겠습니까.

얼마 전 '전쟁없는세상'의 친구들과 강정마을을 보고도 왜 군대를 거부하는 사람들이 없는지, 주민들을 괴롭히고 쫓아내는 거대한 군사기지의 군인이 될 수 없다고 생각하는 사람들은 왜 없는 것인지 이야기를 나누었습니다. 저는 어쩌면 지금의 병역거부자들조차 청년들이 보기에 불편하지 않기 때문이 아닐까 생각했습니다. 어쩌면 지금 강정마을의 지킴이들이 더 불편한 자리에서 저 많은 고난을 감당하고 있으니 병역거부가 눈에 들어오지 않는 것일지도 모르지요. 십자가로 향하셨던 예수님처럼 더 낮은 곳, 불편한 곳으로 향할 때에야 청년들의 양심에 말을 걸 수 있지 않을까요. 이렇게 꺼내놓은 생각들이 오늘은 제 양심을 바늘로 찌르는 것 같기도 합니다. 그러고 보니 어느새 선생님이 계신 그 교도소로 들어간 분들이 많아졌습니다. 평화수감자들, 부디 그분들이 짊어진 고난만큼 우리 사이에도 조금은 양심의 싹을 틔울 수 있으면 좋겠습니다.

선생님! 저도 언젠가 한번은 선생님의 말씀처럼 돛배를 타고 거대한 바다를 경험해 보고 싶습니다. 하지만 당장은 우리 그리스도인들이라도 청년들의 거대한 양심의 바다에 돛배를 띄워야 하지 않을까요. 주변국들의 군사력 때문에 위험에 처한 섬과 섬을 평화의 마음으로 이어주는 돛배처럼 외롭고 고립된 청년들의 마음과 양심을 이어줄 돛배도 지금 필요한 것이 아닐까 생각해 봅니다.

얼마 전 국제회의를 위해 강정마을을 방문하려던 오키나와와 일본의 활동가들이 모두 입국이 거절되었습니다. 지난 편지에서 이야기드렸던 분들이지요. 출입국관리사무소는 '국익 유해자'라는 이해하기 어려운 이유를 대며 이들의 입국을 거절했습니다. 이미 수차례 아무 문제없이 한국을 찾았던 이들이 단지 강정마을에 들렀다는 이유로 말이지요. 평화를 염원하는, 그리고 국가를 넘어 인류를 고민하는 사람들이 이제는 국가들 사이에서 이익을 해치는 사람들이 되어 버린 모양입니다.

서울은 금세 날씨가 쌀쌀해지고 있습니다. 다음 편지를 드릴 때는 더 많이 추워질 듯하네요. 그 전에 제주에서 얼굴을 뵐 수 있을 것 같습니다. 선생님도 감기 조심하시기 바랍니다.

2012. 9. 25.

박정경수 드림

박정경수 형제님께,

    편지를 받고 며칠이 지난 추석 바로 전날 갑작스럽게 직권보석으로 풀려나왔습니다. 민변 변호사님들의 강력한 불구속 재판 요구에 판사가 부담을 많이 느낀 것 같습니다. 저의 석방을 위해서 기도해 주신 많은 분들께 깊이 감사를 드립니다. 그러나 석방되지 못한 여섯 명의 동료들을 남겨 두고 감옥을 나서자니 발걸음이 무거웠습니다.

    수감 중 마지막 한 달은 독방에서 지냈습니다. 운동 시간이 없는 주일에는 날씨가 어떠한지조차 알 수 없는 폐쇄된 좁은 공간에서 침묵의 시간을 보냈습니다. 지난 반년 동안 많은 사람들이 감옥을 찾아와 주었습니다. 그리고 여러 친지들로부터 어리석은 짓을 하고 있다고 비난도 받았습니다. 무엇보다 연로하신 아버님과 형제자매들로부터 냉혹한 비판을 피할 수 없었습니다. 그러나 그 와중에도 꾸준히 옥바라지를 해 주었던 아내와 틈나는 대로 감옥을 찾아와 평생 자기들 방 하나 마련해 주지 못했던 가난한 아빠의 평화를 위한 투쟁을 자랑스러워하고 응원해 준 자녀들에게 고마워하고 있습니다. 자주 방문도 하고 서신으로 연락해 주신 경수 형제님과 '전쟁없는세상'의 형제자매들에게도 감사드립니다.

냉소를 넘어 용기로

형제님의 말씀처럼 오늘날 젊은이들이 누구를 보고 어떻게 용기를 낼 수 있을지 저도 걱정이 됩니다. 해군기지 건설 현장을 둘러싸고 서 있는 젊은 의경들은 우리들의 눈을 마주치려 하지 않습니다. 그들에게 무언가 말을 걸려고 하면 그들의 눈은 초점을 잃은 채 허공을 향합니다. 사실도 진실도 모두 보려 들지 않는 흐리멍덩한 눈동자, 호소도 간청도 들으려 하지 않는 귀머거리 같은 모습으로 그저 돌처럼 서 있습니다. 국가가 애국이란 이름으로 만들어 놓은 이런 시신 같은 젊은이들을 바라보며 의무 복무에 대한 환멸을 느낍니다. 자신의 신념과 양심을 따라 당당하게 살아가는 젊은이들을 만나는 것은 몹시 어려워졌습니다. 대학의 청년들도 자기 목숨 하나 부지하기 위해 취업과 직장의 문을 두드리고 다니는 초라한 소시민들이 되어 가고 있습니다. 한때 대학생들이 민주주의와 민족과 통일을 논의하고 노래하던 시절이 있었습니다. 그때나 지금이나 세상은 더 나아진 것이 없건만 더 이상 젊은이들이 민족과 나라를 위해, 정의와 민주주의를 위해 고민하고 행동하는 모습을 볼 수가 없습니다. 이제 과거 젊은이들의 의분과 거대 담론은 그저 제 앞가림도 못하는 철부지들의 객기로 치부되고 사치스런 낭만 정도로 냉소받고 있습니다. 저는 아직 그때를 못 벗은 것일까요? 아직도 저는 옛 청년 시절의 꿈과 흥분이 가라앉지 않고 있으니까요.

　감옥에 있는 동안 때로 마음을 짓누르는 패배감에 시달리기도 했고 사랑하는 사람들로부터 고립되고 격리된 상태로 서서히 잊혀 간다는 상실감을 느끼기도 했습니다. 무엇보다도 출옥한들 우리나라가 계속 군사주의를 신봉하고 미국의 군사 전략에 편입되어 미국의 서태평양 방어를 위한 전초기지를 자처할 경우 저는 불가피하게 또다시 범법자가 되어 감옥생활을 피할 수 없을 거라는 암울한 전망입니다. 군사기지 건설을 반대하거나 집속탄과 같은 비인도적인 대량살상무기의 생산과 판매를 반대하고 이를 저지하려는 행위는 공무집행방해나 업무 방해에 해당합니다. 이미 지어진 군사기지에 들어가 전쟁을 반대하고 평화를 옹호하는 시위나 행동을 할 경우에는 군사재판에 회부되어 더 엄한 처벌을 받게 될 것입니다. 더 나아가서는 국가보안법이라는 가장 무서운 법의 처벌이 기다리고 있는 것이지요. 저는 옥중에서 처음으로 왜 평화를 원하던 종교개혁자들이 결국 자기 고향과 본토를 떠나 남의 나라까지 가서 난민이 될 수밖에 없었는지 곰곰이 생각해 보게 되었습니다. 16, 17세기에 그리스도의 평화를 실천하려는 신앙과 양심 때문에 스위스와 네덜란드의 재세례파들이 물설고 낯선 러시아로, 북남미로 뿔뿔이 흩어질 때 그들의 심경이 어떠했을지 저는 이제까지 진지하게 생각해 본 적이 없었습니다. 그러나 앞으로 몸과 마음을 억압하는 이 감옥생활을 밥 먹듯이 반복하며 여생을 소멸시켜 갈 것을 생각하니 저도 신앙의 자유를 찾아 평화를 위한 난민이 될 수도 있지 않을까 하는 생각이 들었습니다. 그러나 저는 차마 그럴 수는 없습니다. 그러기보다는 차라리 저처럼 전쟁을 반대하고 평화를 위해 살아가기를 갈망하는 사람들이 스스로 난민이 되어 평화의 섬 제주도로 모여들자고 설득하렵니다. 제주도는 아직 평화의 섬이 아닙니다. 평화의 섬이라면 해군기지를 건설하는 게 천부당만부당한 일이겠지요. 저는 평화의 난민들이 같은 마음으로 전쟁을 반대하고 또 평화를 원하는 제주도민들과 힘을 합해 해군기지 건설을 막아낼 뿐 아니라, 제주도를 점유하고 있는 모든 군부대까지 쫓아내려는 희망을 품게 되었습니다.

제주도는 비극의 섬입니다. 고려시대에는 원나라의 직접적인 지배하에 수탈당했고, 원이 몰락하자 고려는 그 잔존 세력들에 대한 피비린내 나는 학살을 자행했습니다. 조선시대에는 도민들이 자유롭게 섬을 떠날 수도 없도록 가두어 놓고 노동력을 착취했습니다. 일제강점기에는 일본의 군사요새가 되었고 해방 후 점령군인 미군과 그 군정에 의해 4·3 민간인 대량학살이 벌어진 것입니다. 지금 제주도는 아름다운 관광지로 변신하지 않았느냐고 반문하실지 모르겠습니다. 그러나 제주도는 관광산업의 그늘 아래 외부인들이 찾아와 온갖 향락 욕구를 배설하는 성 접대 산업의 굴혈이 되어가고 있습니다. 혁명 이전의 쿠바가 미국의 변소 역할을 했듯이 이제 제주도는 한반도에서 그와 같은 기능을 맡고 있습니다. 해군기지는 이렇게 추해져 가는 제주도를 더욱 추하게 만들 것입니다. 제주교도소에서 만난 어떤 재소자는 제게 왜 해군기지 건설을 반대해서 자신이 먹고살기 어렵게 만드느냐고 볼멘소리를 했습니다. 그래서 도대체 뭘 하기에 해군기지로 먹고사느냐 물었더니 '보도방'을 하다가 잡혀 왔다고 했습니다. 감옥에 오기 전까지는 통 들어보지 못한 말이라 그것이 무슨 방송과 관련된 것이냐고 하니 어리둥절한 기색으로 성 접대 여인들을 소개해 주는 일이라고 했습니다. 강정마을에 해군기지가 세워지면 술집과 모텔이 들어올 거고 그런 곳에 보도방을 차리면 장사가 잘 될 텐데 해군기지 건설을 반대하는 사람들 때문에 이런 좋은 돈벌이를 못하게 될까 봐 걱정스럽다는 이야기를 듣고 기가 막혔습니다. 감옥의 재소자들은 비록 범죄를 저질러 교도소까지 끌려오긴 했지만, 누구보다도 우리 사회의 밑바닥 현실을 잘 알고 있습니다. 해군기지는 제주도를 술집과 성 접대자와 범죄자들이 많은 추악한 삼다도로 만드는 데 일조할 것입니다. 이렇게 파괴되어 가는 고향을 두고도 젊은이들이 강 건너 불구경하듯이 방관하고 있는 모습에 기운이 빠집니다. 언제 히로시마나 나가사키처럼 전쟁의 잿더미가 되어버릴지도 모를 아름다운 자기 마을의 위태로운 미래를 불안해 하지 않는 그 무책임한 평정심이 저의 마음을 상하게 합니다.

평화의 난민이라는 숙명

저는 감옥에서 이런 역사적 현실에 대한 의분을 감추고 있는 제주도민들과 대한민국이 비무장 평화 중립의 길로 나아가기를 원하는 젊은이들을 찾아 나서기로 결심했습니다. 오랜 세월 권좌에서 쫓겨난 귀양인들의 유배지였던 제주도를, 평화를 만드는 사람들이 스스로 선택하여 찾아오는 평화의 유배지로 만들자고 설득하렵니다. 이전 메노나이트와 퀘이커 신도들이 자신의 신앙과 양심에 따라 캐나다와 미국, 코스타리카와 파라과이의 정글까지 찾아가 평화의 난민이 되었던 것처럼 제주도를 그런 난민의 섬으로 만들어 나가자고 선전하렵니다. 제가 원하는 것은 독립이 아닙니다. 제주도가 진정으로 특별자치도가 되기를 원하는 것입니다. 도민을 위한 것도 아니고 도민에 의한 것도 아니며 도민이 만들지도 않는 해군기지를 억지로 주민들을 희생시키며 강행하는 그런 오만하고 무례한 정부라면 제주도민들이 더 이상 참아서는 안 된다는 것입니다. 이것은 자신의 존엄성을 지키기 위해, 역사적인 존재로서의 인간이기 위해, 자연과 생태계를 지켜 나가야 할 인류라는 피조물의 한 종으로서의 인간이기 위해, 그리고 정의와 평화와 기쁨의 하나님 나라와 그 공의를 실현할 그리스도인이기 위해서 피할 수 없는 숙명인 것입니다.

우리의 싸움은 우리들만의 것은 아닙니다. 이웃나라 일본과 미국의 군사주의에 의해 희생양이 되어 버린 오키나와 주민들의 싸움이요, 전운이 감돌고 있는 남중국해의 여러 섬이 닥친 운명적인 싸움이기도 합니다. 만일 이런 싸움에서 물러난다면 인도양의 디에고 가르시아 섬의 주민들처럼 수만 마일이 떨어진 먼 나라의 섬에 강제로 이주당한 채, 자신의 고향이 다른 나라의 무고한 민간인들을 수십만씩 희생시키기 위해 군함과 비행기를 출격시키는 비참한 땅이 되는 것을 지켜볼 수밖에 없을 것입니다. 이미 제주도는 이전에 그런 비참한 운명을 경험했습니다. 일본은 제주도를 발진 기지로 삼아 난징을 비롯한 중국의 주요 도시를 공습했습니다. 수많은 무고한 중국인의 피를 흘리게 한 전쟁의 도구가 되었던 것입니다. 저는 제주 해군기지가 이렇게 강대국들의 전쟁 기지로 변신하여 또다시 무고한 시민의 피를 흘리게 하지 않겠다는 사람들을 찾아 나설 것입니다. 감옥의 무겁고 우울한 분위기 속에서도 이런 희망은 저를 흥분시켰습니다. 저는 이런 역사적 책임감을 느끼는 이들과 더불어 손에 손을 잡고 해군기지 건설 현장을 에워싼 채 "삼성과 대림은 이제 그만 군사기지 건설을 중단하고 산업 건설 현장으로 돌아가라! 해군은 이제 전우들이 기다리고 있는 전선으로 원대 복귀하라!"고 외치는 가슴 벅찬 상상으로 감옥의 어둠을 몰아냈습니다.

전쟁 없는 세상이라는 평화의 상상은 오랜 인류의 꿈입니다. 예언자 이사야와 미가가 바라보았던 "칼을 쳐서 쟁기를 만들고 창을 쳐서 낫을 만드는" 평화로운 세상, 전쟁도 없고 군사 훈련도 없는 세상은 예수 그리스도와 초대교회 성도들이 바라고 또 이미 살았던 꿈이었으며 종교개혁자들로부터 우리에게 이어진 오랜 세월의 꿈이었습니다. 저는 이렇게 3,000년을 이어 온 평화의 꿈을 계속 꾸고 또 전파할 것입니다. 이것은 제가 제 생애에 발견한 가장 소중한 운명입니다. 저는 이제 감옥에서 나와 자유의 몸이 되었습니다. 그러나 이것이 일시적인 자유일 수밖에 없다는 사실을 알고 있습니다. 그리고 그것이 저의 피할 수 없는 운명이라는 사실도 알고 있습니다. 평화는 제가 져야 할 십자가라고 생각합니다. 저는 이 고통스런 행복을 허락하신 주님께 감사합니다. 그리고 이 특별한 행복을 더 많은 사람들과 함께 누리고 싶습니다.

오랜만에 샘터로 돌아와 보니 작년에 불에 탄 집은 아직도 복구되지 못하고 그을린 채 놓여 있습니다. 겨울이 오기 전에 집을 지어야 할 텐데 걱정이 좀 되네요. 아직 재판이 세 건이나 진행이 되고 있어서 곧 제주로 돌아갑니다. 그곳에서 다시 연락드리지요.

2012년 10월 8일
양평 샘터공동체에서
송강호 올림

송강호의 옥중일기 4

2012. 9. 14. (금) (평복으로 재판에 서다, 샘이 생일)

어제 재판이 있었다. 구속 상태에서는 재판에 나가지 않겠다고 했지만 변호사님들이 간곡히 부탁하시고 또 재판 때 나올 증인들의 조서를 수백 장이나 복사해서 보내 주는 정성이 너무 미안해서 고집을 버리고 재판에 나갔다. 죄수 번호표가 달려 있는 수의를 벗고 사복으로 출정하겠다고 요청했다. 출발 직전 의복을 갈아입으려고 탈의실에 들어가니 611번이 적힌 군인용 더플백에 4월 1일 체포되던 날, 병원에서 갈아입은 한복 바지와 셔츠가 있었다. 면으로 된 한복 바지는 장마철을 지나며 온통 곰팡이투성이었다. 그래도 다른 선택의 여지가 없었다. 곰팡내 나는 바지를 입고 나니 포자들이 날려 목이 컬컬하고 가래가 자꾸 삼켜졌다. 머리도 어지러워지기 시작했다. 검찰청사의 독방에 잠시 대기하는 동안 바지를 벗어 변기 옆에서 털었다. 온 방에 곰팡이 포자가 날려 숨이 답답했다. 재판 시간 내내 어지러웠다. 그래도 수의를 입고 싶지는 않았다. 내가 나의 무죄를 인정해 주고 싶었다. 감옥에 홀로 갇혀 있다 보니 생긴 자기 연민인지 모르겠지만 내가 나를 지지하고 응원하고 싶다. 내가 나의 무죄와 정당함을 주장하고 싶다. 내가 다른 억울한 일 당한 사람의 이야기에 분노를 느끼듯이 내 자신이 당한 불의와 부당함에 대해 분노를 느끼는 것을 억누르고 싶지 않다.

오늘 아침에 마태복음 7장 1절부터 6절까지 나와 있는 '비판을 받지 않으려거든 남을 비판하지 말라'는 말씀을 읽었다. 자기의 눈 안에 들어 있는 들보는 깨닫지 못하면서 남의 눈 안에 있는 티를 빼라는 얼빠진 놈이 혹시 내가 아닌가 곰곰 생각해 보게 된다. 나는 자주 우리나라와 교회의 현실을 비판한다. 그러나 정작 내가 더 허물과 실수가 많은 사람은 아닐까? 김홍도 목사가 금란교회 후임 문제를 거론하며 "전혀 관계없는 사람이 후임자가 되면 서로 시기해서 교회가 편할 수 없다"며 "아들이 와서 잘하면 흐뭇하다"고 한 말에 분노하는 것이 주제넘는 짓인가 생각도 해 본다. 아마도 나는 아직 이 성경 말씀을 깨달을 귀가 열리지 않았는지도 모른다. 내가 더 뼈아픈 비난을 듣게 되고 책망을 받을 때에야 이런 겸손을 배우게 되는지 모르겠다. 지금은 그저 솔직히 나의 눈높이에서 옳은 것은 옳다고, 그른 것은 그르다고 이야기하는 것이 내 마음을 편하게 만든다. 그저 내가 틀릴 수도 있고 내가 지금 하는 그 비판으로 내가 비판받을 수도 있다는 가능성을 열어두어야만 한다는 것을 마음에 새겨 두려고 한다.

샘과 아내가 접견을 왔다. 샘이 어릴 적 사진 3장을 접견실 유리창으로 보여 주었다. 독일에서 찍은 사진들이었다. 군델 아주머니 댁 정원에서 파란색 원피스를 입고 사과를 먹고 있는 모습, 한국일 목사님 댁에서 첼로 연주를 하는 모습, 아우구스트 비니히 하우스의 침대 위에서 한별이와 서 있는 모습이었다. 지난 12월 화재로 우리 가족의 사진이 모두 소실되어 버렸는데 그 몇 장의 사진이 어린 샘의 모습을 보여 주어 너무 소중했다. 샘이 어릴 때 내가 얼마나 우리 딸을 사랑하였는지! 그렇게 사랑스러운 딸이 이제 숙녀가 되어 감옥에 갇혀 있는 아빠를 찾아왔다. 오늘은 우리 샘의 생일인데, 생일 케이크도 촛불도 없이 그저 유리창을 사이에 두고 두 손을 마주하는 것으로 만족해야 했다. 그저 사랑하는 아빠의 마음이 유리창도, 또 그 사이에 놓인 쇠창살도 모두 넘어 딸의 마음에 전달되기를 빈다. 샘아! 사랑해! 이번 주간에는 에밀리도, 정주도 생일이었다. 다들 딸처럼 아름답고 소중한 공동체의 식구들이다. 생일날 친구와 동료들이 함께 조촐한 파티를 열어 주었다는 소식을 편지로 읽었다. 축하의 자리에 함께 하지 못해서 아쉽고 미안했다. 감옥에서 지내며 힘든 것은 없다. 단지 몸이 점점 약해진다는 것 이외에. 감옥에서 가장 아쉬운 것은 사랑하는 사람들과 함께 하지 못한다는 것이다. 그러나 다시 만날 희망까지 없어지는 것은 아니니 아직 불행한 것은 아니다. 그 희망이 나를 살아있게 한다.

웨스트민스터 신앙고백은 인생의 목적이 하나님을 영화롭

게 하고 그를 영원토록 즐거워하는 것이라고 했다. 그러나 나는 그런 거룩한 신조들은 다 버리려고 한다. 내게 있어 인생의 목적은 '사랑하라'라는 것이다. 그것도 '인생이 짧으니 더욱 깊이 사랑하라'는 것 이외에 다른 것은 없다. 감옥에 격리되어 있으니 세상이 더 단순한 구조로 선명히 보인다. 부질없는 일로 그리 바빠 살 것도 없다. 천천히 걸어야 길거리의 꽃도 보이듯이 천천히 살아야 주변에 함께 살고 있는 사람들의 얼굴빛도 보이는 법이다. 다시 자유가 주어지면 곁에 있는 사람들을 더 사랑하리라 다짐한다. 죽을 때 후회하지 않도록. 산다는 것은 사랑한다는 것을 의미하도록 그렇게 살아가리라.

5. 공권력의 폭력에 노출될 때

송강호 선생님께,

　선생님! 개척자들 형제자매들에게 선생님이 보석으로 나오셨다는 소식을 들었습니다. 매번 재판과 특별한 사정이 있을 때마다 소식을 전해주는 분들이 계셔서 저뿐 아니라 제법 많은 사람들이 선생님 소식을 기쁘게 들었을 거라 생각합니다. 여전히 남아 있는 재판이 적지 않지만 그래도 추운 겨울을 가족들과 보낼 수 있게 되어 다행입니다. 소식을 듣고 바로 샘터에서 뵙고 싶었는데 이 편지를 쓸 때까지도 아직 얼굴을 뵙지 못했네요. 이곳에서 양평이 제주보다 먼 곳도 아닌데 말입니다.

　아시겠지만 제가 선생님 면회를 갔을 때는 대개 제주에서 재판이 있을 때였습니다. 저도 한 달에 한 번은 제주에서 재판이 있으니까요. 그래도 덕분에 매달 제주에 갈 수 있었습니다. 멀리 제주까지 재판을 받으러 비행기를 탈 때마다 '법이 사람을 괴롭히는 방법도 여러 가지구나' 싶으면서도, 반쯤 농으로 친구들에게는 강정마을에 대한 끈을 놓지 못하게 해주는 재판부에 감사하다고 말하곤 했습니다. 물론 무죄가 나올 거라는 변호사님의 말이 반갑지 않을 만큼 벌금보다 많아질 거 같은 제주행 비행기 표가 이제는 부담스럽지만요.

제가 제주에서 선생님 면회를 갈 때면 늘 사모님께서 동행하셨지요. 면회실 쇠창살 너머로 두 분이 이야기를 나누실 때면 문득 저도 가족들을 떠올리곤 했습니다. 이번 편지에도, 또 선생님의 일기에도 가족들 이야기가 많아서 오늘은 더 그런 생각이 나는가 봅니다. 평소 무뚝뚝하기만 하신 어머니가 제 면회를 오셔서 펑펑 우시던 날 처음 미안하다는 말로는 표현이 안 되는 무거운 마음을 느꼈던 적이 있습니다. 문득 선생님의 일기에도 그런 마음을 읽을 수 있었습니다.

지난 편지에서 청년들 이야기를 꺼내놓고 다시 편지를 읽으면서 미안한 마음이 들었습니다. 실은 강정마을의 상황을 돌아보면서 제 다짐을 이야기하려던 것이 자칫 청년들에 대한 제 안타까움만 표현했던 건 아니었을까 하는 생각이 들었거든요. 미안했던 것은 오히려 강정마을과 두물머리, 그리고 한진중공업과 두리반 같은 다양한 현장에서 마주했던 너무나 빛나던 친구들의 얼굴이 생각났기 때문입니다. 잘 생각해보면 청년들이 없었던 게 아니었습니다. 사실 지난해 강정마을에 처음 발길을 들여놓으면서 상상하지 못했던 오늘의 모습에 저는 매일 기적을 마주하는 기분이 들기도 하니까요. 오히려 제 기대와 안타까움을 그들에게 투영했던 것은 아니었을까 생각도 해 봅니다. 한편 기성세대에 대한 기대를 반쯤 포기한 채 자꾸 청년들에게 미래를 떠넘기는 나약해진 마음도 발견합니다.

폭력의 고통을 어떻게 극복할 수 있을까요

사실 한번쯤 선생님께 묻고 싶었던 질문이기도 합니다만, 선생님은 강정마을에서 겪었던 수많은 폭력들, 그 폭력적 상황들을 어떻게 받아들이고 계신지 궁금합니다. 혹은 어떻게 이겨내고 계신지 물어야 할까요. 그 폭력이라는 것은 지극히 개인적일 수도 있고, 혹은 구조적일 수도 있겠지요. 제법 많은 강정마을의 지킴이들과 마을 주민들이 공권력의 폭력과 스트레스로 인한 고통을 호소하고 있습니다. 매일 수차례씩 반복되는 경찰의 폭력적 상황과 노골적인 협박과 회유는 보통 사람들로서는 받아들이기 쉽지 않은 경험일 거라고 생각합니다. 단순히 고통과 트라우

마만이 아니겠지요. 매번 마주하게 되는 불의한 상황 속에서, 내 앞에 있는 경찰과 군인들의 폭력에 심한 분노와 모멸감을 느낄 때도 있습니다. 저 역시 강정마을 주민들의 그것에 비할 바는 못 되겠지만 몇 차례 연행되는 과정에서 심한 모멸감을 느낀 적이 있습니다. 반쯤 옷이 벗겨진 채 짐짝처럼 끌려나올 때, 혹은 어디로 가는지 모르는 좁은 봉고차 안에서 전혀 진지해보이지 않는 형사들의 농담과 주식 이야기를 들을 때는 심한 혼란을 느끼기도 했습니다. 그리고 모멸감은 때때로 더 큰 분노가 되기도 합니다.

저 역시 영상을 통해 몇 차례 선생님이 폭행당하는 모습을 본 적이 있습니다. 물속에서, 혹은 배 위에서 이루어지는 폭행 장면이었습니다. 아마도 아침 기도를 위해 구럼비 바위로 향하거나, 공사를 막기 위해 배 위에 오르던 상황이었겠지요. 그리고 폭력을 가한 그들은 놀랍게도 군인들이었습니다. 그것도 특수 훈련을 받은 사람들이 아무런 무장도 하지 않은 선생님을 둘러싸고 보이지 않게 주먹과 발길질을 날리는 모습이 고스란히 영상에 담겨 있었습니다. 아마 그 순간 분노를 느꼈던 건 저만이 아니었을 겁니다. 쉽사리 이해가 가지 않는 그 상황을 선생님은 아마도 매일, 수없이 경험하셨을 거란 생각도 들었습니다.

저는 늘 정당한 분노는 반드시 필요하다고 생각하면서도 오늘과 같은 상황에서 어떻게 행동하는 것이 옳을까 고민하게 됩니다. 예를 들어, 제복을 입은 그들에게 나는 얼마나 분노하는 것이 옳을까 하고요. 조금은 바보 같은 질문처럼 들릴 수도 있겠지만 저는 가끔, 아니 그보다는 더 자주 제복 속에 숨겨진 그들의 악행을 처벌하고 싶다는 생각을 합니다. 그렇기 때문에 그런 바보 같은 질문을 생각해 내는지도 모르겠습니다. 좌절 혹은 저항의 분노를 강요하는 폭력의 속성이 저는 두렵습니다. 저는 예수님의 말씀처럼 그들을 정말 용서할 수 있을까요. 부끄럽지만 사실 저는 수년 전 평택에서 있었던 거대한 폭력조차 쉽사리 잊지 못하고 있는데 말입니다.

국가라는 폭력 앞에서 자존심을 지켜내는 일

어쩌면 강정마을에서 벌어지는 하루하루의 싸움은 해군기지를 막아내는 것뿐 아니라 국가라는 폭력을 독점한 그 거대한 존재 앞에서 스스로의 자존감을 지켜내는 일일지도 모른다는 생각을 했습니다. 선생님이 재판에서 수의가 아닌 사복을 고집하는 모습 또한 스스로의 무죄, 혹은 자존감을 지켜내는 일일 테니까요. 재미있는 사실은, 범죄를 저지른 주한미군들의 재판에 제가 자주 방청을 가는데도 한 번도 그들이 수의를 입은 것을 본 적이 없다는 사실입니다. 사실 분명한 죄를 지은 주한미군이라고 할지라도 형이 확정될 때까지는 미군으로서의 명예를 지켜주어야 한다는 생각 때문에 재판부는 미군이 정복을 입고 재판을 받도록 허락해준다고 합니다. 하지만 보통 소시민들은 그럴 권리가 있는지도 모른 채 대부분 수의를 입은 채 재판을 받습니다. 저는 재판부가 먼저 지켜주어야 할 명예와 인권은 바로 그런 힘없는 시민들이어야 한다고 생각합니다. 하지만 강정의 상황은 매일 그 자존감을 무너트리는 거대한 권력과의 싸움일 겁니다.

지난해 처음 강정마을에서 연행되던 때가 생각납니다. 9월의 어느 날 아주 이른 새벽, 사이렌 소리에 잠이 깼습니다. 그 소리가 무엇을 의미하는지 잘 알고 있었기 때문에 아무 생각 없이 일단 컨테이너가 있던 마을 삼거리로 달려갔었습니다. 그런데 아무도 보이지 않는 어두운 길목에서 혼자 걷기도 하고 뛰기도 하면서 복잡한 생각이 머릿속을 조금씩 채워가기 시작했습니다. '아무도 보이지 않는데 나만 이렇게 가고 있는 건 아닐까. 혼자서 무얼 할 수 있지?' 그렇게 머리를 가득 채운 생각은 삼거리 입구에서 제법 많은 사람들이 모여 있는 모습을 보고서야 지워버릴 수 있었습니다. 늘 그렇게 불안한 마음을 가득 안고 살고 있지만 그래도 조금은 평화를 이야기하는 상황을 하루하루 이어갈 수 있는 건 신뢰할 수 있는 친구들 때문이라고 늘 생각하고 있습니다. 감옥 안에서든 밖에서든, 선생님은 그 어두운 길을 혼자 걷는 것처럼 몹시 외로워본 적은 없었는지요.

언젠가 누군가 제게 막상 사회생활을 시작하니 사람들이 자신에게 조금씩 불법을 권유하더라, 그래서 너무 힘들다는 이야기를 한 적이 있습니다. 아마도 신앙과 양심의 문제로 제법 긴 고민을 했던 모양이었습니다. 그래서 저는 분위기도 전환할 겸 농으로 이렇게 말했습니다. 제 주변에도 불법을 권하는 사람들이 훨씬 많다고 말입니다. 순전히 농담이었지만 사실이기도 했습니다. 제 주변에는 선생님처럼 온통 불법을 권하는 사람들뿐이니 말입니다. 그런데 다행히 그런 친구들 때문에 저는 늘 기운을 얻습니다. 평화라는 길목이 어둡긴 해도 혼자라고 생각되지는 않아서인가 봅니다. 굳이 법체계를 우습게 말하려는 건 아니지만, 적어도 저는 그런 사람들의 양심과 실천이 만들어 내는 사회가 더 아름다울 거라고 지금도 믿고 있습니다. 그래서일까요. 선생님이 편지 말미에 "이것이 일시적인 자유일 수밖에 없다는 사실을 알고 있습니다"라고 쓰신 대목에서 무척 가슴 아팠습니다. 제 처음 편지에서처럼 우리가 만나야 할 평화의 길목이 앞으로도 그 곳뿐이어야 하는 건지 진지하게 고민하게 됩니다. 그 짐을 더 많은 사람들이 함께 나눌 수 있다면 좋을 텐데 말입니다.

샘터의 소식을 들으니 안타깝습니다. 그러고 보니 샘터에 가본지도 한참 된 거 같습니다. 저는 샘터를 떠올리면 추운 날씨와 함께 몇 해 전 새해 첫날 샘터를 찾았던 때가 기억나곤 합니다. 새해 첫날 쉼을 찾아갔던 그 시간 내내 샘터에서 수도가 얼어서 얼음을 녹이며 보냈던 적이 있었지요. 그때는 저녁 늦게까지 온갖 방법을 써가며 얼음을 녹여야 했는데 지나고 나니 그때가 많이 생각납니다. 제게는 짧은 기억이지만 그곳의 아픈 소식을 다시금 떠올리니 가슴이 아프네요. 이제 겨울이지만 뭔가 도울 일이 있을는지요.

생각해보니 선생님의 일기 마지막에서처럼 저도 감옥에서 비슷한 기도를 많이 했었습니다. 더 많이 사랑하며 살고 싶다고. 더 깊게 사랑하며 살고 싶다고 말입니다. 잊고 있었네요. 그 기도를 생각나게 해주셔서 감사합니다. 저도 죽을 때 후회하지 않도록, 산다는 것은 사랑한다는 것을 의미하도록 그렇게 살고 싶습니다.

2012. 11. 6.
박정경수 드림

박정경수 형제님께,

    편지 잘 받았습니다. 출옥한 후 반 년 만에 강정에 돌아와 보니 여전히 해군기지 정문 앞에서는 해군의 불법공사를 막으려는 강정마을 주민들과 평화활동가들이 경찰들과 힘겨운 싸움을 하고 있었고 해상팀(SOS)의 장비와 시설들은 태풍으로 부서지거나 흩어져 있었습니다. 수백 명의 경찰들은 하루에도 열 두 차례씩 밤낮을 가리지 않고 몰려와 공사장 정문 앞에 대기하고 있던 레미콘 차량들을 공사장 안으로 통과시키기 위해 공사장 정문을 지키고 선 십수 명의 주민들과 지킴이들을 거칠게 끌어내서 한 쪽으로 고착시키고 있었습니다. 강제 구인 과정에서 여성들이 치마가 벗겨진다고 아우성을 쳐도 무엇이 그리도 바쁜지 들은 척 하지 않고 막무가내로 짐짝처럼 들어 내칩니다. 경찰들의 눈에는 해군기지를 반대하는 주민들과 평화활동가들이 인간이 아니라 육축이나 고기 덩어리 정도로 보이는 것 같아 비애를 느낍니다. 국민을 보호하고 행복하게 해 주어야 할 국가와 군인과 경찰들이 왜 이렇게도 국민을 업수이 여기고 무시하는지 마음이 아프고 서럽습니다. 경찰서에 끌려가 조서를 받을 때마다 벽면에 붙어 있는 큰 표어가 눈에 띕니다. "국민과 소통하는 경찰." 국민의 소리에 귀를 기울이지도 않고 대화하려고 하지도 않는 경찰들이 "소통"은 무슨 소통입니까?

어느 날엔가부터 우리 사회는 거짓말이 일반화되어버렸습니다. 역사상 가장 불의했던 전두환 정권 시절 대한민국은 온통 "정의 사회 구현"이란 정부의 슬로건으로 도배가 되었었습니다. 이명박 대통령은 장로라는 직분이 무색하게도 한때는 자신이 BBK를 세웠다고 자랑하더니 상황이 불리하게 돌아가자 불법과 편법으로 얼룩진 그 부실기업이 자신과는 아무 상관 없다고 발뺌했습니다. 대통령이 될 사람이 공공연히 거짓말을 했지만 국민들은 이 정직하지 않은 사람에게 매력을 느껴 국가의 운명을 맡겼습니다. 그분은 우리에게 부자가 되어 윤택하고 안락한 삶을 살 수 있게 해주겠다고 약속했습니다. 우리 국민들은 어리석게도 이 거짓말쟁이의 약속을 믿었습니다. 우리 국민의 탐욕이 이 거짓말을 사실이라고 믿게끔 자기 최면으로 몰아간 것이었겠지요. 국민들은 보잉사 747 여객기를 연상시키는 이명박 대통령의 747 공약을 이미 많이들 잊었을 겁니다. 이명박 대통령이 7%의 경제성장, 4만불 시대 진입, 세계 7대 강국 진입을 약속했던 것 기억하시나요? 우리 국민들은 이 장밋빛 환상에 도취되어 그분이 거짓말을 해도 묵인해 주었습니다. 그러나 우리들은 지난 5년 동안 이 공약도 거짓이었음을 뼈저리게 확인하고 있습니다. 나는 서투른 사람은 쓸 수 있지만 거짓말하는 사람은 쓸 수 없다는 사실을 또다시 똑똑히 확인하게 됩니다. 거짓말 대통령 아래서 권력을 차지하고 있는 해군도 경찰도 거짓말에는 아주 이력이 나 있습니다. 해군은 대다수의 강정마을 주민들이 해군기지 건설을 원하고 있다고 거짓말을 합니다. 경찰의 거짓말은 거의 매일 신문 지상에 오르내리고 있으니 더 말할 것이 없으리라고 생각합니다.

바다에 침몰한 진실

우리 시대에 진실은 깊은 바다에 침몰해버린 것 같습니다. 법정에서도 정의를 희망할 힘을 잃었습니다. 판사가 공정한 판결을 내릴 것을 기대할 수가 없습니다. 판사는 악법과 정부의 불법에 대항하여 불복종하는 양심적인 범법자에게 왜 실정법을 어기게 되었는지 묻지 않습니다. 법정에서 진실은 실종해 버렸습니다. 단지 해군과 토건 재벌들의 이익을 보호해주기 위한 현행법에 어느 정도 저촉되었는지만 묻습니다. 국가가 스스로 헌법과 민주주의 절차를 무시하고 국민들의 땅과 바다를 빼앗거나 매수하고 이에 저항하는 국민들에게 공갈 협박과 폭력을 행사하고 있기 때문에 벌어진 사건임에도 이 진실은 파묻힌 채 시민들의 사소한 법 위반만을 문제 삼아 인구 2,000명도 안 되는 작은 마을에서 주민과 평화활동가 500명이 감옥에 갇히고 2억이 넘는 벌금을 고스란히 물어야 하는 비극적인 재앙을 만든 것입니다.

미가 예언자는 이스라엘 백성들에게 외칩니다.

"야훼께서 이 성읍에 외치시는 소리, 유다 지파는 들어라. 이 성읍에서 사는 무리들은 들어라. 천벌 받을 것들, 부정한 되로 부정 축재 한 것들을 나 어찌 용서하겠느냐? 자루에는 엉터리 추를 넣어 가지고 다니며 맞지도 않는 저울을 쓰는데 어떻게 죄없다고 하겠느냐? 남을 등쳐 치부한 것들아, 거짓말만 내뱉는 도시 놈들아, 말끝마다 사기를 하는 것들아, 들어라. 그래서 이제부터 나는 너희를 치리라. 그런 죄를 보고 어찌 멸망시키지 않겠느냐?"(미가 6:6~9)

하나님은 시장의 부정한 저울과 거짓된 추도 이렇게 증오하시는데 하물며 국가의 잣대요 저울인 법과 법정이 엉터리라면 더 이상 무슨 말이 필요하겠습니까?

"언제까지 너희는 공정하지 않은 재판을 되풀이하려느냐? 언제까지 너희는 악인의 편을 들려느냐? 가난한 사람과 고아를 변호해 주고, 가련한 사람과 궁핍한 사람에게 공의를 베풀어라. 가난한 사람과 빈궁한 사람을 구해 주어라. 그들을 악인의 손에서 구해 주어라."(시편 82:2~4)는 하나님의 명령은 바로 우리시대를 두고 하시는 말씀이 아닐 수 없습니다.

우리나라가 정의와 평화가 입을 맞추고 사랑과 진실이 만나는 새로운 세상으로 거듭나기 위해서는 무엇보다 사법부가 개혁되어야 합니다. 나라의 표준이 되어야 하는 법이 권력자들과 부자들에 의해 흔들리고 법관들이 그들의 시녀가 되어 있는 현실을 바꾸기 전에는 누구도 이 땅에서 하나님의 나라를 맛볼 수 없을 것입니다.

분명히 사법부는 누구에게도 '감시와 견제를 전혀 받지 않는' 민주주의 사회의 불의한 '특권 계층'입니다. 나는 이 세상 그 누구도, 그 어떤 집단도 스스로 자신을 정화할 수 있는 존재는 없다고 굳게 믿고 있습니다. 숭고한 신앙과 가치를 추구하는 성직자들조차 밖으로부터 비판과 견제가 없을 때는 언제나 부패하고 타락했음을 역사가 가르쳐주고 있지 않습니까? <부러진 화살>이란 영화로 다시금 세간의 주목을 끌었던 일명 석궁사건의 주인공 김명호 교수는 판사의 증거조작으로 4년 동안 옥살이를 했습니다. 법관들이 함께 일하는 다른 법관을 공정하게 재판할 수 있을 거라고 믿는 바보들 때문에 한 평범하고 고지식한 수학자가 억울한 감옥살이를 했습니다. 내가 명예훼손의 위험을 감수하면서까지 김명호 교수의 편을 드는 이유는 법관이 자신의 특권을 악용하여 스스로 증거를 조작하고 재판에 결정적인 증거가 되는 혈흔 감정을 고의적으로 회피함으로써 무고한 시민을 억울하게 처벌했으며 이런 "개판" 법정이 바뀌기 전에는 제2, 제3의 억울한 피해자들이 계속 꼬리를 물 것이기 때문입니다. 나는 그 피해자가 어두운 감옥에서 통감한 사실, 사법부도, 대법관, 검사장, 헌법재판관들도 모두 '선거로 국민이 직접' 선출하는 것이 옳다고 봅니다. 그 뿐 아니라 제주 해군기지와 같이 사회적인 논란이 되고, 시민불복종운동과 같은 양심적인 저항운동의 야기가 불가피한 사안에 대해서는 소규모의 헌법재판소나 사회법정을 신설하여 실정법의 위반을 이유로 정부나 재벌을 편들어 수많은 시민을 기계적으로 처벌하는 현재의 법정을 대체해야 한다고 생각합니다. 특별히 제주 해군기지 문제처럼 정부와 국민이 대립하는 경우에는 정부로부터 월급을 타먹는 법원의 판검사가 아닌 시민들 가운데서 뽑힌 판검사들이 판결해야만 합니다. 그럴 때에라야 사회적 갈등과 충돌의 진실이 무엇인지를 심도 있게 규명하고 헌법의 정신에 입각하여 국민의 인권과 민주주의적 가치를 수호하는 정의로운 법치를 실현해 나갈 수 있으리라고 여겨집니다.

인간이 되기 위한 고독

경수 형제님, 어두운 길을 혼자 걷는 것처럼 몹시 외로워 본적이 없느냐고요? 있었지요. 자신의 신앙과 신념을 지키며 살아가려는 사람들은 누구나 외롭습니다. 정의와 평화 같이 숭고한 가치를 추구하는 삶은 우리를 고독한 인생으로 만듭니다. 그런 삶은 아름답지만 위험하고 고통스럽습니다. 손해를 보아야 하고 때로 사랑하는 사람들로부터 고립되거나 수감되기도 합니다. 그리고 다치거나 목숨을 잃어야 하기도 할 테니 그런 삶을 살기를 원하는 사람은 소수일 수밖에 없지요. 감옥에 갇혀 있을 때 내가 사랑하는 사람들로부터 잊혀져 간다는 생각이 들곤 했어요. 확인할 수는 없지만 그럴 거라는 생각이 가끔 마음을 울적하게 만들곤 했어요. 그리고 5월의 마지막 주일날 내가 겪고 있는 고독의 의미를 시로 담아보았습니다. 부끄럽지만 옮깁니다.

인간이 되기 위해서

인간이 되기 위해서
나는 잊혀져 갑니다.
인간이 되기 위해서
나는 고독 속에 묻혀버립니다.
존엄한 인간이기 위해서
지금까지 나라고 불렸던 모든 것들과 작별합니다.
그럼에도 불구하고 나는 존엄하고 싶습니다.

국가라는 괴물 앞에 무릎 꿇지 않겠습니다,

법이라는 요물 앞에 머리 숙이지 않겠습니다.

오직 당신 앞에 부끄럼 없는 자로

그리고 나 자신에게 당당한 자로

홀로 서겠습니다.

나는 갇혔지만

내 영혼은 자유입니다.

이제 낙엽이 스산히 거리를 굴러다닙니다. 출옥 후 '생명평화 대행진'에 참여하여 여러 곳을 다니며 국가와 군벌들과 재벌들에 의해 억눌린 힘없는 사람들의 고통과 억울함을 들었습니다. 송전탑으로 평생 가꾸어온 땅을 빼앗기게 된 밀양의 노인들, 미군 공군기지 확대로 고향에서 쫓겨나게 된 군산의 힘없는 주민들, 부자들의 골프장 만들기 때문에 조상묘가 파헤쳐진 강원도의 농부들, 원자력 발전소로 원인 모를 질병에 시달리는 원전 주변의 주민들, 평택 쌍용공장에서 해고된 남편들을 잃어버린 여인들, 삼성반도체 공장에서 백혈병으로 딸을 잃은 아버지를 만나며 불의와 폭력에 의해 짓밟힌 약자들의 눈물과 한숨 소리를 가슴에 담고 다시 강정으로 돌아왔습니다. 이제 다시 구럼비에 들어가 기도하는 것으로 새로운 강정의 삶을 시작하려고 합니다. 어제 아침 오랜만에 강정포구 방파제에 가서 강정 앞바다와 구럼비를 둘러보았습니다. 수감되기 전에 기도 드렸었던 바위가 아직도 파괴되지 않은 채 외롭게 섬처럼 남아 있었습니다. 마치 기다리고 있었다는 듯이. 왜 이제야 돌아왔느냐는 듯이. 다시 기도로 새로운 삶을 시작하려고 합니다. 바람은 스산해지고 바다는 차가워지네요. 푸르고 맑은 바닷물을 들여다보니 구럼비가 나를 부른다는 느낌이 듭니다. 해양 경찰이 막으려 들 겁니다. 아직 보석 중이라고 경고하겠지요. 그러나 누가 하나님께 기도 드리는 것을 막을 자가 있겠습니까? 기도는 내 생애의 최고의 특권입니다. 이제 다시 시작입니다.

형제님, 도울 일이 없느냐고 물으셨지요? 해군기지 정문 앞을 지키는 주민들과 평화활동가들은 외롭습니다. 수백 명의 경찰들에게 질질 끌려 다니며 온몸이 상처투성이가 되어버렸습니다. 한 달에 하루만이라도 이들 곁에 함께 있어 줄 강정의 친구들을 불러 주십시오. 우리에게는 시민불복종운동에 참여할 사람들과 그들을 곁에서 지켜볼 적극적인 구경꾼들이 필요합니다. 우리의 싸움은 결국 이들에 의해 결판이 날 것이기 때문입니다. 강정마을에 더 많은 사람들이 찾아와 줄 수 있도록 알려주시고 호소해 주십시오. 늘 강정으로 인해 마음이 무거울 텐데 이런 부탁을 드려 미안하네요. 이곳 강정에도 많은 평화활동가들이 감기로 고생합니다. 환절기 감기 조심하시고 건강한 모습으로 다시 뵐 수 있기를 바랍니다.

2012년 11월 11일
제주 강정에서
송강호 올림

6. 다시, '3천년의 꿈'을 꿉시다

박정경수 형제님,

올 한해도 저물고 새해가 다가오고 있지만 지금도 강정마을은 전쟁 중입니다. 2007년부터 국가의 불의한 공권력과 대항하여 싸우는 한 작은 마을의 이 외롭고 힘겨운 투쟁은 이제 7년째로 접어들고 있습니다. 매서운 겨울 찬바람 속에서 주민들과 평화활동가들은 매일 밤낮으로 강행하고 있는 해군기지 건설을 막기 위해 이 싸움을 계속하고 있습니다. 수백 명의 경찰은 우리를 들어 내친 채 레미콘과 덤프 차량을 통과시키고 있습니다. 주민들의 땅과 바다를 빼앗은 채 아름답고 성스러운 구럼비 바위를 부수고 그 위에 시멘트를 들이붓는 미치광이 공사를 차마 볼 수가 없습니다. 마치 사랑하는 가족이 공개 처형당하는 현장에서 그 처참한 광경을 목격하는 것 같은 참담한 심정입니다. 이 숨이 막히도록 괴로운 현실을 그냥 강 건너 불구경하듯이 스쳐 지나가는 올레꾼들이나, 가장 아름다운 올레 길 7코스가 해군들이 쳐놓은 장벽에 의해 뚝 잘린 상황에서도 꿀 먹은 벙어리마냥 침묵을 지키고 있는 제주 올레 길의 선구자 서명숙 씨가 원망스럽습니다.

만일 우리가 해군기지 건설을 막지 못할 경우, 이 군사기지는 제주도는 물론 우리 한반도를 다시금 '칼로 망하는' 길로 끌고 들어갈 것입니다. 자신의 세력을 키우려는 우리나라 군부의 탐욕과, 중국 앞에 요새들로 장벽을 만들고 드넓은 태평양을 독차지하려는 미국의 욕망이 결탁하여 제주도와 강정주민들을 고통 속으로 몰아넣고 있습니다. 그 고통을 방관하고 있는 모든 이들에게 이 재앙의 불길이 옮겨 붙는 것은 단지 시간문제일 뿐이라는 사실을 기나긴 전쟁의 역사가 가르쳐 주고 있건만, 우리는 너무 쉽게 이 교훈을 잊고 살아갑니다.

암울한 현실 속, '3천 년의 꿈'을 좇아갑니다

이런 암울한 현실 속에서 저는 희망의 빛을 찾아가고 있습니다. 어둠 속에서 빛은 더 찬란하듯이 전쟁과 폭력의 그늘 아래서 평화의 꿈은 더 선명합니다. 제가 파괴되어 가는 평화의 섬 제주도에서 꾸는 꿈은 군사력이 아니라 친선과 신뢰에 의해 서로의 안전을 보장해 나가는 세상입니다. 이웃 사랑과 우정의 힘으로 전쟁과 살상 속에 가득한 인간의 파괴적인 광기를 굴복시키는 아름다운 세상을 향한 희망입니다. 저는 경수 형제와 같은 후배들과 이런 꿈을 나누고 싶습니다. 제가 꾸는 평화의 꿈은 매우 오래된 꿈의 일부입니다.

거의 3천 년을 거슬러 올라가 이스라엘의 예언자들이었던 이사야와 미가는 인류가 "칼을 쳐서 쟁기를 만들고 창을 쳐서 낫을 만드는" 전쟁도 없고 군사훈련도 없는 평화로운 세상을 꿈꾸었습니다. 이들은 앗수르와 애굽이라는 강대국에 둘러싸여 평생 전쟁과 살육의 피비린내를 맡으며 살 수밖에 없었던 약소국의 아픔과 슬픔 속에서 평화를 꿈꾸었습니다. 구약의 예언자들이 꾸었던 평화로운 세상의 꿈은 하나님의 아들 예수 그리스도를 통해 구체적으로 실현되기 시작했습니다. 하나님은 그의 아들 예수를 평화의 왕으로 이 땅에 보내셨습니다. 저는 그분의 가르침의 핵심이 "마음을 다하고 뜻을 다하고 성품을 다해 하나님을 사랑하고 네 이웃을 네 몸처럼 사랑하라"는 말씀 안에 다 녹아들어 있다고 생각합니다. 이 모든 사랑의 확증은 "원수를 사랑하라"는 가르침으로 집약됩니다. 그분은 자신이 평화이셨고 정의와 평화가 가득한 하나님의 나라가 도래하였음을 선포하셨습니다.

예수의 제자들과 초대교회의 성도들은 주님이 가르치신 평화를 문자 그대로 실천했습니다. 그들은 놀랍게도 전쟁과 폭력의 시대 속에서 사랑의 힘으로 평화를 살아 낸 역사의 증인들이었습니다. 초대교회의 교부들은 로마제국이 수행하는 전쟁을 막을 힘은 없었지만, 그리스도인들이 전쟁을 수행하거나 참여하는 것에 대해서는 단호하게 반대 입장을 견지했습니다. 저는 경수 형제님이 주위의 많은 이웃들의 만류와 비난에도 불구하고 군 복무를 거부한 채 군이 일 년 육 개월 동안 어두운 감옥에서 외로운 수형 생활을 선택했던 것도 초대교회의 평화적 전통을 따르려는 결심에서 비롯했다는 것을 알고 있습니다.

기독교가 로마제국의 종교가 되기 전까지 우리 신앙의 선조들은 전쟁 없는 세상이 실현될 수 있음을 굳게 믿었고 그 희망을 살아갔습니다. '로마의 평화'(Pax Romana)를 위해서 제국의 국경에서는 전쟁이 일상이었습니다. 로마는 끊임없이 전쟁터의 제물이 되어야 할 군인들이 필요했고 평화에 의해 평화를 지켜야 한다고 믿었던 교회는 군사주의적인 제국의 박해를 피할 수 없었습니다. 비록 소수이긴 했지만 평화의 꿈을 우리에게 전해 준 고마운 신앙의 선조들은 어느 시대에나 있었습니다. 그리고 우리가 알지 못하는 더 많은 평화의 사람들이 이 꿈을 우리에게 전해 주었으리라고 생각합니다. 그 중에서도 메노나이트나 후터라이트 등 재세례파에 속한 종교개혁자들과 퀘이커들은 온갖 수난 속에서도 굴하지 않고 이 오랜 평화의 꿈을 우리에게 전해 주었습니다. 평화의 꿈은 안전하고 평화로운 시대에 부르는 노래가 아닙니다. 이것은 전쟁과 폭력에 의해 평화가 짓밟히고 강자에 의해 약자가 억울하게 짓눌린 피맺힌 자리에서 피어나는 꽃과 같습니다.

얼마 전 IVP(한국기독학생회출판부)에서 제 이야기를 책으로 발간해 주었습니다. 저는 이 책의 제목을 '3천 년의 꿈'으로 짓기를 원했는데 제 아내를 비롯해 주위의 모든 분들이 생뚱맞다고 핀잔을 주며 만류했습니다. 결국은 편집부가 처음에 생각했던 '평화, 그 아득한 희망을 걷다'라는 제목으로 출간되었습니다. 이 책을 문정현 신부님께 헌정해 드렸더니 신부님께서 "나, 책 제목 맘에 안 들어! 왜 평화가 아득한 희망이야? 평화는 내일 당장 만들어야 할 시급하고 당면한 거지!"라며 불만 섞인 말씀을 토로하셨습니다. 아버님 같으신 분이니까 그저 웃어넘겼지만 난 평화가 오랜 인류의 꿈이었고 또 여전히 오랜 세월 이루어 가야 할 아득한 희망이라고 생각합니다.

하나님이 그리스도 안에서 우리에게 주신 이 오랜 인류의 꿈을 나도 함께 꾸게 되었다는 것이 너무나 감사합니다. 지난달에 책의 출판을 기념하는 북콘서트에 대담자로 함께해 주신 청파교회 김기석 목사님께서 아브라함 요수아 헤셸의 글을 인용하며 "하나님을 믿는 것은 그분의 꿈을 우리의 꿈으로 간직하는 것" 이라고 하셨습니다. 제게 예수를 믿는다는 것은 하나님이 주신 평화의 꿈을 꾸게 되었다는 것을 의미합니다. 그리고 그리스도를 전파하는 것은 이 시대를 함께 살아가고 있는 동료와 후배들도 이 꿈을 함께 꾸도록 널리 알리는 일이라고 믿고 있습니다.

앞으로 쓸 편지에서는 제가 주님 안에서 발견한 꿈들을 나누려고 합니다. 꿈은 언제나 희미하고 구체적이지 못합니다. 그리고 그 꿈속에는 어쩌면 제가 오해하거나 착각한 것들도 담겨 있을지 모릅니다. 가끔은 제 야망을 하나님의 희망이라고 강변하는 우를 범할지도 모릅니다. 그러나 그런 모든 불확실한 두려움들에도 불구하고 우리 시대의 전쟁과 폭력, 불화와 갈등 속에서 고통을 겪고 있는 하나님의 백성들과 함께 꾸는 평화의 환상과 비전을 가슴에 담아 두고 있기에는 너무도 마음이 미어집니다.

'학교 없는' 교사로, 제 책무를 다하렵니다

경수 형제님, 왜 오늘 젊은이들에게서 꿈이 사라져가는 것일까요? 폭력과 전쟁으로 수많은 사람이 죽어 가고 비통에 빠진 그

가족들이 절규하며 신음하는 모습이 연일 신문과 방송을 통해 쏟아져 나오지만, 마치 도축장에서 도살당하는 소나 돼지를 바라보는 정도의 불편함으로 그저 무덤덤하게 바라보다가 다시 자기 일상의 울타리 안으로 돌아서는 삶을 반복하는 것일까요? 왜 이 울타리를 벗어나서 더 평화로운 새로운 미래를 꿈꾸고, 자신을 감동시키는 그 꿈을 위해 투신할 용기를 내지 못하는 것일까요? 이렇게 젊은이들이 꿈을 잃은 절망의 시대에, 공교롭게 꾸며낸 꿈과 비전을 팔아 야욕을 채우는 거짓 환상가들(visionary)이 청년들을 유혹합니다. 《긍정의 힘》의 저자로 알려진 조엘 오스틴이나 '백투예루살렘(Back to Jerusalem)' 운동을 통해 교회의 인적·물적 자원을 빨아들여 선교라는 이름으로 자신의 아성을 세우는 그런 단체들을 경계해야 합니다.

세계 최대의 교회를 꿈꾸었던 조용기 목사의 꿈은 한때 대부분의 젊은 신학도가 동경하는 꿈이었습니다. 그러나 그가 가족들의 부정과 치부로 인해 법정 소송에 휘말려 불명예스럽게 퇴장하는 것을 지켜보며 그가 품었던 꿈과 비전의 진정성에 의문을 품게 됩니다. 제가 조엘 오스틴 목사를 비판하는 까닭도 마찬가지입니다. 우리는 하나님의 꿈을 개인의 욕망과 너무 쉽게 혼동합니다. 사랑의교회가 주민들의 반대에도 불구하고 금싸라기 땅 서초구에 대한민국의 랜드마크가 될 거대한 교회를 세우겠다고 한 비전은 지극히 인간적인 야욕에 불과합니다. 서울에 그런 멋진 건물을 짓는 것이 악한 일은 아닙니다. 그러나 그런 예배당을 짓는 것은 부끄러운 일입니다. 그리고 목회자가 하나님의 비전으로 포장하여 개인이나 집단의 인간적인 야욕을 채우려든다면 이는 사악한 것입니다. 고지론처럼 출세와 성공을 향한 개인적인 야욕을 신앙과 버무려 날조한 비전을 하나님의 꿈으로 오해해서는 안됩니다. 그것은 그저 개인적인 욕망이라고 솔직하게 밝히면 됩니다. 사람이 야욕을 갖는 것이 무슨 나쁜 일이겠습니까? 그러나 자신의 개인적인 야망을 하나님의 꿈인양 성스럽게 포장하여 사리사욕을 위해 다른 사람들을 동원하고 그들의 노동력과 정열을 사취하는 것은 종교적인 사기 행위인 것이지요.

하나님의 꿈은 개인의 출세나 한 집단의 번영과 관련된 사사로운 욕망이 아닙니다. 그것은 절망적인 불의와 폭압, 처참한 전쟁과 불화 속에서 고통을 겪고 있는 하나님의 백성들의 간절한 호소와 바람입니다. 그런 역사적인 꿈은 거룩합니다. 이는 성령님이 주시는 정의와 평화와 기쁨의 하나님의 나라를 바라는 열망이기 때문입니다. 대영제국의 압제에서 신음하던 인도의 가난한 민중을 비폭력 불복종 운동으로 해방시키려 했던 간디의 꿈도, 동물처럼 취급받던 흑인들도 하나님의 형상을 닮은 인간으로 대우받는 평등한 세상을 꿈꾸었던 미국의 마틴 루터 킹 목사의 꿈도 다 역사적인 하나님의 꿈들이었습니다. 제가 젊은이들이 꾸기를 바라는 꿈도 이와 같이 인류가 겪고 있는 고통과 슬픔으로 가득한 역사의 질곡 속에서 메아리치는 하나님의 음성을 통해 전달되는 꿈입니다.

제가 발견하고 동참하는 하나님의 꿈은 제가 독자적으로 발명한 것이 결코 아닙니다. 성서에 기초해 진정으로 독립된 조선을 꿈꾸셨던 김교신 선생님, 작지만 정의롭고 평화로운 중립 국가를 꿈꾸셨던 함석헌 선생님, 군부독재에 항거하며 정의로운 민주 국가를 꿈꾸셨던 장준하 선생님, 평화롭게 통일된 우리나라를 꿈꾸셨던 문익환 목사님, 남북의 힘없고 가난한 모든 이들이 함께 평화를 누리며 살아가는 비무장 국가를 꿈꾸셨던 권정생 선생님이 그리스도 안에서 꾸셨던 그 꿈에 저도 참여하는 것입니다. 이런 신앙의 선배님들이 우리 앞서서 하나님의 꿈을 꾸시고 그 꿈을 실현하기 위해 옥고를 치르고 목숨까지 바치셨습니다. 그리고 지금도 온 나라에 정의와 평화의 바람을 일으키려고 생애를 불사르시는 문정현·문규현 형제 신부님과 같은 그리스도인들을 통해 이 꿈은 전해지고 있습니다. 저는 연로하신 어르신들이 하나님의 꿈을 현실 속에서 살아가시기 위해 온 평생 돌베개를 베고 풍찬노숙하시는 모습을 곁에서 지켜보며 감사와 감격을 느낍니다. 저도 고난으로 가득한 역사의 질곡을 따라 굽이굽이 이어온 신앙 산맥의 한 모퉁이에 박힌 바위가 되어 세상이 내려다보이는 전망이라도 줄 수 있기를 바랄 뿐입니다.

하나님의 나라와 그 꿈은 그리 멀리 있는 것이 아닙니다. 젊은이들이 이 꿈에 동참하기를 원한다면 저는 피와 눈물과 땀 냄새가 밴 현장을 찾아가라고 요청하고 싶습니다. 용산 남일당 그 폐허에서 전재숙 집사님을 만나보십시오. 십자가 문양의 반지만을 남긴 채 불타 죽은 남편과 지금도 4년 째 옥고를 치르는 아들 사이에서 밤과 낮을 분간하지 못한 채 이승과 저승을 헤매는 하나님의 딸의 비통과 결의 속에서 우리는 하나님의 꿈을 발견할 수 있습니다. 도시민들의 끝없는 소비와 안락함을 위해 바닷가 곳곳에 세워진 핵발전소 주변의 암 발병 피해 가족들의 호소에서 또 그 전력을 공급하는 송전탑들로 인해 평생 일구어 오던 땅을 빼앗기게 된 밀양의 할머니 할아버지들의 분노에서 하나님의 꿈을 느낄 수 있습니다. 그리고 폭력이 정의를 짓밟고 불의가 정의를 농락하는 제주도 강정마을에서도 하나님의 울분을 느낄 것입니다. 사람들은 누구나 이런 현장 속에서 예전에 꾸어 보지 못했던 새로운 꿈을 꾸게 됩니다. 그리고 그 꿈은 사람을 변화시킵니다. 하나님의 꿈을 우리들에게 이어준 위대한 사상가, 믿음의 선배들 모두가 그저 평범한 사람들이었습니다. 그러나 이런 역사적인 현장에서 하나님의 꿈에 감동했던 특별한 계기가 있었던 것이지요. 저는 한없이 작은 소시민으로, 세상에는 무관심한 개인으로, 극히 수동적인 소비자들로 전락해 가는 우리 시대의 젊은이들에게 하나님의 꿈이 피어오르는 이 위험하고도 아름다운 현장을 소개하고 인도하는 안내자가 되고 싶습니다. 이것이 학교 없는 교사로서의 나의 책무가 아닐까 생각합니다.

새해가 밝아옵니다. 올해는 평화 협정이 체결되어 60년 동안이나 전쟁을 끝내지 못하는 우리나라에 평화로운 통일을 위한 출발선이 그어질 수 있기를 바랍니다. 또한 독립적이고 자주적인 대한민국을 만들기 위해 헌신하는 경수 형제의 수고와 노력도 결실을 맺는 소중한 한 해가 되기를 바랍니다. 저도 올 한해 제게 주어진 하나님의 꿈을 후배들과 나누기 위해 노력하겠습니다.

2012 12월 4일
제주 강정마을에서
송강호 올림

송강호 선생님께,

　선생님 편지를 읽으려니 구럼비 바위의 비명 소리가 들리는 것 같아 가슴이 먹먹합니다. 아름다웠던 마을과 바다는 잊지 말아야 한다고 스스로 다짐해 보지만, 아픈 기억이 떠나지를 않습니다. 보내주신 편지는 잘 읽었습니다. 보석으로 나온 뒤에도 제주와 육지를 오가며 바쁘게 지내신다고 들었습니다. 선생님뿐 아니라, 요즘 강정마을을 위해 애쓰는 활동가들 하나하나의 숨소리가 더욱 가쁘게 들립니다. 어느덧 7년째로 접어드는 이 싸움도 점점 절정을 향해 치닫고 있다는 생각 탓이겠지요. 왜 오늘 젊은이들에게서 꿈이 사라지고 있는지 물으셨지요. 선생님 질문에 답하기 전에 잠깐 제 이야기를 해 볼까 합니다. 자꾸 어두운 감옥과 병역거부 이야기를 반복하는 것 같습니다만, 저와 선생님의 대화는 대개 그 어디 즈음에서 맴돌 수밖에 없다는 핑계를 다시 대고 맙니다. 감옥을 가기 전 몇 번, 그리고 갔다 온 후 몇 번 글을 쓴 적이 있습니다. 왜 감옥에 갔는지, 그리고 왜 그럴 수밖에 없었는지에 대해 쓴, 어깨에 잔뜩 힘이 들어간 글이었습니다. 하지만 시간이 조금 지난 요즘 그 시간을 다르게 생각해 보기도 합니다.

'고립감'과 '거리감' 사이에서

저는 병역거부를 앞두고 몹시 외로웠습니다. 저 대신 어려운 결정을 해 줄 수 있는 사람이 없었고, 불안을 이겨 내려 끊임없이 사람을 만나도 해소되지 않는 배고픔을 느낀 시간이었지요. 그런데 그 외로움은 스스로 모든 것을 결정하고 책임져야 한다는 고립감만은 아니었습니다. 제 안의 망설임 때문에 무언가 더 앞으로 나아가지 못해 느끼는, 그래서 먼저 걸어간 이들에게서 느끼는 거리감도 있었습니다. 저는 청년들이 저처럼 고립감과 거리감 사이에서 늘 고민할 수밖에 없는 존재가 아닐까 생각합니다. 그래서 저보다 먼저, 저와 비슷한 고민을 했던 그들 옆에 서고 싶다고 생각했습니다. 지금이야 농으로 "그때는 속았다"라고 말하기도 하지만, 자신의 삶과 고민을 하나의 행동으로 응축해 내는 그들의 선택에 응원을 넘어서는 그 무엇을 함께하고 싶었습니다. 그리고 이 길에 동참하지 않는다면 왠지 모르게 앞으로 남은 삶이 무척 외로울 것처럼 느껴졌습니다. 멀리서 지켜보며 혼자 외로워지고 싶지 않았습니다. 그것은 후회와는 조금은 다른 기분입니다. 그래서 저는 가끔 저보다 먼저 병역거부를 한 분들이 없었다면 아마 똑같은 결심을 하지 못했을지도 모른다는 생각을 합니다. 차별의 두려움보다 어쩌면 몸서리치는 외로움을 견뎌내지 못했을 거란 생각이 들기 때문입니다. 그런데 신앙도 제게는 참 비슷했습니다.

지금 당장 예수 그리스도의 사역에 동참하지 않을 때 느낄지도 모를 외로움을 경험하는 것, 제게 신앙은 어쩌면 그런 비슷한 경험이었습니다. 예수께서 갈릴리 호숫가를 걸으시다 베드로와 안드레 형제를 부르시고, 또 세베대의 아들 야고보와 요한을 부르실 때, 저는 예수께서 그들이 느끼고 있었을 그 고립감과 거리감 사이로 손을 내미셨다고 생각했습니다. 하지만 그것만으로 부족했을지도 모릅니다. 그들에게는 하나님 나라를 볼 수 있는 눈, 그리고 그 세계를 보여 줄 수 있는 이가 필요했습니다. 그래서 저는 상상력이 중요할지 모른다고 생각합니다. 예수의 공생애는 그 마지막 순간까지 하나님 나라를 보여 주는, 그 나라를 설명해 내는 시간이 아니었을까요. 저 역시 단지 무언가를 거절하고, 거부하기 위해 감옥에 간 것은 아니었습니다. 그 담장 너머에 있는 아름다운 세계를 상상했던 것이지요.

권정생 선생님의 '애국자가 없는 세상'이란 시에는 "젊은이들이 나라를 위해 동족을 위해 총을 메고 전쟁터로 가지 않을 테고 대포도 안 만들 테고 탱크도 안 만들 테고 핵무기도 안 만들 테고 국방의 의무란 것도 군대훈련소 같은 데도 없을 테고 그래서 어머니들은 자식을 전쟁으로 잃지 않아도 될 테고…"라는 구절이 나옵니다. 제게 이 시는 참 행복한, 그리고 간절한 상상입니다. 내가 아니라 조금 더 많은 사람들이 군대에 가지 않는다면, 그래서 무기와 그 무기를 만드는 기업이 더 많이 줄어든다면, 그래서 우리 사회가 군대가 아니라 조금 더 아름다운 얼굴을 할 수 있다면 어떨까 이따금씩 상상해 보곤 하는 거지요. 선생님은 그것을 바로 '꿈'이라고 말씀하실 테지요. 하지만 사람들은 저를 병역기피자, 혹은 이상주의자로만 생각할 겁니다. 하지만 '현실적'이라는 말처럼 그리스도인에게 어울리지 않는 말도 없습니다. 늘 하나님의 나라를 이야기하는 사람은 현실적일 수도 없고, 현실적이어서도 안 되기 때문이겠지요.

사실, 강정마을의 지킴이들이 생각나서 장황한 이야기를 해 보았습니다. 저는 처음에 강정마을로 달려온 사람들을 보고 어떤 이들이 이렇게 멀고 험한 곳까지 제 발로 찾아온 것인지 궁금했습니다. 아름다운 구럼비 바위와 강정 앞바다가 있다고 해도 매일 경찰들에게 고착되고 들려 나오기를 반복하는 이곳을 왜 군이 찾아오는 건지 알 수 없었습니다. 그런데 그 발걸음은 줄어들기보다 더욱 늘어만 갔습니다. 누군가는 기적이라고 했지요. 그냥 한번 방문하려 했던 방문객들이 마을에 짐을 풀고 한 달이고 두 달이고 머무는 모습을 보면서 저는 이해할 수 없었습니다. 어느 누구도 상상하지 못한 일이 벌어진 것입니다. 그런데 곧 그들이 제가 보지 못하는 그 무언가를 보고 있다는 것을 알 수 있었습니다. 지금은 당장 고생스러운 시간들이지만, 만약 해군기지가 들어오지 않는다면 이 강정마을이 얼마나 아름다운 곳일지, 얼마나 행복한 곳일지 그들은 상상할 수 있었을 겁니다. 주민들이 보여 준 우정과 환대, 누군가의 강제가 아니라 마을을 지키기 위해 각자 스스로 역할을 찾아가는 모습에서 자신이 살고 싶었던 그곳의 모습을 발견했던 것은 아닐까요. 그 기회를 놓치고 싶지 않았기에 짐을 풀지 않았을까요. 지금 생각해 보면 그들은 그런 세계를 간절히 원했던, 저처럼 외로움을 느꼈던 이들이 아니었나 생각합니다.

'무거운 망치'가 아닌 '행복한 상상'이 되는 꿈

언젠가 병역거부를 앞둔 제게 친구가 반쯤 농담으로 "이제는 일방통행이겠구나"라고 말을 건넨 적이 있습니다. 앞으로 평생 운동가로 살 수밖에 없다는 의미였겠지만, 저는 그 말이 참 무섭고 두려웠습니다. 저는 운동가로 살기 위해 군대를 거부한 것이 아니라, 제 삶을 더 사랑하기 위해 그리고 더 잘 살고 싶었기 때문에 군대를 거부한 것이니까요. 하지만 이따금 저를 포함해 청년들에게 이야기하는 그 꿈이 무거운 숙제처럼 들릴 때도 있습니다. 조금 더 아름다운 세상을 살기 위해 선택한 삶이 무거운 망치가 되어서는 안 되겠지요. 행복한 상상이 현실이라는 벽을 뚫고 내 일상으로 조금씩 새어 들어올 때 우리의 삶도 풍성해질 수 있지 않을까요. 저는 그래서 그 지킴이들이 마을에 행복한 꿈을 안고 들어왔기에 마을의 투쟁도 조금은 서로에게 기댈 수 있는 여유와 안식, 즐거움이 있었던 게 아닐까 생각하고 싶습니다. 그 행복한 상상이 현실이 되는 곳, 그들이 더 이상 외롭지 않은 곳이 바로 지금 투쟁의 한가운데에 있는 강정마을이라고 저는 생각합니다.

선생님, 오늘 젊은이들에게서 왜 꿈이 사라져 가는지 물으셨지요. 하지만 저는 그렇지 않다고 생각합니다. 여전히 우리 가슴은 식지 않았다고 생각합니다. 지금 청년들처럼 열심히 살아가는 이들이 또 언제 어디에 있었던가 생각해 봅니다. 다만 또 다른 세계를 바라볼 수 있는 기회가 아직 그들에게 주어지지 않았을 뿐이라고 생각합니다. 물론 무거운 망치와 같은 예언자들의 따끔한 충고가 필요할 때도 있겠지만, 저는 모든 사람이 원칙과 신념만을 위해 살지는 않는다고 생각합니다. 그래서 '사람을 낚는 어부가 되라'는 예수의 말씀이 가끔은 그 세계를 그려낼 수 있는 화가가 되라는 말씀처럼 들릴 때가 있습니다. 선생님의 말씀처럼, 거짓 환상가들의 달콤함이 아니라 보다 아름답고 정의로운 세계를 그려낼 수 있는 화가 말이지요. 저는 그 세계가 분명 청년들이 당장 자신의 삶을 내어놓고 동참하고 싶어지는 따뜻하고 아름다운 곳이라고 믿고 있습니다. 우리 모두가 바로 지금, 차가운 콘크리트의 대한문 앞 농성장과 강정마을 공사장, 그리고 수많은 현장에서 바로 그런 따뜻한 세계를 상상할 수 있기를 바랍니다. 우리의 꿈, 우리의 상상이 조금 덜 외로울 수 있는 날을 상상하며 편지를 마칩니다.

12월 1일은 평화수감자의 날이었습니다. 전 세계에서 평화를 이유로 감옥에서 고통받고 있는 이들을 기억하고 연대하는 날이지요. 한국에서는 2003년부터 함께하고 있지만 평화수감자의 날이 제정된 지는 50년이 넘습니다. 전 세계에서 가장 많은 평화수감자가 있는 나라가 한국일 듯한데, 한국에서 이 날을 기억하는 사람은 많지 않습니다. 저도 친구들과 모여 함께 편지를 써 보았는데요. 지금이라도 그들이 그리는 행복한 세계에 대해 이야기해 볼 수 있는 시간이 생기면 좋겠습니다. 진실한 마음으로 한 글자 한 글자 쓴 편지보다 단단한 응원은 없겠지요.

2012년 12월 9일
박정경수 드림

7. 포기할 수 없는 꿈, 생명평화의 마을 '강정'

박정경수 형제님께,

　안타깝게도 18대 대선의 결과는 대다수 강정마을 주민들에게 깊은 실망과 좌절감을 안겨주었습니다. 해군기지 건설을 일시 중단하고 공사의 정당성과 타당성을 신중하게 재검토하고 나서 공사를 계속할지 결정해야 한다고 주장해 왔던 주민들은 박근혜 당선자가 누차 밝혀온 것처럼 강정마을 앞바다가 하와이의 진주만과 같이 되는 것을 원치 않기 때문입니다. 자기 마을의 미래를 아무런 의논도 없이 타인들이 결정하는 것을 좋아할 사람은 세상에 없을 것입니다. 주민들을 어린 아이 취급하거나 미성숙하고 무지한 촌놈으로 여기지 않는 한 그렇게 무례히 굴 수는 없는 것이지요. 정부가 국민을 존중하고 섬기려 들지 않는다면 누가 그런 정부를 따르려 하겠습니까? 경찰들은 이제 선거도 지나갔으니 시민불복종운동이라 할지라도 엄중하게 처벌할 것이라며 위협하고 있습니다. 안보 이데올로기로 무장한 새누리당의 집권 기간 동안 또 어떻게 싸워나가야 할지 앞으로 5년이 아득합니다. 그러나 우리는 그저 실의와 낙담에만 파묻혀 있지 않을 것입니다. 다시 일어날 것이고, 다시 평화를 위한 정의로운 투쟁을 계속할 것입니다. 우리에게는 정의의 하나님이 우리와 함께 하신다는 변함없는 희망이 있기 때문입니다.

앞으로 강정마을의 해군기지반대운동은 새로운 국면을 맞이할 것입니다. 6년 이상 생업을 거의 전폐하다시피 싸워 온 강정 주민들은 앞으로도 5년을 더 싸울 것을 생각하면 앞날이 까마득할 것입니다. 어쩌면 이제는 강자가 아무리 불의하고 사악하다 할지라도 더 이상 싸울 힘이 없으니 억울하고 분하지만 저항을 포기하고 무릎을 꿇자고 할 사람들이 많이 생길지도 모르겠습니다. 이미 주민들 가운데에서 현실을 인정하자는 이야기가 곳곳에서 흘러나옵니다. 어쩌면 주민들이 평화를 지키기 위해서 강정마을을 찾아와 고단하게 투쟁하고 있는 활동가들에게 이제는 떠나라고 할지도 모르겠습니다. 저는 강정마을 주민들의 현명하고 의로운 판단을 기다리고 있습니다. 이제 해군도 더 이상 주민들을 매수와 유혹, 협박으로 분열시키지 말고 마을의 운명을 주민들에게 맡겨주기를 바랍니다. 공정하고도 지혜로운 판단은 탐욕과 위협을 물리칠 때만 가능하기 때문입니다.

형제님의 답장은 저의 마음을 훈훈하게 해 주었습니다. 오늘날의 젊은이들의 가슴이 식지 않았고 "우리는 여전히 꿈을 꾸고 있으며 누구보다도 열심히 살아가고 있다"는 말씀을 진지한 마음으로 읽었습니다. 그리고 거기에는 "무거운 망치와 같은 예언자들의 따끔한 충고"보다는 "아름답고 정의로운 세계를 그려내는 화가"의 예술적인 영감으로 "청년들이 자신의 삶을 내어 놓고 동참할 수 있는" 그림을 그려 내라는 도전적인 요구가 담겨 있었습니다. 저의 '행복한 상상' 하나를 펼쳐 보여 드리겠습니다. 그것은 불쾌하고 역겨운 상상으로부터 시작됩니다.

불쾌하고 역겨운 상상

만일 현 집권 세력이 지금까지 그러했듯이 주민들의 의견과 의분을 무시한 채 공사를 강행한다면, 수많은 주민들을 범죄자로 만들어 가며 2015년 이후 해군기지를 완공할 것입니다. 그 과정에서 이주해 올 칠천 명의 해군과 군속들이 살 집을 짓기 위해 또다시 마을 주민들의 땅을 강제로 매입해야 할 것입니다. 결국 마을 공동체는 군사보호구역에 갇힌 채 여러 개의 섬처럼 분할

될 것입니다. 지금은 밤하늘의 반짝이는 별빛과 먼 바다의 고깃배들의 불빛이 강정의 밤을 밝히지만, 해군기지가 들어서고 나면 기지촌에 기생하는 술집과 러브호텔들의 네온사인이 강정의 밤거리를 번쩍거리며 불야성을 이룰 것입니다. 조용하고 아늑했던 해변 마을 강정은 폭약과 무기로 가득 찬 환락의 도시가 될 것입니다. 저는 어려서 동두천에서 자라났기 때문에 군사기지의 어두운 그늘을 알고 있습니다. 미군기지가 들어온 이후 조용하던 농촌 마을이 기지촌이 되고, 기형적 도시가 형성되었습니다. 골목골목을 채우며 늘어선 창녀촌, 퇴폐적인 술집과 모텔들, 미군에게 시집가는 것을 인생 최대의 꿈으로 품고 살던 여고생들, 성년이 되기도 전에 이미 동거를 시작한 젊은이들의 방종이 군사도시에서 목격한 암울한 풍경입니다. 어떻게 하나의 경험을 갖고 다른 상황에 일반화할 수 있느냐고 반문할지 모르겠습니다. 그러나 강정은 군항이 될 것이고 군항도시는 정신적·도덕적으로 황폐해지는 것이 보통입니다. 참 아이러니합니다. 모든 영적인 사람들에게 기도와 명상의 터전이 되었던 평화롭고 거룩한 구럼비 바위를 파괴하여 환락과 퇴폐, 무기와 폭탄의 항구로 만드는 것을 '발전'이요 '진보'라고 여기는 인간의 광기를 어떻게 받아들여야 할지 모르겠습니다.

아직도 하나님이 강정의 미래를 어디로 이끌어 가실지 확실히 알 수 없습니다. 우리가 지금까지 염원해 왔듯이 기적적인 방법으로 해군기지 건설이 중단되고 허물어져 가던 구럼비를 다시 회복시켜 생명과 평화의 공원을 만들게 될 것인지, 아니면 역겨움을 삼켜가며 앞서 기술한 것처럼 결국 해군기지가 들어선 추악한 군항이 되는 걸 지켜봐야 할지 알 길은 없습니다. 그러나 그 어떤 미래로 하나님이 우리를 인도하시든 우리는 평화의 꿈을 펼쳐나가야만 하고 그럴 수 있다는 신념을 갖고 있습니다.

파괴된 구럼비가 회복되어 다시금 생명수가 솟아오르고 누구나 자유롭게 그 바위 위에 앉아 기도와 묵상을 할 수 있게 된다면, 우리는 그 곳에서 평화를 노래하며 춤추고 함께 평화를 배우며 가르치는 평화의 공원을 만들 것입니다. 하나님이 우리에게 전쟁기지를 중단시키고 그 거룩한 바위를 다시 허락해 주신다면 우리는 이 구럼비를 전쟁과 폭력의 악령으로부터 지키기 위해 땀과 눈물과 피를 흘렸던 모든 이들과 더불어 구럼비 위에서 손에 손을 잡고 하나님을 찬양하며 감사의 제사를 올릴 것입니다. 구럼비는 어떤 인공 구조물 없이도 평화의 센터가 될 것이며 세상의 모든 이들이 자유롭게 들어와 쉬고 잠들고 놀고 대화할 수 있는 울타리 없는 평화의 학교가 될 것입니다. 나는 다시금 구럼비 앞바다에서 어린이들이 돌고래와 유영하고 연산호 사이에서 숨바꼭질하는 날을 꿈꿉니다. 그러나 그 날은 안타깝게도 우리의 바람과는 달리 수십 년의 세월을 흘려 보내고 나서야 올지도 모릅니다. 나의 세대는 그런 평화의 날을 볼 수 없을지도 모르겠습니다. 구럼비는 잘리고 부서진 채 시멘트 콘크리트에 매장되고, 핵무기를 탑재한 잠수함과 대량 살상무기로 중무장한 폭격기를 실은 핵추진항공모함이 들락거리는 무시무시한 군항도시가 강정에 들어선다 할지라도 우리는 평화의 꿈을 포기할 수 없습니다.

해군기지 들어서도 강정은 평화의 마을로

우리는 군사보호구역을 알리는 철조망과 벌거벗은 여인들이 손님을 기다리는 정육점 같은 홍등가의 분홍 불빛 사이로 평화의 거리를 만들어 나갈 것입니다. 예수회 신부님들은 강정마을에 이미 수도공동체를 세우고 있습니다. 예수회 신부님과 수사님들은 래디컬한 신앙 실천으로 주민들로부터 신뢰와 사랑을 받고 있습니다. 문정현·문규현 신부님을 위시한 천주교정의구현사제단은 강정마을을 향한 하나님의 정의를 대변하는 신성한 역할을 지금까지 수행해 왔고 그 결과 강정마을에는 자연스럽게 가톨릭 공소*가 뿌리를 내리며 자라고 있습니다. 유인식·정연길 목사님

---

* 본당보다 작은 교회 단위. 본당 사목구에 속하여 있는, 신부가 상주하지 않는 예배소나 그 구역을 이름-편집자 주.

과 같은 개신교 목사님들이 꾸준히 주관해 온 평화기도회는 주민들의 고통과 슬픔을 외면한 채 권력자와 군부를 축복하고 지지했던 제주 개신교 지도자들로 인해 주님이 당하신 치욕과 모멸을 조금은 가리고 있는 것이 아닌가 싶습니다. 수많은 평화활동가들과 신부, 수녀, 목사들이 강제로 끌려 나가고 그 가운데서 몸과 마음이 다치고 피 흘렸던, 그리고 지금도 여전히 정부가 불의하게 강행하는 해군기지 공사에 대항하여 맹렬히 싸우고 있는 현장인 강정해군기지사업단 정문 앞은 평화이신 그리스도의 현존과 임재를 경험하는 거룩한 순례지가 되었습니다. 나는 생명평화의 가치를 실현하고자 노력하는 많은 친구들을 제주와 강정으로 불러들이려고 합니다. YMCA는 이미 군대가 없는 나라 코스타리카의 평화대학과 연계한 평화교육프로그램을 제주에서 시행하기 위한 절차를 밟고 있습니다. YMCA가 강정에도 활동공간을 만들고 평화를 위한 프로그램을 진행해 주길 기대하고 있습니다.

강정에 해군기지가 들어선다 하더라도 강정은 평화의 도시로 거듭날 것입니다. 군사기지를 지키려는 날카로운 철조망 장벽을 따라 줄지어 들어선 '평화 카페'들이 평화의 거리를 만들 것입니다. '평화 도서관'이 들어서고 수많은 국제적인 '평화 단체'들이 도시 곳곳에 자신들의 특색을 간직한 크고 작은 시설과 프로그램을 열 것입니다. 일 년 내내 각종 평화 행사와 축제가 군사기지의 살벌함을 퇴치할 것입니다. 우리는 푸른 바다를 배경으로 야외에서 평화 영화제(peace film festival)를 열 겁니다. 그리고 '강정은 온 세계에 평화를 전하는 평화의 포구여야 하며 해군기지는 강정에서 떠나야 한다'고 끊임없이 시위할 것입니다. 해군기지가 마침내 떠나고 항구가 민항으로 거듭날 때까지 말입니다. 만약 해군이 강정에 군사기지가 지어진다고 모든 것이 끝났다고 생각한다면 그것은 오산입니다. 우리는 60년 동안 지난한 투쟁을 통해 미군기지를 마침내 폐쇄시킨 푸에르토리코의 비에케스(Vieques)나 아직까지도 미군기지 철수를 위해 끊임없이 투쟁하고 있는 오키나와처럼 강정 해군기지를 축출하기 위해 끝까지 투쟁해 나갈 것입니다.

강정마을의 해군기지 반대 투쟁은 아득한 과거부터 지금까지 계속되었고 앞으로도 멀고 먼 미래까지 이어질 것입니다. 살인과 폭력, 전쟁과 살상의 군사주의에 맞설 것입니다. 평화를 위한 그 긴 역사적 투쟁의 멀고 먼 과정을 놓고 본다면 우리의 싸움은 정말 한 순간에 불과할 겁니다. 그렇기 때문에 해군기지 공사가 중단된다고 하여 모든 것이 끝나는 것도 아니고 해군기지가 들어선다고 하여 실망하고 낙담할 것도 아닙니다. 평화를 향한 길은 멀고도 아득합니다. 강정은 평화를 배우는 학교입니다.

강고한 군사주의에 맞서 평화의 활동가들을 길러내는 곳입니다. 평화를 위해 스스로 이주민이 되고 이런 평화의 유배자들이 새롭게 평화의 도시를 세웁시다. 이 일에 평화를 만드는 사람으로 부름받은 그리스도인들이 앞장서기를 바랍니다. 제주도 가시리에 예술가들이 모여 사는 예술가 마을이 있듯 강정에는 평화의 마을이 세워지기를 바랍니다. 그래서 생명평화마을 강정이 제주도를 비무장 평화의 섬으로 만드는 새로운 운동의 출발점이 되는 날을 꿈꿉니다.

경수 형제님, 1월 27일은 노무현 전 대통령이 제주도를 평화의 섬으로 선포한 지 8년째 되는 날입니다. 처음에는 사람들이 제주도는 비무장 평화의 섬이 되어야 한다고 믿었습니다. 그러나 점차 '비무장'의 꿈은 사그라졌고, 제주도의 평화를 위해서 해군기지가 들어서야 한다는 궤변이 득세하고 있습니다. 제주도를 둘러싼 동북아시아에 다시 전운이 감돌고 있습니다. 일본과 우리나라, 그리고 중국에서 모두 우익 정치인이 권력을 잡았으니 평화를 향해 갈 길은 먼데 앞날은 더 어둡습니다. 그러나 더 늘어갈 평화수감자들이 강정을 평화의 도시로, 또 제주도를 비무장 평화의 섬으로 만드는 꿈을 함께 실현해 나갈 수 있기를 바랍니다. 외국에 나가 난민이 되지 않을 바에는 그것만이 감옥을 면하고 자유를 얻는 길이 아닐까요? 그것은 평화수감자로서 내가 고민했던 것이기도 합니다. 다음 편지에서 이 고민과 비무장 평화의 섬을 향한 희망을 더 자세히 나누도록 하겠습니다. 건강을 빕니다.

2012년 12월 31일
평화의 섬 제주 강정마을에서
송강호 올림

제주법정 최후진술서 1

판사님은 중세시대 유럽을 공포에 떨게 했던 마녀사냥 이야기를 알고 계실 것입니다. 육백만 명의 여성들이 마녀라는 죄목으로 고문받고 처형된 끔찍한 역사입니다. 그때는 법정이 없었을까요? 아니요. 법정도 법관도 있었습니다. 그러나 그들을 노려보는 교회와 좋은 게 좋은 것이라고 눈치를 주는 시장과 권력자들 앞에서 법관들은 이들의 유죄와 처형을 허용한 것입니다. 그러나 500년이 넘는 세월을 뒤로 하고 근대에 들어와서야 너무 당연한 이유(첫째 인간은 빗자루를 타고 날 수 없다, 둘째 주술로는 이웃집 사람들과 가축들이 병들 수 없다)를 들어 고소·고발인들의 허무맹랑한 주장과 증언을 일축했습니다. 이런 주장이 비과학적이라는 사실을 어떻게 젊은 법관들이 알게 된 것인지 그것이 놀라워서 제가 이 말씀을 드리겠습니까? 아니지요. 이 젊은 법관들이 그들을 노려보고 있는 교권주의자와 권력자들의 따가운 눈초리에 저항하여 반역적인 결정을 내리기 시작했기 때문에 결국 마녀사냥은 지구상에서 사라지게 되었습니다.

일제강점기에도 법과 법정과 법관이 있었고 군사독재 시절에도 마찬가지였습니다. 히틀러의 나치즘하에서도 판사들은 존재했습니다. 나는 민복기라는 법관을 기억합니다. 독재자 박정희를 도와 유신헌법을 만들고 생전 모든 권력과 부를 누리며 호의호식하다 사라진 법관이었지요. 그는 '인혁당 사건'이라는 사법사상 가장 비극적이고 불법적인 판결을 내린 주인공이었습니다. 누군가 "우리 모든 사람은 어느 이야기의 한 자락"이라고 말했습니다. 그렇습니다. 지금 판사님은 우리나라 법관들의 이야기 중 한 자락일 겁니다. 우리는 이 길고 긴 이야기를 역사라고 하지요. 이 피고석에 서 있는 저도, 그리고 앞에 단에 앉아 계신 판사님도 모두 어느 이야기의 한 자락일 겁니다. 나는 판사님의 선처를 원하지 않습니다. 나는 개전(改悛)의 정도 전혀 없습니다. 나는 내가 무죄라고 믿고 있습니다. 진정한 범죄자는 바로 나와 이 앞에 앉아있는 무고하고 선량한, 그리고 용감한 시민들을 범죄자라고 고발한 해군기지건설사업단과 삼성과 대림의 사업 관계자들입니다. 또한 나는 제주도에 군대도 없고 군인도 없으며 모든 군사기지가 없는 비무장 평화의 섬이 되는 날이 올 때까지 투쟁할 것입니다. 물론 나는 처음부터 지금까지 그래왔던 것처럼 비폭력적이고 평화적인 방법으로 끝까지 군사주의에 맞서 저항할 것입니다.

_ 송강호, "2012년 12월 20일 제주법정 최후진술서"에서

송강호 선생님께,

    이번 편지는 쓰기 전부터 어깨에 힘이 잔뜩 들어가고 말았습니다. 그렇게라도 하지 않으면 도무지 글을 쓸 엄두가 나지 않았거든요. 모니터를 앞에 두고 한 글자도 쓰지 못한 채 몇 날을 씨름하고 말았습니다. 날 것인 생각들이 머릿속에서만 맴돌 뿐 좀처럼 글로 쓰이지가 않더군요.

    네, 그렇습니다. 대통령 선거 결과는 제 주변 많은 이들의 표정을 바꾸어 버렸습니다. 제 눈에도 겨울을 차가운 거리에서 보내고 있는 이들의 얼굴에 실망과 좌절이 자리 잡은 것이 보입니다. 지난 몇 년 유난히 집과 직장을 잃어버린 이들이 많았음을 기억하시겠지요. 쫓겨나고 억눌린 사람들은 애써 그 주름진 얼굴 한편에 희망을 싹 틔워 보려 했건만, 이 겨울이 너무 막막해 보이기만 합니다. 사실 그 얼굴을 마주하는 것부터 쉽지 않은 요즘입니다.

    새해 첫날부터 희망을 포기한 이들의 소식이 자꾸 들려옵니다. 해고라는 벼랑 끝에서 수년간 복직 투쟁을 벌여온 노동자들의 심정을 제가 모두 이해할 수는 없겠지요. 그 냉혹한 현실을 저도 받아들일 수가 없는데, 죽음에까지 내몰린 이들의 마음은 얼마나 외롭고 또 아팠을까요. 선생님, 이번 겨울은 희망이 참 그리운 계절인 것 같습니다.

선거 당일, 아는 선배 한 분이 인터넷에 이런 글을 올려놓았더군요. "선거와 시장, 이 두 제도는 어쨌든 인류의 영악한 발명품이다. 선거는 정치권력의 정당성을, 시장은 경제 질서의 정당성을 효율적이고 안정적으로 보장해 주는 장치이다. 만일 선거나 시장 제도가 없다고 가정해 보면 이 두 제도의 의미는 새삼 분명해진다. 선거가 없었다면 지배 권력에 대한 민중의 분노는 쌓이고 쌓여 결국 혁명의 불길로 타올랐을 것이며, 시장이 없었다면 홉스의 말마따나 '만인에 대한 만인의 투쟁'이 벌어지는 디스토피아가 출현했을 것이다." 잊고 지낸 생각에 망치로 머리를 얻어맞는 기분이었습니다.

저는 지난 대선 후 노동자들의 잇단 자살 소식을 접하며 그것은 우리 정치의 실패가 아니라 어쩌면 우리 운동의 실패가 아닌가 생각해 보았습니다. 운동이라는 말이 거칠다면 우리 희망의 실패라고 표현해도 좋을 것 같습니다. 지난 몇 달간 열심히 선거를 준비한 분들을 폄하할 생각은 없습니다. 다만 어느새 선거로 모든 걸 해결할 수 있는 것처럼, 선거에만 희망이 있으리라는 마음이 우리 사이에 독버섯처럼 피어올랐던 것은 아니었을까요. 사람들이 선거 말고는 다른 곳에서 희망을 찾을 수 없다고 믿게 될 때, 저는 정치가 완벽하게 성공하는 것이라고 생각합니다. 가장 안정적인 지배는 지배받는 자들이 스스로 지배당하고 있다는 것을 눈곱만큼도 의심하지 않는 것, 그리고 선거를 통해 모든 정치와 권력을 자신들이 결정할 수 있다고 믿게 만드는 것이겠지요.

선거의 가장 중요한 기능은 지배 권력에게 정당성을 부여하는 것이 분명합니다. 하지만 그들의 악행에도 정당성을 부여하는 것은 아닐 것입니다. 선거의 결과는 패배한 절반에게 절망과 단념을 수용하라고 합니다. 그리고 다시 5년을 기다리라고 말하지요. 너희가 불행한 것은 선거에서 실패했기 때문이라고 말할지도 모르겠습니다. 하지만 희망은 실패하기는 하지만 포기되지는 않는다지요. 희망은 애초에 권력이 자리한 곳에서 시작되는 것이 아니라 가장 억눌리고 가난한 자들, 바로 겨자씨와 같은 곳에서 시작되는 것이라고 성경은 가르치고 있지 않은지요.

최근 몇 년간 친구들과 가장 힘썼던 일은 바로 전쟁을 준비하는 사람들을 감시하는 것이었습니다. 언젠가 편지에서 말씀드렸는데 기억하실는지요. 우리 역사에서 끊임없이 전쟁이 벌어지는 것은 쉬지 않고 그것을 준비하는 사람들이 있기 때문이겠지요. 전쟁을 통해 돈을 버는 기업들, 끊임없이 적을 만들어 내며 모두를 군인으로 가르치려는 사람들, 그리고 바로 강정마을 같은 곳에 기지를 건설하려는 사람들 말입니다. 말처럼 그렇게 거창한 일을 하는 것은 아니고 군인이나 전문가들이 보는 책과 말들을 배우는 데서 시작했는데 여간 힘든 게 아니더군요. 그럼에도 필요한 일이라고 생각하고 작은 모임을 계속 이어가고 있습니다. 전쟁이 어느 순간 우연히 벌어지는 것은 아니라는 사실, 그리고 전쟁을 바라는 사람보다 전쟁을 반대하는 사람들이 훨씬 많을 것이라는 믿음 때문이지요.

선생님, 희망을 위한 진지, 평화를 위한 기지는 어디에서 찾아야 하는 걸까요. 지금 바로 그런 진지를 세워야 하는 것은 아닐까요. 가장 평화적인 방식으로, 가장 비폭력적인 행동으로 겨자씨 같은 희망에 싹을 틔울 수 있는 그런 진지 말입니다. 저는 그것이 평화를 가르치는 학교, 군대와 경찰을 감시하는 단체, 말 그대로 평화롭게 사는 마을, 위로와 응원을 전하는 밴드 등 무엇도 될 수 있다고 생각합니다.

저는 사실 독재가 무엇인지 잘 모릅니다. 그저 책으로 읽고 상상해 보았을 따름이지요. 그러니 '독재자의 딸 대통령'이라는 말이 독재체제를 살아보지 못한 저에겐 끔찍하기보다는 수치스러움에 가깝습니다. 하지만 민주주의가 무엇인지는 조금 알고 있습니다. 적어도 그 과실은 조금 맛보았으니까요. 전쟁을 경험한 사람들은 적에 대한 두려움과 공포 속에 살아갈는지 모릅니다. 또 가난을 경험한 이들은 가난에서 벗어나기 위해 부와 권력을 좇으며 살지도 모르지요. 반대로 민주주의 아래 살아 본 사람들은 지난 몇 년간 잃어버린 것들을 생각하며 살아갈 것입니다. 마치 잠시나마 하나님 나라를 경험한 사람들이 그 세계를 기다리고 또 그리워하며 살아가는 것처럼 말이지요.

그러니 평화의 도시 강정에서 잠시나마 평화를 경험했던 이들은 아마 계속 그 평화를 그리며 살아가게 되지 않을는지요. 저는 그렇게 생각합니다. 저는 그런 사람들이 다시 강정마을에 모였으면 합니다. 아니 모일 것이라고 생각합니다. 그곳에 전쟁기지가 들어서고, 더 큰 그 무언가가 들어서더라도 평화와 희망의 기억을 잊지 않은 사람들이 모여서 평화의 기지를 세워야 한다고 생각합니다. 하나님 나라를 경험한 사람들이 모인 곳이 교회이듯이, 그 평화를 위해 사람들이 모여든다면 분명 평화를 세워 나갈 수 있을 것입니다. 지금 평화를 준비하지 않는다면 평화는 영영 오지 않을 테니까요.

선생님! 얼마 전 기도를 하며 어쩌면 지금이 그 아득한 평화의 꿈을 나눌 수 있는 가장 좋은 때가 아닐까 생각했습니다. 사람들은 자신의 처지로 세상을 이해한다고 하지요. 어쩌면 고통받는 사람들이 자꾸만 늘어나는 이때가 서로의 처지와 아픔에 공감하고 이해할 수 있는 기회가 아닐는지요. 다만 8년 전에는 4·3의 아픔을 기억하지 못한 채 그저 예쁘고 아름다운 말을 찾아 '평화의 섬 제주'를 선포했다면, 다시 부르게 될 '평화의 섬 제주'는 잊히지 않는 경험으로 기억될 수 있었으면 합니다.

    이번 겨울, 희망이 참 많이 그립습니다. 추위와 고단함 속에 2013년으로 넘어온 분들이 그 희망의 마음을 놓지 않았으면 합니다. 선생님과 평화를 함께 그리는 마음으로 새해 첫 인사를 전합니다.

2013. 1. 7.

박정경수 드림

8. 비무장 평화의 섬 제주도를 꿈꿉니다

박정경수 형제님께,

　강정마을에서 청년들을 위한 겨울 평화학교를 진행하느라 정신없이 지내다 보니 어느 새 설날이 눈앞에 다가왔네요. 지난 1월 27일에는 '우리가 제주도를 비무장 평화의 섬으로 만들자'는 선언대회를 열었습니다. 이 날은 노무현 전 대통령이 제주도를 '세계 평화의 섬'으로 선포한 지 여덟 돌 되는 날이었습니다.

　제주도가 평화의 섬으로 선포될 당시 저는 인도네시아 반다 아체에서 쓰나미로 가족을 잃은 고아들과 홀로 남은 노인들을 위한 집을 짓고 있었습니다. 쓰나미는 오랜 세월 산악지대에서 독립을 위해 반정부 투쟁을 해 왔던 자유아체운동(GAM) 전사들에게 평화 협상의 전기를 가져왔습니다. 대부분의 주민이 자연재해로 한 순간에 떼죽음을 당했기에 고향의 가족과 친척의 생사를 확인하고 싶은 전사들에게 가히 상상을 초월하는 죽음과 재앙의 소문이 들려왔습니다. 제가 살고 있던 뽕에 블랑줏이란 마을에는 주민의 반이 목숨을 잃었으며 도로를 하나 사이에 둔 건너편 마을에서는 주민 육백 명 중 스무 명만 목숨을 건졌습니다. 또 다른 이웃 마을에서는 신원 확인도 못한 시신 삼천 구를 한자리에 매장하였습니다. 이런 현실에서 이들이 더 이상 누구를 위해 목숨을 건 투쟁을 하겠습니까? 때 마침 헬싱키에서 반군 지도자들과 인도네시아 정부 대표들 간의 평화 협상이 진전되어 아체에는 평화의 훈풍이 불고 있었습니다. 오랫동안 산속에 은신하며 무장 투쟁을 해 왔던 사람들이 주 정부가 제공한 관광버스를 타고 고향을 방문하는 모습과, 반납한 총기를 커다란 경기장에서 많은 시민들이 바라보는 가운데 절단기로 자르는 모습은 아체에 다가온 평화의 봄을 느끼게 해 주었습니다.

그런 중에 제주도가 세계 평화의 섬으로 선포되었다는 소식을 듣고 마음이 설레었습니다. 그래서 반다 아체에서 일 년간 동안의 평화 복무를 마치고 제주도를 찾았습니다. 그러나 제주도가 가짜 평화의 섬이요 가짜 특별자치도라는 사실을 깨닫는 데는 오랜 시간이 필요치 않았습니다. 정부는 2002년부터 2007년까지 화순과 위미에 해군기지 건설을 유치시키려고 했으나 이에 실패하자 강정에서 대다수 주민 의사를 무시한 채 공사를 강행하고 있는데 이것은 제주도가 가짜 평화의 섬이라는 가장 명확한 증거라고 생각합니다. 앞으로도 군사기지들은 꼬리를 물고 제주도로 들어올 겁니다. 정부는 평화를 지키기 위해서 군사력으로 무장해야 한다고 주장하며 '세계 평화의 섬' 제주도에도 해군기지, 공군기지, 해병대 부대의 증설이 필요하다고 합니다.

'평화의 섬 제주'를 위한 다섯 가지 원칙

제주도는 일제강점기에는 중국을 공격하고 미국의 공세로부터 일본 본토를 방어하는 요새였습니다. 전쟁의 어두운 그늘 아래, 제주도가 전쟁기지나 군사 요새로만 여겨졌던 겁니다. 그러나 '평화의 섬'이 논의되기 시작한 때는 바로 냉전체제가 붕괴되기 시작한 90년대 초반이었습니다. 냉전의 암운이 걷히면서 평화의 빛 아래서 제주도의 제 모습이 서서히 드러난 것이지요. 저는 우리의 영원한 적이라고 믿어 왔던 구소련의 고르바초프 대통령이 1991년 제주도에서 노태우 대통령을 만난 사건을 생생히 기억합니다. 그 후로도 1995년에는 중국의 장쩌민 주석이, 1998년에는 후진타오 주석이 각각 제주도를 방문했지요. 그 사이에는 미국의 클린턴 대통령 방문이 있었고 이어 고이즈미 일본 총리가 제주도를 방문해 제주도에 평화의 봄바람이 부는 듯했습니다.

1991년 국내외 석학들이 제주도에 모여서 '동북아시아의 평화와 안정' '냉엄한 현실, 요원한 평화' '평화의 섬을 위한 제언' 등을 주제로 활발한 논의를 했습니다. 그때 모임 참가자들은 '세계 평화의 섬 제주'에 대한 다섯 가지의 중요한 원칙을 세웠습니다.

1. 제주도는 비무장화되어야 한다.
2. 제주도가 동북아시아 평화와 질서를 위한 지정학적인 중심지임을 깨달아야 한다.
3. 제주도가 국제적 갈등과 논쟁을 조정하고 해결하는 지역 센터가 되어야 하고, 평화에 관한 연구와 훈련의 장이 되어야 한다.
4. 제주도가 세계 평화의 섬이 될 수 있도록 제주도민들이 자발적으로 지역적인 노력을 전개해야 하고 능동적으로 행동할 수 있어야 한다.
5. 제주도가 평화의 개념에 일치하는 균형 잡히고 분권화된 자생적인 발전을 해 나가야 한다.

아마도 현인들의 지혜와 영감의 빛이 비추어져서 깨달았을 법한 이 원칙들이 지금도 제주도의 참된 모습을 가장 잘 이야기해 주고 있다고 생각합니다. 참여정부 시절 제주 평화의 섬을 최초로 정책 입안한 연세대학교 문정인 교수는 2001년 4월 제주를 '평화지대'로 선포할 것을 제안하며, 제주의 '비군사화(비무장화)'와 '중립화'를 국제적으로 선언할 것과 장기적으로 군사 목적의 선박 및 항공기의 기항과 기착을 전면 금지할 것을 주장했습니다.

하지만 비무장 평화의 섬을 향한 푸른 전망은 제주에 해군기지 건설이 추진되면서 점차 무너지기 시작했습니다. 2000년 중반에 들어서면서 정부는 우리나라가 미국과 일본, 중국과 러시아의 동북아 대결 구도를 완화하고 중재하는 '동북아 균형자' 역할을 해야 한다고 하면서도 다른 한편으로는 한미군사동맹을 강화하자는 모순적이고도 분열적인 평화론을 제시했습니다. 비무장 평화의 섬 제주도에 어두운 그림자가 드리웠죠. 정책이 바뀌자 그간 비무장 평화의 섬을 주창했던 학자들과 정치가들 대부분은 지금까지 자신이 주장했던 것과는 반대 방향의 길로 흘러갔어요. 줏대도 신념도 없는 지식인들 때문에 학자들이 먹물이라는 비난을 받는 것이지요.

이런 시점에 저와 몇몇 평화활동가들이 제주도의 무장을 반대하는 평범한 시민들과 함께 제주도가 비무장 평화의 섬임을 선포하는 대회를 열었어요. 저희는 유명한 분이나 알려진 단체들에 기대지 않고 그저 제주도가 어떤 군사시설이나 전쟁도 없는 평화로운 섬으로 남기를 원하는 평범한 시민들을 초대했는데 놀랍게도 120명이 넘는 많은 분들이 눈이 내리는 4·3 평화공원에 찾아오셨어요. 자기소개도 하고 평화의 섬 제주도에 대한 희망을 나눠 주셨어요. 우리는 군대도 없고 군함이나 군용기도 지나다닐 수 없는 평화의 푸른 하늘과 바다를 노래했습니다. 어떤 이는 젊은이들이 군복무 대신 평화를 실천하는 복무를 남녀 구분 없이 모두 할 수 있게 하자고 제안했습니다. 사람들은 드디어 제주도에 젊은이들이 넘쳐나겠다며 웃었습니다. 저는 이런 시도들을 통해 경수 형제가 찾아나가려는 '희망을 위한 진지'요 '평화를 위한 기지'를 함께 찾아가려고 합니다. 제주도를 하와이처럼 만들어 주겠다고 미혹하는 정치인들의 거짓 환상에서 깨어나 우리가 나가야 할 방향은 그 정반대인 핀란드의 올랜드와 같은 비무장 자치의 섬이며, 더 근본적으로는 바로 대문 없고 도둑 없고 거지 없는 우리 제주도의 삼무(三無) 정신이나 공생적인 수눌음 정신(제주지방에서 농사일이 바쁠 때 이웃끼리 도와서 일하는 풍속)에 터를 둔 평화의 섬일 것입니다.

현장은 곧 학교다

비무장 평화의 섬을 마음속에 그립니다. 아름다운 제주 강정 해안에서 해군기지를 쫓아내고 구럼비 너럭 바위 지대를 생명과 평화의 공원으로 만드는 꿈을 꿉니다. 어린아이들이 고기와 조개도 잡고, 숟가락 들고 가서 바위에 붙은 돌김도 따고, 저녁이면 붉은 석양을 바라보며 구들장 아랫목처럼 따뜻하게 달구어진 구럼비 바위 위에 좌선하듯 앉아 기도와 명상을 드리는 꿈입니다.

제주도 남서쪽 알뜨르 비행장에는 잡초만 무성합니다. 한때 난징과 상하이에 무시무시한 폭탄들을 투하했던 일본 군용기들의 격납고들만 드문드문 남아 과거 전쟁의 상흔을 알려줍니다. 우리의 소중한 땅이 무고한 이웃나라 시민들을 무수하게 죽음으로 몰아넣는 전쟁에 사용하도록 빼앗겼던 사실을 잊어서는 안됩니다. 이 땅은 아직도 국방부가 차지하고 있지만 시민들이 손에 손잡고 이 드넓은 활주로를 빙 둘러싼 채 이 옛 전쟁 기지를 이제는 다시 주민들에게 돌려달라고 노래하는 날을 꿈꿉니다. 군용기의 활주로 위에서 다시금 사람을 살리는 푸른 채소들이 움터 오를 미래를 바라봅니다. 나는 강정에서 평화학교를 진행하며 젊은이들과 이런 푸른 평화의 꿈을 함께 꾸고 있습니다.

비무장 평화의 섬 제주를 만들어 나가는 것이 우리의 신앙과 무슨 상관이 있을까요? 어떤 이들은 쓸데없는 짓이라고 비난합니다. 어리석게도 불가능한 것을 가능한 일인 것처럼 착각하고 있다고 비웃기도 합니다. 어떤 이들은 그리스도인들이 할 일이 아닌 것을 주제넘게 하려 든다고 책망도 합니다. 한번 강정마을에 와 보라지요. 현장은 학교입니다. 와서 이 창피한 조국, 비참한 군인들, 억울한 주민들을 만나 보면 왜 우리가 정의와 평화의 하나님 나라를 위해 지금 여기에서 기도하고 실천해야 하는지 하나님이 깨닫게 해 주시니까요.

저는 신앙은 교회를 위한 것도, 그리스도인들을 위한 것도 아니라 하나님이 창조하신 이 세상을 섬기고 돌보기 위한 것이라고 믿습니다. 전쟁도 군대도 없는 세상을 만드는 일은 불가능해 보일 정도로 정말 어려운 일이겠지만 이런 평화로운 미래를 만드는 것이야말로 우리 그리스도인들이 평생을 바쳐 도전할 만한 아름답고도 벅찬 역사적 과제가 아닐까요?

2013 1월 29일
제주 강정마을에서
송강호 올림

제주법정 최후진술서 2

정부는 제주에 세워지는 해군기지에 관한한 진실을 감추고 있습니다. 이 해군기지는 핵잠수함들과 미 항공모함이 입항할 수 있도록 처음부터 주한 미 해군 사령관의 요청에 따라 지어지고 있습니다. … 핵무기의 가공할 위력은 하나로도 서귀포에서 중문까지 모든 사람과 건물을 파괴할 수 있는 것입니다. 그것보다도 수천 배의 위력을 갖고 있는 핵무기들을 탑재한 군함들과 잠수함들이 수시로 출입하는 무시무시한 항구를 관광미항이라고 포장하여 선전하는 정부에 대해 불신하고 저항하지 않는다면 국민의 의무를 다하지 못하는 것이라고 생각합니다.

재판장님은 1999년 영국의 그리녹에서 진행되었던 재판을 아시고 계실 것이라고 생각합니다. 그 해 여름 앤지 젤터와 엘렌 목슬리, 올라 로더 세 여인은 영국 해군의 핵 잠수함 트라이던트의 비밀 잠항을 연구하는 바지선이었던 메이타임호에 승선하여 기지 내부의 컴퓨터와 관련 장비들과 자료들을 호수에 던져 수장 시키고 "핵 살인을 위한 연구를 중단하라"는 현수막을 걸었던 사건으로 인해 선체와 장비를 손괴하였다는 이유로 기소되었습니다. 이 세 여인들은 "국제법상 불법 무기인 핵무기를 발사하는 트라이던트 잠수함을 불능화하는 일은 핵무기에 의한 무고한 민간인 살상을 막기 위한 것"이었다고 주장했고 검찰은 개인의 선한 의지가 국가 시설 파괴를 정당화 할 수 없다고 맞섰습니다. 이에 대해 김블릿 주 법관은 "영 연방이 트라이던트를 사용하는 것은 위협으로 해석될 수 있고 따라서 국제법과 국제 관습법을 위반하는 것으로 생각되기에 나는 세 여성이 정당화될 수 있다고 결론 내릴 수밖에 없다. 나는 피고인들이 범의를 갖고 범행하였다는 것으로 보이는 사정을 발견할 수 없다"는 설명과 함께 무죄 선고를 내렸던 것을 상기 시켜드리려고 합니다. 제주해군기지는 강대국 간의 분쟁에 우리나라를 끌고 들어가 국가의 안보를 더욱 위태롭게 할 뿐 아니라 "모든 회원국은 그들의 국제분쟁을 국제 평화와 안전 그리고 정의를 위태롭게 하지 아니하는 방식으로 평화적 수단에 의해 해결한다. 그리고 모든 회원국은 그 국제 관계에 있어서 다른 국가의 영토 보전이나 정치적 독립에 대하여 또는 국제 연합의 목적과 양립하지 아니하는 어떠한 기타의 방식으로도 무력의 위협이나 무력 행사를 삼간다"는 국제 사회의 최고 규약인 UN헌장 2조 3항과 4항에도 배치됩니다.

존경하는 재판장님,

만일 제가 유죄라면 법은 정의를 위한 분노가 죄이고 평화를 위한 열정이 악이라고 하는 것입니다. 타인에 대한 무관심과 방관이 선이고 관여와 동참은 악이라고 하는 것입니다. 법이 우리 사회의 상식과 인간으로서의 정의감 그리고 개인의 양심과 인류의 보편적 가치와 유리될 때 사회는 혼란스러워지고 분쟁은 끝없이 증폭될 것입니다.

재판장님, 아직도 더 많은 희생양들이 필요합니까? 더 이상 무고한 강정의 시민들을 범죄자로 만들지 말아주십시오. 이제는 이 제주 법정의 과오를 중단시키는 명예로운 판결을 내리시기를 바랍니다.

_ 송강호, "2013년 1월 21일 제주법정 최후진술서"에서

송강호 선생님께,

봄을 기다리는 마음만큼 겨울이 길게 느껴지는 요즘입니다. 매번 이번 추위가 마지막이길 기대하지만, 그 소박한 기대는 차가운 바람에 금세 얼어버리곤 합니다. 좀처럼 영상으로 올라갈 줄 모르는 수은주처럼 사람들의 희망도 꽁꽁 얼어버린 채 발이 묶인 것 같습니다. 저야 추운 겨울을 기껏 한 달 가스비를 걱정하며 살아가지만, 실낱 같은 희망을 버리지 못하며 농성장을 꾸리고 생존을 걱정하는 분들에겐 이 겨울이 또 얼마나 끔찍한 시간일는지요. 저는 요즈음 친구들과 주말에 하루씩 대한문 앞 농성장을 지키고 있습니다. 단단히 만들어 놓은 농성촌의 비닐하우스 안이 못견딜 만큼 추운 것은 아니지만, 대신 뿌연 비닐 너머로 사람들의 발걸음을 지켜볼 때면 농성장에 계시는 분들이 느낄 고립감을 이해하게 됩니다. 시청 앞을 걷는 사람들에게 비닐하우스는 좀처럼 눈이 가지 않는 배경인 것처럼, 이 매서운 시절 어느 누군가의 고통도 내 것이 아니길 바라는 그런 배경 같은 것이겠지요. 하지만 그것은 타인의 고통도, 눈길이 가지 않는 배경도 아닙니다. 그것은 온전히 함께 껴안아야 할 엄연한 우리의 현실이니까요.

윌리엄 버스비의 자살과 한 주한미군의 살인

지난 며칠 동안 제 머릿속은 우연히 신문에서 읽은 한 청년의 이야기로 가득 차 있었습니다. 그는 23살의 윌리엄 버스비라는 미국인이었습니다. 청년은 일찍부터 군인이 되겠다는 생각으로 17살에 미군에 입대했고, 아프가니스탄에도 세 차례나 파병되었습니다. 그랬던 청년이 전역 후 두 달만인 지난해 3월 숨졌습니다. 청년은 가족들이 보는 앞에서 차문을 걸어 잠근 채 머리에 총을 쏴 스스로 목숨을 끊었다고 합니다. 신문은 그가 18살이던 동료 병사의 죽음을 옆에서 목격한 후 극단적인 행동을 시작했다고 전하며, 최근 미군 내에서 전염병처럼 번지는 미군들의 자살 경향을 보여 준다고 했습니다. 최근 몇 년 동안 자살은 미군 내에서 가장 심각한 문제였습니다. 특히 지난해에는 전쟁으로 인한 사망자보다 자살로 인한 사망자가 훨씬 많았고, 자살자는 매년 증가하고 있습니다.

"전쟁은 폭력이라는 칼날을 모두에게 들이민다." 제 친구는 이 기사를 읽고 이렇게 말하더군요. 선생님, 과연 전쟁이란 무엇일까요. 전쟁이 들이미는 칼날은 어디를 향하는 것일지요. 저는 군대에도 가지 않았고, 선생님처럼 끔찍한 분쟁 지역의 한가운데에 들어가 본 적도 없습니다. 그러니 윌리엄 버스비가 전쟁이라는, 그리고 군대에서 겪었을 그 격한 경험을 온전히 이해하기는 힘듭니다. 하지만 전쟁이 과연 무엇이기에 저 어린 청년이 그토록 고통스럽게 자신의 삶을 증오하게 되었을지 알고 싶습니다. 버스비는 집에 돌아온 순간부터 계속 손을 비비고, 물로 씻어냈다고 합니다. 그가 씻어내고 싶었던 것이 화약 냄새였는지 아니면 그 기억이었는지는 알 수 없습니다. 그는 집에 올 때면 안절부절못하며 어머니를 공격하고, 밖으로는 거의 나가지 않았으며, 또 밤에는 상태가 더 악화되어 벽장 안에 침낭을 펴고 잤다고 합니다.

선생님도 아시다시피 저는 가끔 한국에 있는 미군들의 재판을 방청합니다. 한번은 최후 진술 중에 덩치가 산 만한 미군이 어깨를 들썩이며 우는 것을 본 적이 있습니다. 시민권을 목적으로 군에 입대한 모로코 사람으로 기억합니다. 그는 고개를 떨군 채 자신은 군대에 들어가기 전에는 술도 담배도 하지 않았다고 했습니다. 하지만 군대에서 친구를 사귀면서 술을 배웠고, 또 그런 동료들의 죽음을 경험하면서 더 술에 빠질 수밖에 없었다고 했습니다. 그는 술에 취해 여자친구를 십수 차례 칼로 찌른 살인미수죄로 법정에 섰던 것입니다. 저는 아직, 그가 저지른 끔찍한 죄를 용서할 마음은 들지 않습니다. 하지만 적어도 그가 태어난 곳에서 지구 반대편에 있는 나라가 또다시 지구를 반바퀴 돌아 전쟁을 일으키지 않았다면 이 불쌍한 청년이 이런 끔찍한 범죄를 저지를 일은 없었겠지요. 저는 전쟁이 없었다면 이 모로코 청년이 술을 배우는 대신 여자친구를 사랑하는 법을 배웠을 거라고 생각했습니다. 또 칼을 휘두르는 법 대신 사랑의 말을 건네는 법을 먼저 배웠겠지요. 그리고 누군가를 죽이는 대신 자신의 삶을 위해 열심히 땀 흘리며 살지 않았을까 생각했습니다.

군대를 닮아가는 사회에서 산다는 것

전쟁 기지를, 군사기지를 짓는다는 것은 무엇을 의미할까요. 그것은 단순히 군인이 사는 집을 짓는 것이 아닙니다. 배가 들어오는 항구를 만드는 것도 아닙니다. 그것은 우리의 삶을 전쟁을 위한 도구로 새롭게 조직해 내는 과정이기 때문입니다. 그것은 사람을 명령에 복종하는 군인, 전쟁을 위한 도구로 만들어 내는 과정입니다. 기지 주변의 마을이라고 다르지 않습니다. 그곳도 기지를 지탱하고 전쟁을 수행하기 위한 군사시설이 될 수밖에 없습니다. 군인들을 위로하기 위한 술집과 클럽, 그리고 성매매 업소들은 단순히 돈을 벌기 위해 장사를 하는 것이 아니라, 군대에 필요하기 때문에 그곳에 있는 것입니다. 과거 박정희 대통령은 한·미간 안보와 협력을 위해 미군기지 주변에 기지촌을 만들고, 그곳에 기지촌 정화위원회를 설치했습니다. 하지만 말이 기지촌 정화위원회이지 실상은 미군들에게 성병이 없는 깨끗한 여성들을 제공하기 위해 여성들의 성병 검사를 정기적으로 하는 시설에 불과했습니다. 일본이 전쟁을 위해 위안소를 만들고 아시아 여성들을 군인들에게 제공했듯이, 국가가 안보를 위해 여성의 몸을 어떻게 사용했는지를 보여 주는 우리 역사이기도 합니다. 여성들만이 아닙니다. 폭력과 살인이 일어나고, 다시 그 증거를 덮어 버리기 위해 불을 질러도 어느 누구 하나 쉬이 입을 열 수 없었습니다. 자칫 빨갱이로 몰릴 것이 더 겁났던 것입니다. 이런 이야기들이 이제는 과거의 기억이지만 안보가 인권보다 우선될 때 우리가 다시 마주할 미래가 될지 누구도 알 수 없습니다.

선생님, 시청역 대한문 앞 비닐하우스처럼 사람들에게 제주도 강정마을의 군사기지도 그저 쉽게 눈이 가지 않는 배경 같은 존재겠지요. 기왕에 나와는 상관없는 일인데 돈까지 조금 더 벌 수 있다면 좋은 게 좋은 거 아닐까 생각할는지 모릅니다. 하지만 그것이 나의 삶을, 우리의 삶을 어떻게 바꾸어 내는지 우리는 분명히 알아야 합니다. 뉴스를 통해 엽기적인 살인범의 행태를 욕하기 전에 전쟁터에서 일어나는 더 끔찍하고 잔인한 살인을 우리는 기억해야 하는 것입니다. 기지를 만들기 위해 사람과 자연을 쫓아내는 사회는 인간의 얼굴을 한 사회가 아니라 차가운 총과 칼을 겨눈 군인 사회입니다. 어느새 우리가 사는 이곳이 군대 사회를 닮아 버린 이유가 무엇이겠습니까. 윌리엄 버스비는 손을 비비며 화약 냄새와 전쟁의 기억을 씻어 내고 싶었을 테지만 그는 그렇게 할 수 없었습니다. 한번 상처받은 기억은 한번 파괴된 자연환경처럼 쉽게 회복될 수 없기 때문입니다.

저는 사람들이 꼭 한번 대한문 앞 농성촌 비닐하우스 문을 열고 배경이 아닌 우리의 삶을 마주할 수 있기를 바랍니다. 그곳에서 어쩌면 외로운 평화의 속살을 만날 수 있지 않을까요. 하지만 시간이 너무 부족합니다. 언제 공무원들이 법을 앞세워 정의를 짓밟을지 모르니까요.

선생님, 다음 편지에는 꼭 따뜻한 제주의 바람이 실린 강정마을 소식을 받아보고 싶습니다. 봄이 오면 저와 선생님의 편지에서 작은 희망의 싹이라도 나눌 수 있기를 바랍니다.

2013. 2. 7.
박정경수 드림

9. 역사는 악인뿐 아니라 방관자도 심판합니다

박정경수 형제님께,

 강정에 봄이 오고 있습니다. 마을 한복판을 가로지르는 이어도로 변에 늘어선 벚나무들에서 벚꽃이 흐드러지게 필 날이 눈앞에 성큼 다가왔습니다. 제가 이 곳 강정마을에 처음 왔을 때는 만개한 흰 분홍빛 벚꽃 잎들이 화사한 그늘을 만들었지요. 마치 나를 환영하기라도 하듯 말입니다. 봄과 함께 강정에도 평화가 돌아오기를 바라지만, 무심하게도 현실은 살상의 대재앙을 불러올 무서운 전쟁을 향해 천천히 나아가고 있는 듯합니다.

 사람들은 전쟁을 두려워하지만, 전쟁을 준비하는 일에는 어떠한 두려움이나 경계심도 기울이지 못합니다. 전쟁이 준비되고 있는 강정마을 주민들 중에 중장비를 운전하는 사람들은 일거리가 생겼다고 좋아합니다. 식당주인들은 군사기지 공사장 인부들 때문에 음식 장사가 잘된다고 좋아하고, 택시기사들도 군인들과 그 가족들이 들어오면 택시 손님이 늘어나리라 기대합니다. 그러다가 어느 날엔가는 하늘에서 불덩이가 떨어지고 온 세상이 불바다가 되는 것이지요. 그것이 이웃나라 일본의 군항 히로시마와 나가사키의 운명이었습니다. 전쟁과 무관한 어린 아이들과 여인들이 무참하게 잿덩이가 돼 버렸죠. 핵폭탄을 투하한 미국을 비난하는 일본은, 과연 죄가 없었나요? 전쟁을 일으켰을 뿐 아니라, 그 오랜 전쟁 기간 동안 주민들이 더 적극적으로 전쟁을 반대하지 않은 것도 죄가 아닐까요? 저는 무모한 해군기지 건설을 방관하고 있는 제주도도 히로시마와 나가사키가 걸었던 비참한 역사의 길을 똑같이 걸어가고 있다는 불길한 느낌을 지울 수 없습니다. 전쟁을 반대하지 않는 사람은 전쟁을 일으키는 사람과 똑같은 전범이고, 전쟁 속에서 그들 모두가 함께 파멸합니다. 그리고 역사는 전쟁을 일으키는 사람뿐 아니라 이를 방관한 사람도 모두 함께 매장해 버립니다.

그분은 '기독교인만의 하나님'일까

독일에서 공부할 때 베를린을 여행한 적이 있습니다. 그곳 도심

한복판에 위치한 빌헬름 카이저 기념교회라는 유서 깊은 교회는, 첨탑이 2차 대전 때 전화로 부서져 버렸습니다. 그런데 독일은 그 파괴된 흉한 몰골을 그대로 보존하고 있었습니다. 자신들이 일으킨 전쟁이 낳은 결과를 잊지 말자고 가르치는 듯했습니다. 나는 그 교회의 맞은편 잔디밭의 빈 벤치에 앉아 부서진 첨탑을 바라보다가 우연히 서너 걸음 떨어진 거리에 놓인 작은 동판을 발견했습니다. 다가가서 그 동판에 새겨진 글귀를 자세히 들여다보니, 히틀러의 나치 정권하에서 사회주의자라는 이유로 처형당한 한 양심적인 지식인의 유언이 적혀 있었습니다.

"역사는 반드시 불의를 행한 자들뿐 아니라 그 불의를 침묵하며 지켜보았던 자들까지도 파멸하는 심판을 내릴 것이다."
-루돌프 브라이트샤이트(Rudolf Breitscheid)*

그 사람은 나치당뿐 아니라 그에 저항하지 못한 채 끌려다녔던 독일인들 모두에 대한 역사의 심판을 예언한 것이었어요. 안타까운 것은 이 신성한 예언이 독일인들 귀에는 들리지 않았던 것이지요. 오만한 히틀러를 광적으로 추앙했던 군중의 환호

---

* 1874년 쾰른 출생. 1944년 부켄발트 집단수용소에서 사망. 1920~1933년 사회민주당 국회의원.

와 시끄러운 함성 소리 때문에 진실이 담긴 이 예언의 소리는 가까이 다가가 귀를 기울여야만 들을 수 있었던 거예요. 저는 역사 속에서 반복되는 아이러니를 느낍니다. 독재자 히틀러가 독일을 통치하던 시대에도 거의 모든 판검사들은 그리스도인이었습니다. 독일의 관공서가 다 그러했듯이 이 법정의 정면 중앙에는 십자가가 걸려 있었습니다. 그들의 오만한 비웃음 앞에서 재판을 받고 있는 힘없는 한 사회주의자의 두려움에 질린 표정이 떠오릅니다. 과연 누가 누구를 심판한 것이었는지 혼란스럽습니다. 이런 도치된 현실 속에서 우리는 숨겨진 진실을 발견하게 됩니다. 하나님은 어떤 분이시며, 누가 과연 그분의 뜻을 이루어 가는지를 직관하게 하는 작은 불빛이 비치기 때문입니다.

역사를 보면 국가주의의 광기 속에서 대부분의 그리스도인들은 악을 행했거나 악행을 방관했습니다. 오히려 그리스도인들이 경멸하는 사회주의자들과 불신자들을 통해 하나님의 진리의 말씀이 전파되는 아이러니를 종종 봅니다. 간디가 활동하던 당시의 인도도 비슷한 상황이었다고 생각합니다. 기독교 국가를 자처하는 대영제국은 총과 칼로 군사력이 약했던 인도를 강점하고 자원을 수탈했습니다. 지금도 인도와 파키스탄의 빈민가 한복판에는 대영제국이 세운 웅장하고 화려한 교회당들이 자리 잡고 있습니다. 한때 이곳에서 준수하게 차려 입은 영국의 군인과 관리와 상인이 자신에게 "권력과 부와 번영"을 허락하신 하나님을 찬양하고 경배했을 것을 생각하면 같은 그리스도인으로서 수치와 분노를 느낍니다. 이 이기적이고 폭력적인 국가주의를 맹목적으로 신봉했던 영국의 그리스도인들과, 비폭력적이고 평화적인 방법으로 제국주의에 저항했던 간디를 비롯한 인도의 독립 운동가들을 함께 비교할 때 누가 과연 하나님의 일꾼들이었을까요?

나도 예전에는 기독교에 의한, 기독교인을 위한, 기독교인의 하나님을 믿었던 적이 있습니다. 그러나 지금은 하나님이 기독교인만을 위한 분이 아니라 인류를 위한 분이심을 믿습니다. 그리고 그리스도인들만이 하나님의 일을 하는 게 아니라는 것도 알게 되었습니다. 하나님은 누구든지, 그가 설령 비그리스도인이라 할지라도 자신을 부인하고 자기 희생을 감수하는 사람들을 통해서 일하고 계시며, 그리스도인이라 할지라도 자기 손해와 고난을 요리조리 빠져나가려는 사람들을 통해서는 아무 일도 하시지 않는다는 사실을 부인할 수 없게 되었지요. 어떤 이들은 성급하게 "그러면 예수를 안 믿어도 구원을 받을 수 있단 말입니까?"라고 분을 삭이며 시비를 겁니다.

나는 그렇게 구원의 확신에 목을 맨 분들을 만날 때마다 그런 분들이 오만하고 외람되다고 느낍니다. 하나님께 속한 것을 마치 자신이 좌지우지 할 수 있는 양 주제넘게 설친다고 생각합니다. 그들에게 자기 믿음을 확신하지 말라고 이야기해 주고 싶습니다. 오히려 "우리의 운명은 이 세상에서나 저 세상에서 모두 다 하나님의 손에 달려 있는 것이니, 나는 단지 그분의 처분을 묵묵히 기다리리라" 하는 겸허한 태도가 더 그리스도인다운 것이 아닐는지요?

돈을 벌려면 시장으로, 말씀을 배우려면 고난의 장소로

어제는 제주 해군기지 건설을 저지하기 위해 항거하다가 1년 6월의 실형을 선고받고 법정 구속돼 투옥중인 양윤모 형님을 접견했습니다. 양심적 병역거부자로 이미 일년 반 동안 수감 생활을 경험한 경수 형제는 양윤모 형님이 겪을 애환을 더 잘 알 겁니다. 접견실에 들어선 형님은 수척하고 창백한 얼굴로 우리를 향해 환히 웃으셨습니다. 34일간 단식으로 바짝 마른 얼굴에는 길게 자란 흰 머리카락 사이로 눈망울이 더 크고 둥글어 보였습니다. 사랑하는 고향 제주도가 아름다운 자연의 모습 그대로이길 바라는 것이 죄가 되는 우리나라 현실이 안타깝습니다. 그가 처벌받은 이유는 안보라는 허울을 내세워 국가가 주민의 땅과 바다를 강제로 빼앗는 것에 저항했기 때문입니다. 우리나라가 이웃나라와 전쟁 없이, 외교와 친선과 우정과 신뢰를 통해 평화를 지키기를 고집했기 때문입니다. 그는 정의와 평화를 사랑하는 사람으로, 그 사랑을 실천했기 때문에 고난을 받고 있는 양심수입니다.

"우리나라가 망하든 흥하든 나는 아무 상관없다. 나 하나 돈 잘 벌어서 안락하게 살면 그만이지 남이야 죽든 살든 무슨 상관이냐?"고 말하는 이기적인 사람들은 자유롭게 거리를 활보하며 살아갑니다. 강정마을에서 거주하는 나는 '의를 위하여 핍박을 받는 사람은 복이 있다'는 말씀이 바로 지금, 현실에서 살아내야 할 매우 현재적인 말씀임을 깨닫습니다. 다른 이들에게도 어느 한 곳에 붙박임이 없이 의를 위해서 핍박받을 수 있는 곳으로 삶의 터전을 옮기라고 권합니다. 힘들고 위험한 삶의 현장을 굳이 찾아가라는 것이지요. 그 곳에서 우리는 더 생생한 하나님의 말씀을 들을 수 있습니다. 돈을 벌려면 시장으로 찾아 가야 하고, 하나님의 말씀을 배우려면 지옥 같은 곳으로 찾아 가야 합니다. 어둠 속에서는 작은 빛도 큰 밝음을 선사하고, 사막에서는 한 방울의 물도 큰 해갈이 되듯이 불의하고 부당한 현실에서 하나님의 정의와 평화는 더 선명해지기 때문입니다.

강정이 우리에게 주는 선물이 있습니다. 가까운 주변에서 올곧은 길을 오롯이 걸어가며 우리에게 감동을 주는 사람들에 둘러싸여 살아간다는 것이지요. 어떤 이가 무슨 말로 유혹하고 위협하든 흔들림 없이 진실을 찾아가는 사람들이, 강정마을을 생명 평화의 마을로 만들어 갑니다. 그 중에는 마을 주민들도 있습니다. 해군기지가 들어와 땅과 바다를 빼앗기는 아픔과 설움을 겪었지만, 그런 시련을 통해 오히려 그 영혼이 단련되고 정화됩니다. 평범하고 순박하기만 했던 농부와 어부들이 우리들에게 감동을 주는 평화운동가가 되어갑니다. 아이러니하게도, 사악하고 광기 어린 전쟁 기지 건설사업이 우리에게 준 선물인 셈이지요.

강정마을에는 평화를 위한 실험이 진행되고 있는 듯합니다. 최근 작가행동은 강정마을을 책마을로 만드는 작업에 들어갔습니다. 아마도 영국의 헤이-온-와이(Hay-On-Wye)라는 작고 예쁜 책마을을 모델로 삼은 것 같습니다. 강정마을을 온통 책이 넘치는 마을로 만들어, 군사기지 건설로 인해 빚어진 갈등과 분쟁을 책이 갖고 있는 '공존과 소통'의 에너지로 극복하자는 새로운 운동이 벌어지고 있습니다. 저도 나이 들면 강정마을 한 돌담 길 모퉁이에 작은 헌책방이나 운영하며 살고 싶네요. 어쨌든 강정마을에는 어떤 정열과 희망이 이렇게 살아 숨쉬고 있습니다. 의로운 평화를 향한 투쟁을 끝까지 포기하지 않기 때문에 생겨나는 생명의 싹들이 아닌가 생각합니다.

경수 형제님, 형제님도 더 늦기 전에 평화의 유배자들 피난처, 책과 백합꽃들이 만발한 정원, 한라봉과 천혜향의 향기가 진동하는 과원, 옥돔과 오분작이 미각을 자극하는 우리 생명평화의 마을 강정으로 이주를 하시지요. 제주 한경면 저지리에는 예술가들의 마을이 있습니다. 머지않은 장래에 우리 강정마을에 평화를 사랑하는 사람들의 거리가 만들어지지 않을까요? 언젠가 혜화동에 위치한 호모북커스를 찾아 갔을 때, 이 세상에 가장 천국에 가까운 곳이 있다면 아마도 이렇게 아담하고 쾌적한 도서관 같은 곳이 아닐까 하고 생각했습니다. 어쩌면 강정은 전쟁과 평화가 공존하고 있는 지구촌의 축소판이 아닐까 합니다. 혐오스러운 살상 무기들을 반·출입하는 군항과, 우리의 정신과 영혼을 정화하는 명상의 터 구럼비를 다시 찾아내려고 매일처럼 굴삭기와 기중기에 몸을 던지는 평화의 일꾼들, 인류의 지혜와 지식이 숨쉬는 책이 공존하며 대결하는 활력이 넘치는 축소판 말입니다.

그러나 여전히 국가와 군부 그리고 대재벌 삼성과 매일 싸우고 있는 마을 사람들은 고단하고 힘듭니다. 나는 민요 '아리랑'을 그리 좋아하지 않았습니다만, 강정마을에서 이 노래를 듣거나 부르게 되면 눈물이 울컥 솟아납니다. 이렇게 애처로운 강정마을 두고 떠나 "가시는 님은 십 리도 못 가서 발병이 날" 겁니다. 그래서 저도 10년 동안의 개척자들 사역을 일단 멈추고 먼 여행을 떠나려고 했지만, 강정에서 발걸음을 떼지 못한 것이지요. 그러나 이번에는 잠깐 강정을 떠나 여행을 하렵니다. 강정마을의 해상 훈련 팀이 인도네시아 술라베시 섬에서 해상 평화활동 훈련을 하게 되었기 때문입니다. 앞으로 우리 제주뿐 아니라 오키나와 타이완에서도 비무장 평화의 섬을 만들자는 해상 캠페인을 벌이기 위해 항해 연습을 하는 것입니다. 다음번에 이 무모하고 황당한 '평화의 섬들 간의 연대'에 대한 꿈을 나누도록 하겠습니다.

최근 또다시 미군들이 벌인 난동과 오만무례한 행동으로 사회가 시끄러워져서 형제님의 일도 바빠지겠습니다. 우리나라가 하루 속히 외국 군대에 의존하지 않는, 평화로운 독립국이 되기를 바랍니다. 그러기 위해 올해는 미국·북한·중국이 맺은 정전협정이 폐기됨으로써 60년간 이어 온 전쟁에 끝을 선언하고 우리나라가 주체가 되어 북한과 평화협정을 맺는 해가 되기를 바랍니다. 그래야만 평화통일을 위한 새로운 출발선을 그을 수 있을 테니까요.

서태평양 푸른 바다에서 다시 소식 전하겠습니다.

2013년 3월 5일
제주 강정마을에서
송강호 올림

송강호 선생님께,

　선생님, 편지를 쓰고 있으면서도 좀처럼 불안한 마음이 줄어들지 않는 요즘입니다. 전쟁 연습 때문입니다. 남과 북의 지도자라는 사람들이 하는 말을 듣고 있노라면 당장이라도 서로를 혼내 주지 못해 안달이 난 사람들 같기만 합니다. 요즘 같은 세상에 누가 그런 바보 같은 선택을 하겠느냐는 이도 있지만, 저는 전쟁이란 필연적 과정이 만들어낸 우연의 결과물이라는 생각을 떨쳐버릴 수가 없습니다. 무력 충돌이 발생할 때에는 분명히 우연이 개입하겠지만, 그런 환경은 다분히 의도적인 갈등의 결과로 조성된다고 생각하기 때문입니다. 지금 같이 서로에게 미움과 분노의 언어를 퍼부어 대는 상황이 저는 충분히 바보 같다고 생각합니다.

평화를 잠재우는 호전적 태도

얼마 전 텔레비전에서 오랜만에 군복을 입은 사람이 발표하는 모습을 보았습니다. 그런 장면을 텔레비전에서 보지 않는 날이 왔으면 좋겠다고 생각했습니다. 긴급 성명이라는 이름으로 마이크 앞에 선 사람의 입술은 단호해 보였습니다. 그는 '응징'이라는 말을 여러 번 반복했습니다. 아니, 어쩌면 보복이라는 표현이 더 어울릴지도 모르겠습니다. 그런데 북쪽의 사람들도 비슷한 말을 했었지요. 남쪽에서 지금처럼 전쟁 연습을 계속한다면 응징과 보복을 하겠다는 말이었습니다. 서로의 행동을 보복하겠다고 벼르는 양쪽을 보면서, 어디에서부터 잘못된 것인지 갸우뚱거릴 수밖에 없었습니다. 어디에서부터 잘못된 것이었냐는 제 물음이 잘못된 것일지 모르겠네요.

선생님, 마치 어린아이들의 싸움을 보는 것 같다고 말한다면 지나친 것일까요. 더 무서운 표정을 지으며 자기 목소리만 키우면 이길 거라고 믿는 지금의 태도는 아이들의 그것과 다를 바 없으니까요(아이들을 비하하고자 하는 말은 결코 아닙니다). 다만, 내 목소리가 커질 수록 상대방의 목소리를 들 수 없게 된다는 사실을 우리는 기억해야 합니다. 상대방의 목소리를 듣지 못하는 대화는 돌이킬 수 없는 결과를 낳을 수밖에 없겠지요.

서로에게 총부리를 겨눈 채 거친 언어로 협박하는 모습이 이제는 더 이상 상대방만을 향하는 것으로 보이지 않습니다. 싸움을 말리고 싶어하는 이들조차 적으로 간주하는 호전적인 태도는 평화를 침묵하게 만들기에 충분합니다. 지금 언론에서도 서로를 비난할 뿐 갈등을 줄이자는 이야기를 발견하기 어렵습니다.

선생님, 3월 20일은 이라크에 엄청난 양의 미사일과 폭탄이 떨어진 지 10년째 되는 날입니다. 저는 아직도 그 날을 잊을 수가 없습니다. 차마 전쟁이라고 부를 수 없는 그 날을 저는 '침략'

이라고 부르겠습니다. 일방적인 침략과 대량 학살이 텔레비전을 통해 눈앞에 펼쳐졌는데도 침착하기만 했던 사람들의 표정이 떠오릅니다. 그들은 미사일이 떨어진 곳에 살았던 사람들의 얼굴과 그들의 평온했던 일상을 생각해 본 적이 없었겠지요. 미사일이 떨어진 곳에서 수십 수백 명의 삶이 산산조각으로 부서져 버렸다는 것을 이야기해 본 적이 없는 사람들이겠지요. 그들은 이라크에 대량살상무기가 숨겨져 있다고 주장하며 이라크를 침략했던 미국의 끔찍한 살상을 인정해 주었습니다.

하지만 10년이 지난 오늘까지 이라크 침략의 원인이었던 대량살상무기는 발견되지 않았습니다. 지금까지 최소한 수십만 명 이상이 사망했다는 이라크에서 왜 침략과 학살이 벌어져야 했을까요? 왜 지난 십 년 동안 해마다 수천 수만의 사람들이 자신의 집과 삶, 그리고 생명을 잃어야 했던 것일까요. 저는 그곳에 미사일이 떨어져야 했던 이유를 알지 못합니다. 그리고 그들에게 사과하는 사람들을 본 적도 없습니다. 전쟁에서 승리한 이들은 지금도 자신들을 테러의 희생자라고 말하고 있습니다. 하지만 전쟁으로든 테러로든 자신의 삶을 잃어버린 사람들은 모두 피해자입니다.

그리고 우리도 그곳 이라크에 군대를 보냈다는 사실을 기억해야 합니다. 그날 저뿐 아니라 많은 청년이 불의한 전쟁에 파병하는 군대의 군인이 될 수 없다고 선택했습니다. 순진한 평화주의자뿐 아니라 혹 불의한 전쟁에는 맞서겠다는 정당한 전쟁론자들이라도 그날을 잊을 수 없습니다. 그리고 우리는 한국 군대가 베트남전쟁에서의 기억을 반성하지 못했다는 사실과, 누군가를 침략하기 위한 군대였다는 사실을 다시 확인했습니다. 저는 아직 군대를 파병했던 우리 정부가 이라크전쟁에 대해 사과하는 것을 들어본 적이 없습니다.

평화 위한 전쟁 준비?

"평화를 원하거든 전쟁을 준비하라." 얼마 전 인터넷에 올라온 이 글귀를 보고 경악할 수밖에 없었습니다. 평화를 위해 강한 군대가 필요하다는 사람을 만나본 적은 있지만, 지금 전쟁을 준비해야 한다는 말이 달콤한 유혹이 될 거라고 생각해 본 적은 없기 때문입니다. 이 말은 마치 평화를 원한다면 위험한 요소는 모두 제거해 버려야 한다는 말로 들렸습니다. 전쟁으로 모든 적을 없애 버리고 나면 과연 평화가 찾아올까요? 과연 총을 들었던 사람들이 총을 내려놓을 때가 오기는 할까요? 저는 그렇게 생각하지 않습니다. 저는 미국이 이라크에 미사일을 쏟아부은 이유 중에는 석유자원에 대한 이권과 함께 미국의 무기업체들, 전쟁 업자들의 이해관계가 맞물려 있었다는 사실을 알기 때문입니다.

총을 만드는 사람이나 쏘는 사람이 존재하기 위해서는 언제나 적이 필요하기 때문입니다.

사실 전쟁업자들은 무기만 만들지 않습니다. 전쟁만 하는 것도 아닙니다. 불안과 공포도 함께 만들어 냅니다. 그들은 눈앞의 적을 더 무시무시하게 만들어 버리고, 다른 사람들 말에는 귀를 닫게 만듭니다. 미국에서 총기 사고의 고통을 겪은 학교의 선생님들이 더 많은 총을 사고, 더 많은 사격 연습을 하고 있다는 이야기를 들어 보신 적이 있겠지요. 총기 사고가 난 지역에서 총을 치우지 않는데 과연 그런 사고를 예방할 수 있을까요. 미국의 총기 사고를 보고 우리는 총을 소지할 수 없어서 다행이라고 하는 사람들마저 더 크고 강한 군대가 필요하다고 이야기하는 이유는 무엇일까요. 동아시아 국가들이 전 세계에서 가장 많은 무기를 구매하고 있습니다. 전쟁업자들이 팔고 있는 불안에 중독된 사람들이 너도나도 무기를 사들이고 있기 때문입니다. 선생님이 보내 주신 편지에서처럼 착실한 준비 없이는 결코 큰 전쟁이 일어날 수 없을 테지요.

이쯤에서 저는 평화를 연습할 수는 없는 것일까 자문해 봅니다. 매년 수차례 우리는 거대한 전쟁 연습을 합니다. 때로는 미국뿐 아니라 일본이나 멀리 다른 나라의 군인들까지 불러들여 연습하기도 하지요. 방아쇠 없는 총이 없고, 발사 버튼 없는 미사일이 없듯이, 전쟁이 언제든 고를 수 있는 선택지가 되었을 때 어느 멍청한 지도자가 잘못된 정답을 선택하게 될지 우리는 알 수 없습니다.

이제는 평화를 연습해야 합니다. 우리가 전쟁업자들이 팔고 있는 불안에 중독되지 않을 수 있는 연습을 해야 합니다. 나의 불안한 마음뿐 아니라 다른 사람의 불안까지도 함께 이겨낼 수 있는 그런 연습을 해야 합니다. 이스라엘에서 보았던 공포를 잃어버린 딱딱해진 마음이 아니라, 불안을 희망으로 만들어 낼 수 있는 그런 말랑말랑한 마음을 가진 평화를 연습해야 합니다.

선생님, 이렇게 쓰고 있는 제 편지에는 저의 불안이 참 많이 묻어나 있습니다. 여러번 고쳐 쓰며 그 불안을 굳이 숨기고 싶지는 않다고 생각했습니다. 저의 걱정도, 어쩌면 단호한 표현도 불안을 고백하는 것일지 모릅니다. 하지만 그런 겁쟁이들의 진심이 모인다면 평화에 좀더 가까워질 수 있지 않을까요. 저는 강하고 힘센 사람들의 거짓된 용기가 아니라, 스스로 불안을 고백할 수 있는 사람들이 이 편지를 읽었으면 합니다. 진심으로 불안을 고백할 수 있는 사람들만이 정직하게 불안을 마주할 수 있기 때문입니다.

선생님, 저는 아직 지켜야 할 자리가 있지만, 가끔 다음 선택지는 강정마을 같은 곳이었으면 좋겠다고 생각할 때가 많습니다. 서울의 미군기지가 남쪽 평택으로 이전하게 된다면 그런 곳으로 가도 괜찮겠다고 여러번 생각하기도 했습니다. 그리고 어쩌면 또다른 갈등의 현장이 될지도 모르겠습니다만. 그럼에도 늘 깨어 있으라는 예수님의 말씀대로 준비하는 마음으로 살아간다면 제가 찾아가야 할 자리는 늘 준비되어 있지 않을까 생각합니다. 전쟁 연습이 한창인 지금 평화를 준비하기 위해 가장 고생하고 있을 선생님과 강정마을의 주민들과 지킴이들을 위해 기도합니다. 다음 편지에는 조금 더 차분한 마음으로 작은 희망이라도 전할 수 있으면 좋겠습니다.

2013년 3월 13일
박정경수 드림

10. 다시, 평화의 돛을 올립니다

박정경수 형제님께,

　멀리 인도네시아의 한 고도(孤島) 랑카위(Langkawi)에서 출항을 기다리며 편지를 씁니다. 술라베시(Sulawesi)라는 섬에서도 50~60km 떨어진 이 작고 아름다운 섬에서 어제는 예전에 맡겨 두었던 작은 돛배를 다시 조립했습니다. 이 배는 (사)개척자들(The Frontiers)이 해상에서 평화 캠페인을 하기 위해 훈련용으로 구입한 인도네시아의 전통적인 배입니다. 이제 내일이면 항해를 시작합니다.

　출국하기 직전까지도 제주 해군기지 반대 활동으로 인해 출국 금지를 당하지는 않을까 염려했지만 다행히도 무사히 출국했습니다. 재판 세 건이 모두 끝나고 이제는 모두 항소심으로 넘어 갔기 때문에 출국 제한을 받지 않은 것 같습니다.

평화를 위해 전쟁을 막으려 하고, 군사주의에 대항하는 것이 자유를 구속하는 이유가 된다는 사실이 안타깝습니다. 그렇기에 강정의 제주 해군기지 건설을 막으려는 사람들에게는 대한민국의 출입국관리사무소가 혐오스런 정부 기관 중 하나입니다. 어떤 청년은 해군기지 반대운동에 참여했다는 이유만으로 신혼여행을 해외로 떠날 수 없게 발이 묶이기도 했으며, 강정마을에 살던 한 프랑스 청년은 경찰에 붙잡힌 지 몇 시간 만에 옷가지도 챙기지 못하고 사랑하는 사람을 남겨둔 채 강제 추방을 당하기도 했습니다.

또한 작년에 제주에서 개최한 세계자연보전총회(WCC)에 참여하려고 했던 국제적인 환경운동가들 몇몇이 인천 공항에 도착하자마자 곧바로 강제 출국 당한 사례도 있습니다. 강정에 방문해 해군기지 건설이 환경에 피해를 입히고 있다는 의사를 표명했던 이유 때문이었지요. 강제 출국을 당한 분들 중에는 WCC의 일본 대표도 포함됐습니다. 우리나라는 부끄러운 짓을 하면서도 부끄러운 줄 모르는 인권 후진국으로 뒷걸음질치고 있습니다. 국민들 역시, 군사주의 망령이 우리나라 국격(國格)을 훼손하는 상황에서 아무런 수치심이나 분노도 못 느끼는 심성의 마비를 겪고 있습니다.

사실 랑카위 섬을 재작년에 찾아왔어야 했습니다. 벌써 3년 전에 이 마을에 배를 맡겨 두고 이듬해 찾으러 오겠다고 했었지만, 연이은 재판과 수감 생활을 보낸 이제야 그 배를 찾으러 섬으로 돌아올 수 있었습니다. 랑카위의 부하생 가족은 오랜만에 찾아온 저희를 반갑게 맞이하며 그동안 애써 지켜온 우리 배를 꺼내 주었습니다. 배는, 오랜 시간이 지났음에도 손상 없이 원형 그대로 보존돼 있었습니다.

한중일을 잇는 '평화의 항해'를 꿈꾸며

경수 형제님, 지금 바다 위 배 갑판에 앉아서 떠오르는 적도의 태양을 바라보며 소식을 전합니다. 자유가 새삼 아름답고 소중함을 느낍니다. 끝없이 펼쳐진 바다를 보고, 파도 소리를 들으며 내가 지금 누리는 이 자유를 가슴 벅차게 찬미하고 싶습니다.

제가 해상 훈련을 생각한 건 아체(Aceh)에 쓰나미가 찾아온 2005년부터입니다. 쓰나미 피해자들을 돕기 위해 반다아체에 머무르던 그때 인도네시아와 말레이시아 사이에 있는 한 섬을 놓고 두 나라가 영토 분쟁을 하고 있었습니다. 보르네오(Borneo) 섬 북쪽에 위치한 이 섬은 원래 말레이시아 영토인데, 그 섬에서 원유가 생산되기 때문에 많은 인도네시아 노동자들이

싼 임금으로 노동력을 제공하고 있었습니다. 그러던 중 인도네시아가 이 섬이 원래 자국 영토라고 주장하며 군함까지 동원하여 해상 무력시위를 했습니다. 이에 맞서기 위해서 말레이시아도 해군을 동원하자 두 함대가 서로를 마주보며 대치하는 상황이 되었습니다. 이런 긴장 속에서 인도네시아 여러 곳에서 그동안 말레이시아에 쌓인 악감정이 폭발하는 민족주의 시위들이 일어났습니다. 시위대들은 자기들과 동일 인종인 말레이시아가 단지 좀 더 경제적 여유가 생겼다는 이유로 자신들을 업신여기니 이번 기회에 군사력을 동원하여 코를 납작하게 만들어야 한다고 성토했습니다.

그러나 이 와중에 나를 놀라게 한 것은 같은 시위대 곁을 지나가는 또 다른 시위대였습니다. 이들은 같은 이슬람 형제자매인 말레이시아와 무력으로 싸울 수는 없다는 평화 시위를 하고 있었습니다. 그 장면을 바라보며, 민족주의적인 감정과 애국심으로 포장한 집단 이기주의의 광기 속에서 평화를 외치는 이들을 불러내 돛배에 실어, 대치 중인 군함들 사이를 가로 질러 항해하며 "우리는 전쟁이 아니라 대화로 이 갈등과 분쟁을 해결하기를 원한다!"는 메시지를 전하게 하고 싶었습니다.

이 경험은 제가 2007년부터 젊은이들과 함께 해상 훈련을 하게 된 계기이기도 합니다. 그때는 이런 해상 훈련이 이후 제주 해군기지 건설 현장에서 반대운동을 하는 데 유용하게 쓰일 줄 미처 몰랐습니다. 제주 군사기지는 바다를 끼고 건설하는 해군기지였기에 반대 활동을 하려면 바다 환경이나 해상 공사에 감시 활동을 할 활동가들이 필요했습니다. 그래서 나는 이 해상 훈련을 경험 삼아 카약들을 구입하여 해상에서 제주 해군기지 건설을 저지하는 활동가들을 길러내게 된 것이지요.

앞으로 저는 수십 명이 함께 탈 수 있는 요트를 구입하려고 합니다. 물론 호화 유람선을 원하는 것은 아닙니다. 우리 개척자들이 인도네시아에서 훈련용으로 사용하는 것처럼 그냥 통나무로 만든 원시적인 요트도 있으니까요. 비록 인도네시아 원주민이 쓰던 것이지만, 요트를 35만 원에 구입했다면 아마 아무도 믿지 못할 것 같습니다. 저는 좀 더 큰 요트에 우리나라와 일본과 중국의 청년들을 태우고 분쟁과 대량 학살의 아픈 상처를 공유하는 오키나와와 타이완과 제주를 순항하며, 이 비극적인 섬들이 비무장 평화의 섬이 되게 하자는 캠페인을 벌이려 합니다.

굳이 돛배를 원하는 것은 값비싼 기름을 연료로 쓰지 않는 경제적 이유도 있지만 그보다는 어떤 절대자의 손에 우리의 길과 운명을 맡긴다는 뜻이 더 큽니다. "한배를 탔다"는 말도 있듯, 이웃한 세 나라의 젊은이들이 한 배를 타고 평화를 향한 공동의 운명을 만들어 나가는 일을 함께 하고, 함께 배우는 바다 위 평화학교를 세우는 것이지요. 앞으로 이런 배를 만들기 위한 평화 콘서트를 한중일 삼국에서 개최해 나가려 합니다. 우리가 동북아시아에 평화를 이룰 것이라는 자만스런 이야기를 하지는 않을 것입니다. 그러나 아주 작은 디딤돌 하나를 놓을 수는 있을 겁니다. 우리 모두가 그런 큰 희망을 향한 작은 발걸음을 한 보씩이라도 내딛어야겠지요.

저는 끝없이 펼쳐진 푸른 바다를 바라보며 아름다운 평화의 항해를 꿈꿉니다. 싱그러운 대양의 바람이 돛을 팽팽하게 당기듯, 우리 젊은이들 가슴도 평화를 향한 희망으로 부풀어 오르기를 바랍니다.

이제 다시 돛을 올립니다. 이 넓고 푸른 대양을 향해. 이미 우리 마음속에는 평화의 바다가 넘실거립니다. 우리는 인류의 오랜 희망과 꿈을 향해 다시 평화의 항해를 시작합니다.

평화를 빕니다.

2013년 3월 22일
인도네시아 랑카위에서
송강호 올림

송강호 선생님께,

제 편지를 받으실 때는, 드넓은 바다 한 편 어디 즈음이실까요. 선생님이 인도네시아로 떠나셨다는 소식은 들었지만, 뜨거운 태양과 넓은 바다를 마주한 채 쓰신 편지를 이렇게 받게 될 거라고는 생각하지 못했습니다.

(사)개척자들과 인연을 맺으며 들어 온 선생님의 바다에 대한 평화의 비전과 소망은 저도 잘 알고 있습니다. 처음 만난 날에도 선생님은 바다 이야기를 하셨지요. 기도회를 끝내고 양평으로 향하던 좁은 차 안에서도 선생님은 바다가 평화를 꿈꾸는 사람들의 학교가 될 거라며, 그런 학교를 만들어서 평화를 위해 헌신할 사람들과 분쟁 지역을 찾아다니는 소망을 힘주어 이야기하셨습니다. 벌써 7년이나 지난 이야기지만 여전히 기억합니다. 그때 선생님의 목소리에 담긴 열정을 저는 잊을 수가 없습니다. 그때나 지금이나 여전히 선생님의 평화에 대한 비전은 그 대양을 향해 노를 저어가고 있구나 싶습니다.

그에 비하면 저는 여전히 도시의 차가운 콘크리트 건물들 사이를 비집고 들어와 이렇게 편지를 씁니다. 이 네모난 건물들 안에서 편지를 쓰려니 제 머릿속에도 온통 모난 생각들만 떠오르는 것 같습니다. 선생님 편지를 따라 잠시 따뜻한 남쪽 나라의 낭만에 빠지고 싶지만, 그러지 못하는 이유이기도 하다는 핑계를 대고 싶어지네요.

언젠가 사람들이 저처럼 병역거부를 한 평화활동가들을 낭만 평화활동가라고 부르는 걸 들은 적이 있습니다. 그때는 그 말이 대책 없는 사람들이라고 놀리는 것 같아 마음에 들지 않았는데, 요즘은 그 말이 마음에 들 때가 참 많습니다. 대안을 찾는 것은 가난한 사람들의 몫이 아니라, 매년 예산 수십조 원을 전쟁 비용으로 쏟아붓는 사람들이 당연히 해야 할 일인데 말입니다. 왜 그때는 "나에게 수십조 원의 돈을 준다면 훨씬 나은 대안을 찾아주겠다"고 말하지 못했는지, 안타까운 마음도 듭니다.

오히려 우리는 전쟁을 견고히 준비하는 세상에 작은 균열을 내야 한다고 생각합니다. 사람들 마음을 따뜻하게 만들어 주고, 타인의 아픔을 공감하게 하고, 옆에 있는 사람 마음을 조금 움직이는 것 말이지요. 제 일 역시 이따금 숫자와 도표로 만들어진 성명서를 쓰는 것이지만, 평화활동가들의 무기는 차가운 이론과 숫자가 아니라 언제나 따뜻한 낭만과 희망이어야 한다고 생각합니다. 하나님 나라를 경험한 사람들만이 줄 수 있는 선물 말이지요.

전쟁의 그림자가 드리운 한국 땅

남과 북의 전쟁 위협으로 두려움과 걱정이 높았던 한 달이었습니다. 정확히는 북한과 미국의 전쟁 위협이라고 해야겠지요. 어떤 날은 아무 걱정도 없는 것처럼 일상을 보내다가도, 그런 제 자신의 전쟁 불감증에 몸서리치게 두렵곤 했습니다. 텔레비전에서 군복 입은 사람들의 단호한 태도를 접할 때 혹시 전쟁이 나지 않을까 걱정했을 겁쟁이가 과연 저뿐이었을까요. 이제는 전쟁은 없을 것이라며 꿈쩍 않던 사람들도 라면 사재기를 한다니, 예사롭지 않은 때인 것은 분명한 듯합니다.

선생님도 보셨겠지만 한반도는 요즈음 최신 전쟁 무기 전시장입니다. 미국이 과거와 달리 B-52 폭격기, B-2 스텔스 전략폭격기, F-22 최신 스텔스 전투기까지 한반도로 투입하고 있습니다. 미국이 자랑하는 최첨단 무기들을 최근 뉴스에서 모두 구경할 수 있었지요. 하지만 한반도에 사는 시민으로서 저는 이런 광경을 마치 모터쇼를 구경하듯 편히 지켜볼 수가 없습니다. 미국 연방정부가 지출 예산을 자동 삭감하는 시퀘스터를 발동시켜 앞으로 10년 동안 최소 3,500억 달러의 국방 예산을 감축해야 하는 상황에서 이런 거대한 전쟁 연습을 벌이는 이유는 무엇일까요. 이런 위협은 북한보다는 미국의 동맹국이라는 남한과 일본에 전달하는 분명한 메시지라고 생각합니다.

"아시아는 더이상 안전하지 않다. 더 많은 무기를 구입해라!"

잘 알려지지 않았지만, 바로 지금 한국과 미국은 방위비 분담금 협상을 진행하고 있습니다. 한국은 방위비 분담금이라는 명목으로 매년 8,000억 원에 가까운 현금과 현물을 미국에 지급하고 있습니다. 주한 미군 인건비를 제외한 비인적 주둔비 일부를 한국이 부담하겠다는 명분입니다. 일본도 배려 예산을 편성해서 한국과 마찬가지로 2조 원에 가까운 돈을 매년 미국에 주고 있습니다. 제 생각에는 비인적 주둔비 대부분을 지급하고 있는 것은 아닌가 싶습니다.

이번 협상에서 미국은 한국에게 이제 매년 1조 원 이상의 전쟁 분담금을 받기를 원한다고 합니다. 그것도 향후에는 1조 5천억 원 이상을 요구하겠다고 당당하게 밝히면서요. 그런데 우리는 그 돈이 어디에, 어떻게 쓰이는지도 확인할 수 없답니다. 다만, 매년 한국과 일본이 주는 3조 원 넘는 돈이 미국의 전쟁 준비를 위해 쓰이고 있다는 점은 분명합니다.

전쟁 분담금만이 아닙니다. 이미 일본은 출시하지도 않은 수천억 원짜리 전투기 F-35를 4대나 구입하겠다고 밝혔고, 향후 38대를 추가 구입할 계획이라고 합니다. 한국도 차기 전투기 사업이라는 명목으로 십수 년째 전투기 십수조 원 어치를 미국에서 들여왔습니다. 지난해에는 이보다 훨씬 큰 규모인 최소 24조 원 이상의 무기 도입 사업을 발표하기도 했지요. 이런 무기들은 당장의 구입 비용 만큼이나 운용 비용도 필요한 전쟁 무기들입니다. 우리가 내는 세금이 정말 우리 안전을 위해 쓰이고 있을까요?

전쟁 무기 증강이 전쟁 위협을 키운다

오바마 대통령은 세계 전략의 중심축을 아시아로 이동하겠다고 지난해 분명히 밝힌 바 있습니다. 미국이 중심축을 이동한다는데 왜 이렇게 동아시아는 시끄러워지는 걸까요. 이를 위해 미국은 한국, 일본과의 삼각 동맹과 필리핀, 싱가포르, 호주를 바탕으로 한 대중국 동맹을 강화하고 있습니다. 아시아 곳곳에서는 베트남전쟁 때 사용하던 기지들을 재건설하고 있답니다. 중국도 마찬가지로 해안선을 따라 연안과 도서에 대규모 기지를 짓고 있습니다. 북한도 점차 전쟁 위협 강도를 높여 가고 있지요. 제가 볼 때는 어느 누구의 잘못이라기보다는 모두가 전쟁을 준비하는 공범입니다.

다만 한국인 시각에서 보자면 변화는 더 분명한 것으로 보입니다. 저는 경제 위기로 어려움을 겪는 미국의 전쟁 경비를 동아시아의 동맹국들이 분담하는 방식으로 전쟁 준비가 진행되고 있다고 생각합니다. 국방 예산만이 아닐 것입니다. 이미 수년 동안 미국은 한국군이 미국의 글로벌 안보 부담을 분담할 것을 한국 정부에 요구해 왔습니다. 지난 이라크전쟁 때 세 번째로 많은 수의 군대를 한국에서 파병한 기억을 떠올리는 것은 지나친 생각일까요? 65만 명의 이미 잘 조직된 군대가 누군가에게는 달콤한 유혹일 수 있다는 점을 잊어서는 안 됩니다.

전쟁놀이의 일종인 동양의 장기와 달리 서양의 체스는 기물을 하나씩 앞으로 이동하면서 초반에 싸움 대형을 만드는 전개 과정이 중요하다고 합니다. 장기는 포(包)나 마(馬)가 그렇듯 각자 기물마다 이미 적당한 위치에서 시작하지만, 체스는 각자의 기물이 제 위치를 떠날 때야 비로소 그 의미를 찾기 때문입니다. 저는 아시아에 위치한 미군기지가 이동하는 양상을 보면서 이런 체스의 모습을 떠올리게 됩니다.

전쟁의 조건이 있다면 무엇일까요? 평화활동가라는 민망한 이름을 달고 살아 보려니 이런 질문이 머릿속을 떠나지를 않습니다. 선생님, 전쟁을 결코 우연히 일어나지 않는다고 생각합니다. 필연적인 조건들이 성숙됐을 때 발생하는 전쟁은 결코 우연이라고 불러서는 안됩니다. 저는 우리가 그 조건들과 맞서야 한다고 생각합니다.

오는 4월 15일은 한국에서도 3번째를 맞는 '세계 군축행동의 날(GDAMS)'입니다. 각국 정부는 경제 위기를 겪으면서 인간이 삶을 누리기 위해 반드시 필요한 기후변화 대처, 질병 퇴치, 새천년개발목표 달성과 같은 부분에 대한 지출 감축 압력을 받습니다. 동시에 각 나라 정부 대부분은 막대한 재원을 국방 예산에 낭비하고 있습니다. 미국에서 종종 벌어지는 총기 난사 사건의 근본적인 원인은 누가 보더라도 총기 소지 허용이듯, 전쟁 무기가 많아지는 곳에는 필연적으로 전쟁 위협이 높아질 수밖에 없습니다. 전 세계에서 군비가 가장 많이 증가하는 동아시아에서 무기를 줄이는 일이야말로 우리 삶과 안녕을 지키는 가장 중요한 활동이 아닐까요.

선생님, 하고 싶은 이야기가 많지만 이번 편지에도 역시 걱정과 안타까움만 늘어놓고 말았습니다. 이렇게 공포와 두려움을 앞세워서는 결코 제가 원하는 평화에 가까워질 수 없다는 사실을 잘 알면서도, 오늘 저는 여전히 희망이 부족한 말만 할 수 있을 뿐입니다. 아마도 선생님 편지에서처럼 35만 원짜리 통나무 요트에 몸을 맡길 수 있는 믿음과 확신이 부족하기 때문 아닐까요. 우리의 길과 운명을 어떤 절대자에게 맡길 수 있는 낙관이 제게도 필요한 때인 거 같습니다.

오늘 밤은 "한 배를 탔다"라는 말이 내내 머릿속에 남습니다. 이미 우리는 서로에게 총부리를 겨누며 살고 있지만 한 배를 타고 있는 세계 시민일 수밖에 없으니까요. 선생님의 안전한 항해를 위해 기도하겠습니다. 언젠가 그 작은 요트에 제가 탈 수 있는 자리도 마련해 주세요. 저도 한 배를 타고 싶습니다.

2013년 4월 7일

박정경수 드림

11. '자유의 도성' 대한민국을 꿈꾸며

박정경수 형제님께,

저는 그제 인도네시아에서 해상 훈련을 마치고 돌아왔습니다. 자주 연락하고 싶었지만 우리가 머문 섬들은 인터넷은 물론이고 전화도 제대로 할 수 없는 오지였습니다. 텔레비전을 보기 위해 긴 대나무 끝에 세운 안테나 선에 핸드폰을 연결해야만 전화를 할 수 있었습니다. 그러니 전화를 걸 수는 있지만 받는 건 운이 좋을 때 뿐이었지요. 그렇게 문명의 이기에서 멀리 떨어질수록 자연은 비교적 잘 보존되어 있었고 사람들에게도 순박하고 넉넉한 인심이 남아있었습니다.

우리가 탄 돛배는 통나무로 만든 원시적인 수제품입니다. 중요한 부품들은 나무와 굵은 낚싯줄들로 묶여 있는 데 시간이 지나면 부식되어 끊어지거나 부러질 수밖에 없습니다. 항해 중에 거친 파도로 배의 한 부분이라도 파손되면 무조건 가장 가까운 마을로 찾아가서 수리를 부탁하게 되지요. 그러면 마을 사람들이 모두 나와서 기꺼이 수리를 해 주었고 마을 여인들은 남편들이 잡아온 물고기를 구워주기도 했습니다. 도움을 요청해 온 외부인들을 위해 마을 공동체가 함께 모여 공동 작업을 하며 작은 축제를 벌이는 듯한 느낌이었습니다. 수리비를 달라고 하지도 않습니다. 그저 담배나 사달라고 해 일을 하면서 한두 개비씩 나누어 피우곤 합니다.

우리가 항해한 인도네시아 술라베시 섬에는 부기스족이나 만다르족처럼 수천 수백 년 동안 바다를 무대로 살아온 전통적인 해양 부족들이 살고 있습니다. 바다와 배가 친숙한 이들은 이제 더 이상 돛을 사용하려 들지 않습니다. 고기를 잡기 위해서는 신속하게 움직여야 하기 때문입니다. 그래서 우리가 타고 항구로 들어선 돛배가 이들의 옛 향수를 자극한 것 같습니다. 아직도 그들의 기억 속에는 젊은 시절 탔던 돛배에 대한 기억이 생생하기 때문이지요. 텔레비전에서나 볼 법한 생소한 외국인들이 자신들도 이제는 더 이상 타려 하지 않는 전통적인 돛배를 타고서는 자기 마을 항구로 들어서는 모습을 상상해 보십시오. 마을 주민들에게는 매우 기억에 남는 만남이 되는 것이지요. 대가를 바라지 않는 도움, 인간미 넘치는 그들과의 의미 있는 만남이 없다면 아마도 우리가 매년 굳이 인도네시아에서 해상 훈련을 하려고 하지는 않았을 겁니다.

물론 우리가 해상 훈련을 하는 이유는 멀지 않은 장래에 제주도와 오키나와와 타이완을 순항하는 평화의 항해를 하리라는 희망 때문이지만, 정작 바다 위에서는 평화를 생각할 겨를조차 없을 때가 많습니다. 거울 같이 잔잔한 바다 위에서 지루하게 바람을 기다리거나, 갑자기 불어오는 예상치 못한 폭풍 속에서 사투를 벌여야 하기도 하지요. 급기야는 목적지 루아오르에 도착하기 바로 전 날, 세찬 바람으로 돛대가 부러지는 사고를 당해 목적지를 바로 눈앞에 두고도 아쉬움을 머금고 바람이 부는 방향으로 회항할 수밖에 없었던 적도 있습니다.

평화활동가 에밀리를 떠나보내며

어려움이 많았음에도 항해에 참여한 동료 일곱 명 모두 무사해서 다행이었습니다. 그러나 귀국 과정에서 안타까운 일이 있었습니다. 그동안 제주 강정에서 평화활동을 함께한 에밀리가 입국 금지를 당한 것입니다. 출입국관리사무소 직원들은 아무런 사유도 밝히지 않은 채 무조건 정부 모처에서 입국 금지 요청을 해왔다고 통보한 다음, 사실상 감옥에 다를 바 없는 '공항 대기실'이라는 곳으로 그녀를 강제로 끌고 가려 했습니다. 우리는 변호사 접견을 요청했고 민변(민주화를위한변호사모임)에서 변호사를 보내주겠다고 했지만, 출입국관리사무소 측에서는 보안 구역에 있는 에밀리는 변호사 접견이 불가하다고 했습니다. 실제로 이런 사유로 변호사를 직접 만나 도움을 받은 경우는 없다고 합니다. 이를 볼 때 공항 내 출입국관리사무소, 소위 이민국은 인권의 사각지대인 셈이지요.

저는 이민국 직원이 외국인에 대해 무엇보다도 인권의식이 희박하다는 인상을 받았습니다. 자국민의 법적 보호 요청을 우리 정부에 정중히 요청하는 여권도 지녔고 우리 정부가 입국을 허가해 준 비자도 있는데, 사유도 밝히지 않은 채 "무조건 네 돈으로 귀국 비행기표를 사서 너희 나라로 돌아가라"는 무례함에 대해 이민국 직원들은 아무런 수치심이나 분노도 느낄 수 없는 심성 마비에 걸린 것 같아 보입니다. 우리 대한민국 정부는 자신들 정책에 반대 의사를 갖거나 의문을 품는 외국인에 대해 비밀리에 명단을 작성하고, 소위 그 블랙리스트에 이름이 오른 이들에게 입국 금지, 강제 추방을 하는 무례하고도 비열한 짓을 저지릅니다. 우리 정부는 이 비밀 명부를 떳떳이 밝힐 용기도 없습니다. 그러니 사유도 밝히지 못하고 외국인들을 강제 추방하는 것이지요.

예전에 강정마을에서 함께 지내며 우리나라의 평화를 위해 일하던 벤자민이라는 프랑스 친구를 강제 추방할 때도 자기 짐을 챙길 여유도, 사랑하는 애인에게 잘 있으라는 인사를 나눌 시간도 주지 않고 체포 후 다섯 시간 만에 쫓아내 버렸습니다. 이번에도 마찬가지였습니다. 에밀리는 자신의 사랑과 연민, 예술혼과 영감이 서려 있는 구럼비 바위를 그린 미술 작품들을 포함하여 자신이 입고 있던 옷가지들이라도 챙겨갈 수 있도록 해달라고 한국의 타이완 대표부에까지 호소하여 우리 정부에 간청했지만, 이런 가장 작은 인간적인 요청마저도 무참하게 묵살 당했습니다.

지난 이명박 정부는 강정마을에서 평화를 위해 함께 연대하고 협력했던 외국인뿐 아니라, 해외에서 제주 해군기지 건설의 위험성을 주장하거나 단순히 강정마을을 방문한 이유만으로도 "국익을 해치는 자"라는 명목으로 21명이나 입국 금지시키거나 강제 출국시켰습니다. 에밀리는 강정마을 제주 해군기지에 대한 자신의 신념으로 인해 강제 출국 당한 22번째 외국인이자 박근혜 정권이 들어선 이후 첫 희생자입니다. 파란 옷을 붉은 옷으로 갈아입고 새롭게 태어난 것처럼 변죽을 울리던 새누리당도 블랙리스트를 사용, 외국인의 인권을 제멋대로 유린하는 독재국가에서나 있을 법한 야만을 똑같이 저지른 것이지요.

저는 2008년 '개척자들' 동티모르 평화 캠프에서 에밀리를 처음 만났습니다. 우리는 동티모르 동쪽 로스팔로스라는 작은 도시의 외곽에서 지내며 어린이와 청소년이 독립 과정에서 입은 분쟁의 상흔을 지우기 위한 평화학교를 진행했습니다. 에밀리가 하루종일 평화학교를 위해 전심을 다해 준비하고, 등교하기 5분 전쯤 깊은 숨을 들이 마시는 모습을 저는 늘 보았습니다. 마치 육상 선수들이 출발 신호가 울리기 직전에 허리를 굽혀 출발선에 두 손을 대고 마지막 숨을 들이마시는 것 같은 느낌이었습니다. 평화학교 마지막 날 자신이 가르친 모든 어린이들의 초상을 스케치하여 나누어 주는 모습을 보면서 그녀가 마지막까지 최선을 다하는 성실한 사람이라는 인상을 받았습니다.

강정마을에서도 에밀리는 경찰이나 공사 관계자 누구에게도 분노를 표시하거나 화낸 적이 없습니다. 그녀는 국가가 초래한 재앙으로 고통 겪는 마을 주민들 마음을 어루만지는 사람이었고, 파괴되어 가는 구럼비에 대한 애정과 슬픔을 마음으로 그려내는 예술가일 뿐이었습니다. 그런 사랑과 평화의 사람이 국익을 해치는 위험한 사람이라니요. 저는 우리 정부가 폭력적인 군사주의 귀신에 홀려서 하나님이 우리나라의 평화를 위해 보내주신 천사와, 우리나라를 미혹하여 마침내 전쟁의 잿더미 위에 앉힐 악마를 분간하지 못하고 있다고 여겨집니다.

'자유의 도성' 대한민국을 꿈꾸며

지금도 우리나라 공항의 출입국관리사무소에는 매일 같이 조선족들이 여권을 압수당한 채 줄지어 조사받고 있습니다. 그분들이 남입니까? 우리나라가 일본의 식민지로 고통받던 시절에 독립을 위해서든, 아니면 배가 고파서 황무지를 개간하기 위해서든 북간도와 만주를 떠돌며 고달픈 삶을 살아냈던 우리 동포의 자녀들 아닙니까? 우리가 동포조차 학대하는데 어찌 외국인에게는 친절을 기대하겠습니까마는, 우리 동포나 우리 안에 거하는 외국인을 차별하거나 학대하면 우리들도 하나님의 심판을 면하지 못할 것입니다. 그렇기 때문에라도 우리는 우리나라의 이민국에서 학대받고 인권을 무시당하는 외국인과 난민, 그리고 조선족이나 탈북자의 애환과 그들의 한숨 소리에 귀 기울여야 합니다.

대한민국이 정의와 평화를 위해 일하는 모든 사람들이 자유롭게 출입하며 자신의 사상과 신념을 펼칠 수 있는 나라가 되기를 바랍니다. 우리나라가 전 세계의 모든 나라와 무비자 협정을 맺어서 모든 사람들이 비자 없이 자유롭게 들어올 수 있기를 바랍니다. 그뿐 아니라 대한민국 여권만으로 비자 없이 어느 나라나 출입할 수 있는 자격을 얻을 수 있기도 바랍니다. 이 땅에서 땀 흘려 일하는 외국인 노동자들의 힘겨운 수고를 불법 노동으로 폄하하거나 억압하지 않기를 바랍니다. 세상에 불법 노동이 어디 있습니까? 우리 국민이 하는 노동은 신성하고 외국인 노동자들이 하는 노동은 불법입니까? 또한 적절한 대가를 치르기만 하면 아픈 사람들 누구나 우리나라에서 치료받을 수 있기를 바랍니다. 그리고 대한민국이 누구나 자유롭게 배우고 가르칠 수 있는 나라가 되기를 원합니다. 대한민국이 세계시민들에게 삼성의 핸드폰이나 현대자동차로만 기억되는 졸부의 나라가 아니라 자랑스러운 '자유의 도성'으로 기억되기를 바랍니다.

경수 형제님, 지금은 적도에서 돌아와 샘터에 잠시 머물고 있습니다. 오월이 다되었는데도 흐드러지게 피어난 목련들이 창 앞을 가려 눈이 부십니다. 벚꽃들도 봄바람에 눈송이처럼 휘날립니다. 참 아름다운 봄입니다. 아름다운 꽃들과 신선한 바람, 적막과 고요, 그리고 계곡을 흐르는 맑은 시냇물, 자연이 베풀어준 샘터의 소중한 이 선물들이 고속도로 개발로 위기에 처해 있습니다. 파괴를 발전이라 믿는 미치광이들로 인해 이제 우리 개척자들의 보금자리인 샘터 공동체에까지 개발의 칼날이 다가오고 있습니다. 사라질지도 모를 이 아름다운 샘터의 봄이 다 가기 전에 한번 놀러 오십시오.

2013년 4월 30일

샘터에서

송강호 올림

송강호 선생님께,

　에밀리 소식 때문일까요. 이번 편지는 답답한 마음부터 전하게 됩니다. 사실 선생님의 귀국 소식을 에밀리의 입국 금지 소식과 함께 듣게 되었습니다. 이른 아침부터 많은 사람들이 그녀의 소식을 전하고 또 이야기했습니다. 저뿐 아니라 에밀리를 아는 많은 친구들이 그 소식에 안타까워했습니다. 이미 과거에도 오키나와를 포함한 외국의 활동가들이 강제 출국을 당하거나 입국을 거절당한 적이 있었지만, 어느 누구보다 오랜 기간 한국에 머물렀던 에밀리였기에 그녀의 친구들로서는 입국 거부를 받아들이는 것이 쉽지 않았을 겁니다.

　저도 지난해에 입국을 금지당한 활동가들을 위해 공항에 머물며 출입국 관리사무소 직원들에게 항의한 적이 있습니다. 편지로도 그 이야기를 드렸던 것이 얼핏 기억나네요. 하지만 그들은 속 시원히 이유를 밝히지 않았습니다. 그저 다른 부처에서 명단이 넘어왔다는 사실만 확인해 주었습니다. 그들은 절차에 따라 공무를 수행했다는 핑계 아닌 핑계 뒤에 숨었지만, 이를 통해 정부가 작성한 외국인 블랙리스트가 존재한다는 사실과 강정마을에 대한 광범위한 불법 사찰이 이루어지고 있다는 사실을 간접적으로 확인할 수 있었습니다. 외국인은 단지 리스트에 이름이 올라있다는 것만으로도, 입국을 거부할 수 있다는 사실이 안타까웠습니다.

    국익이라는 것이 과연 무엇일까요? 우리나라가 목표해야 하는 이익은 과연 무엇일까요? 그들이 말하는 "국가의 이익을 해친다"는 이유를 저는 이해할 수 없습니다. 총을 든 자들이 꽃을 든 이들을 위험한 자라고 말하는 모습을 이해할 수 있을까요. 돈으로 평화를 사려는 이들이, 아낌없이 평화를 나누는 사람들에게 자신들의 이익을 해친다고 말한다면, 어느 쪽 편을 들어야 할지 분명해집니다. 국익이 과연 무엇인지를 떠나서, 작은 마을에 머물며 주민들을 위해 사랑을 노래하고 평화를 그려내는 이들이 과연 얼마나 우리의 이익을 해친다고 말할 수 있을까요. 그들이 말하는 국익이라는 것도 결국 군사기지가 필요한 사람들의 이익일 텐데요.

    무엇보다 이렇게 우리의 평화를 위해 걱정하고 또 헌신하는 이들을 모두 쫓아내고 나면, 정작 어느 누가 우리의 평화를 위해 기도해 줄지 걱정스럽습니다. 이 한반도에 전쟁의 그림자가 드리울 때 어느 누가 평화를 지키기 위해 우리를 찾아올 것이며, 전쟁을 막아 내기 위해 진심으로 호소해 주겠습니까. 멀리 다른 나라에까지 와서 주민들을 위로하고 응원하는 그들에게 문을 걸어 잠그는 방법밖에는 모르는 정부의 태도가 안타깝기만 합니다. 선생님의 편지에서처럼 부서진 배를 아무 조건 없이 고쳐주는 슬라베시 섬의 주민들 같은 마음을 왜 우리는 지니지 못한 것일까요.

선생님, 제가 병역을 거부할 때 저와 반대편에 있던 사람들에게 가장 많이 들었던 말 중에 하나는 "이 나라를 떠나라"였습니다. 이런 말을 들을 때면 뭐라 대답할 말이 생각나지 않을 만큼 가슴 아팠던 기억이 납니다. 익명의 누군가가 쓴 글일지라도 가슴이 무너져 내리는 기분이 들었을 만큼, 쉽게 잊혀지지 않는 말이지요.

아마도 "이 나라를 떠나라"고 말하는 사람들은 자기네 마음에 들지 않는 누군가는 모조리 그런 식으로 없애 버리거나 쫓아 버리고 싶었던가 봅니다. 그 말이 그들의 솔직한 마음이지 싶어 더 마음이 아팠던 것 같습니다. 제가 어떤 생각을 하고 어떤 삶을 살고 싶은지 들어 보지도 않고 이 나라에서 쫓아내겠다는 그 완고한 태도를, 이번 에밀리의 일을 통해 다시 돌아보게 됩니다. 가장 약한 외국인들부터 쫓아내는 모습을 보면서, 그 화살이 언젠가는 우리를 향할지도 모른다는 생각이 들었습니다.

저에게 평화는 최소한의 가능성에 희망을 거는 것을 의미합니다. 나를 미워하고 싫어하는 사람들이라도 언젠가는 친구가 될 수 있을 거라는 실낱 같은 희망이 제게는 평화입니다. 하지만 그런 저를 쫓아 내고 가둬 버리려는 태도를 접할 때면 그 길이 너무 멀게 느껴지기도 합니다. 대화가 필요 없다는 태도야 말로 평화운동이, 그리고 평화의 영성이 뛰어넘어야 하는 가장 큰 장애물일 테니까요. 가장 약한 사람들부터 쫓아내고 가두려는 태도가 결국은 저 거대한 군사기지도 만들어 내는 것 아니겠습니까.

조금 다른 이야기를 해보겠습니다. 선생님도 편지에 "문명의 이기로부터 멀리 떨어질수록 자연은 잘 보존되어 있고 사람들도 순박하고 넉넉한 인심이 남아있다"고 쓰셨지요. 저는 그 대목을 읽으면서 왜 사람들이 기술과 물질을 향유할수록 정작 더 불안해지고 덜 평화로워지는 것인지 생각해 보았습니다.

대학 시절 우연한 기회에 사티쉬 쿠마르라는 인도의 생태평화운동가의 강연을 들었습니다. 그를 직접 만나 몇 가지 질문을 할 수 있는 기회도 있었지요. 그는 버트런드 러셀이라는 영국의 학자가 아흔 살 나이에 반핵 시위로 감옥에 수감당했던 일을 계기로, 2년 6개월 동안 인도에서 유럽, 러시아를 거쳐 미국까지 8,000마일을 무일푼으로 걸어서 순례하며 미국과 러시아의 핵무장에 반대했던 사람이기도 합니다. 선생님께서 배를 타고 동아시아의 갈라진 나라와 나라를 연결하시겠다면, 그는 갈등과 대립으로 찢긴 땅과 땅을 두 다리로 걸어서 이었다고 할 수 있을 것입니다.

그와 나눈 대화 중에서 "전쟁은 자연에 대한 인간의 태도 때문에 생겨난다"고 한 이야기가 기억납니다. 인간이 자연을 착취하려는 태도가 결국 인간이 인간을 착취하려는 전쟁으로 발전한다는 것이지요. 자연을 정복했다고 생각하는 서구의 관념이 바로 인간이 인간을 정복할 수 있다는 생각과 닮았다고 그는 생각했던 것 같습니다. 산을 예로 들면, 일본의 정원처럼 반듯하게 잘 정돈된 숲을 아름답다고 느낄지도 모릅니다. 하지만 실제 숲은 키 큰 나무와 작은 나무, 이름 모를 풀들이 다양한 식생을 이루는 것이 더 건강하다고 합니다. 소나무 하나로만 가득 차 있는 숲이 아니라 참나무, 동백나무 등 다양한 나무가 어우러져 있을 때 숲은 다양한 생명의 보고가 되는 것이지요.

저는 마음에 들지 않는 모든 사람을 다 몰아 낸 우리 사회의 건조한 모습을 상상해 보곤 합니다. 슬라베시의 그곳처럼 문명의 이기에서 떨어져 사는 사람들은 조금 불편할 망정 주변 환경을 긍정하고 조화를 이루며 살아가는 지혜를 배운 것이라 생각했습니다. 하지만 기술과 물질문명을 향유하며 살아가는 우리는 언제든 환경을 개척하며 변화시킬 수 있다고 믿고 또 그렇게 살아가고 있습니다. 불편한 것, 보기 싫은 것들은 모조리 삭제하고 배제한 우리의 삶은 당장은 안전해 보일지 모르지만 지배와 정복만이 존재하는 경쟁 사회일 뿐입니다. 그것이 소위 독재와 파시즘 국가가 아니고 무엇일까요. 언제 쫓겨나고 배척당할지 모른다는 생각이 만연한 사회에서 과연 어떤 삶의 희망과 평화로운 관계를 찾을 수 있을까요. 우리 사회를 위해 애써 고생스런 노동을 감당하는 이들, 우리의 평화와 안녕을 위해 먼 거리를 찾아와 자신의 청춘을 헌신하는 그들에게 감사할 지혜가 우리에게 필요한 이유일 것입니다.

평화운동은 어쩌면 앞으로 분명 '국가의 이익'이라는 신화를 넘어서야 할지 모릅니다. 선생님 말씀처럼 국경을 넘어서는 일이야말로 보편적 인권과 공동체의 평화를 위해 우리가 건너야 하는 커다란 목표일지 모르겠습니다. 언제부터 국가의 이익이 권력자들의 이익이 되고 국경이 그들의 특권을 보호하는 방패가 되어 버렸는지 모르겠지만, 사람과 사람이 친구가 되는 길에 장애가 된다면 언젠가는 그 국경도 넘어서야 할 것입니다.

선생님의 편지를 통해 계절의 운동을 이야기하게 됩니다. 매달 쓰는 이 편지에도 이제 육지의 따스한 기운을 전할 때가 된 듯합니다. 따뜻한 햇살을 상상하면 기분이 좋아집니다. 부디 다음 편지에는 조금이라도 더 삶의 활력이 되는 이야기를 실어 나를 수 있으면 좋겠습니다. 희망과 용기가 필요한 때입니다. 선생님, 굳건히 그 자리를 지켜 주셔서 감사합니다.

2013년 5월 10일
박정경수 드림

12. 한국전쟁은 왜 60년 전쟁이 되었나?

박정경수 형제님께,

올해로 정전협정을 맺은 지 60년째네요. 우리는 60년이 넘도록 전쟁 상태를 유지해 온 셈인데 무엇 때문에 종전(終戰)을 못하는 것일까요? 이제는 기나긴 전쟁을 끝내고 서로 싸우지 말고 평화롭게 지내자는 새로운 협정을 맺어야 하지 않을까요? 이 지극히 당연한 시대의 요구를 거스르는 사람들은 누구일까요? 바로 이 땅의 권력을 쥔 사람들입니다. 집권 여당과 군부, 그리고 이와 결속한 소위 가진 사람들입니다. 그리고 그리스도인 대부분이 이들 편에 서 있습니다.

북한·미국·중국 간에 체결된 정전협정에서 우리 대한민국

(남한)은 배제되어 있습니다. 그럼에도 우리나라가 이 협정을 유지하려는 이유가 무엇일까요? 정전협정이 지속되어야만 미군이 이 땅에 주둔할 근거가 마련되기 때문이라고 나는 믿습니다. 미국도 마찬가지 이유로 정전협정을 지속하고 싶어 합니다. 그리고 미국을 사모하는 대형교회의 목사들과 보수 기독인들이 미군의 철수를 반대합니다.

지난달 일본 오키나와를 방문했을 때 미군의 철수를 원하는 많은 오키나와 주민들을 만날 수 있었습니다. 주민 대다수가 철수를 원해도 미군을 쫓아낼 수가 없습니다. 일본 정부도 우리나라와 마찬가지로 미국의 충견이 됐기 때문이지요. 오직 미국만이 자유와 자존을 누리는 유일한 나라가 아닌가 싶을 정도였습니다.

남의 나라 군대가 지켜줘야 하는 나라를 진정 독립한 나라라고 할 수 있을까요? 미군이 우리 주민들에게 수갑을 채우고, 우리 딸들을 강간하고 탱크로 깔아 죽여도 항의 한번 제대로 못하는 나라를 주권국가라 할 수 있을까요? 6·25의 고통을 몰라서 하는 소리라고 꾸짖어도 할 수 없습니다. 저는 전쟁의 공포 때문에 스스로 주눅 들어서 강대국의 충견 노릇을 하고 싶지는 않습니다. 이런 비굴한 처신이 지혜인양, 아양과 아첨이 우정인양 행세하는 세태를 따라가고 싶지 않습니다. 우리 국민들이 자신과 국가의 안보를 위해 미국의 보호를 원한다면 그 두려움과 의존심을 그냥 인정할 수도 있겠습니다만, 하나님을 믿는다는 그리스도인들이 미국을 하나님처럼 의지하는 꼴은 보기가 민망합니다.

강대국(무력)과 하나님을 함께 섬긴다?

이스라엘도 우리와 비슷한 처지에 놓였던 과거에 하나님보다 이집트와 같은 강대국을 더 의지했던 적이 있습니다. 눈에 보이지 않는 하나님보다는 눈에 보이는 강대국이 더 믿을 만했던 게지요. 많은 그리스도인들이 지금 하나님보다 미국을 더 의지하는 것도 같은 이치라고 생각합니다. 당시에 이사야가 동족들에 한 말씀은 미군 철수를 반대하는 이 땅의 그리스도인들에게 딱 맞는 말씀입니다.

> 도움을 청하러 이집트로 내려가는 자들에게 재앙이 닥칠 것이다. 그들은 군마를 의지하고, 많은 병거를 믿고 기마병의 막강한 힘을 믿으면서, 이스라엘의 거룩하신 분은 바라보지도 않고, 주님께 구하지도 않는다. 그러나 주님께서는 지혜로우셔서, 재앙을 내리실 것이다. 이미 하신 말씀은 취소하지 않으신다. 주님께서 일어나셔서, 악을 일삼는 자의 집을 치시며, 악한 일을 돕는 자를 치실 것이다. 이집트 사

람은 사람일 뿐이요, 하나님이 아니며, 그들의 군마 또한 고 기덩이일 뿐이요, 영이 아니다. 주님께서 손을 들고 치시면, 돕던 자가 넘어지고, 도움을 받던 자도 쓰러져서, 모두 함께 멸망하고 말 것이다. (이사야 31:1~3)

군사대국 이집트가 이스라엘 민족에게 우상이었듯이, 강대국 미국은 오늘날 한국의 그리스도인들에게 우상입니다. 보이지 않는 하나님을 믿고 의지하는 것보다 눈에 보이는 초강대국을 의지하는 것이 더 현실적이고 확실한 안전을 보장해 주리라 기대합니다. 오직 야훼 하나님 한 분만을 믿고 따르겠다는 신앙을 위험하고도 비현실적인 것으로 경계하기까지 합니다. 그럼에도 나는 하나님을 믿기 때문에 이 땅에 미군 주둔을 반대합니다. 하나님께서 우리나라를 지켜주시리라고 믿기 때문이지요. 내 믿음을 맹목적인 광신이라고 비난할지도 모르겠습니다만, "오직 예수"만을 외치는 단순한 신앙은 저도 경계합니다. 복잡한 현실에서 모든 책임 관계를 다 생략하고 무조건 초자연적인 기적만을 기대하는 주술적인 신앙 말이지요.

하나님이 우리나라를 지켜줄 것으로 믿는다는 말은 무조건 아무 일도 하지 않고 하늘만 쳐다본다는 뜻이 아닙니다. 이웃나라와의 전쟁을 대비하여 군사기지를 짓고 무기 구입 경쟁을 벌이는 대신, 친선과 외교를 통해 신뢰와 우정을 바탕으로 하는 동반자 관계를 만드는 것이 더 확실한 안보임을 믿는 것이 하나님을 믿는 것입니다. 이를 위해 학생들의 상호 교류와, 배타적인 민족주의 극복과 공통된 역사인식을 위한 교육을 장려해야지요. 정의와 평화라는 보편적인 가치의 빛 아래서 국익 우선주의라는 초라한 집단이기주의의 몰골을 자각할 수 있으니까요.

하나님을 믿는다는 것은 총과 칼로 나라를 지킬 수 있다는 신념과는 반대로 원수 사랑의 마음으로 나라를 지킬 수 있다고 믿는 것을 뜻합니다. 군대의 힘으로 나라를 지킬 수 있다는 믿음은 하나님이 아니라 총과 칼을 믿는 것이지요. 총과 칼에 대한 믿음을 저는 알고 있습니다. 아프가니스탄처럼 오랜 세월 전쟁을 겪은 곳에서 사람들은 총과 칼을 신처럼 섬깁니다. 태어날 때부터 모든 권위와 질서가 오로지 총구에서 나오는 것을 보며 자란 사람들이기 때문입니다.

그러나 폭력은 영이요 귀신입니다. 하나님을 믿는다면서 폭력을 의지하는 것은 하나님과 귀신을 함께 섬기는 일종의 종교혼합주의인 셈이지요. 돈이라는 맘몬 신과 하나님을 함께 섬기는 데 익숙해진 오늘날, 폭력의 귀신과 하나님을 함께 섬기는 것도 이상한 일이 아닌지도 모르겠습니다. 이런 짬뽕신앙이 우리 사회를 혼란스럽게 만듭니다. 폭력을 공인하고 심지어 존중하는 국가가, 자라나는 어린 세대에게 폭력적이 되지 말라고 가르치는 일이 어떻게 가능하겠습니까? 가정 폭력, 학교 폭력, 성폭력 등 모든 폭력의 근원은 국가에 원초적인 책임이 있습니다. 국민이 폭력적으로 되지 않기를 원한다면 먼저 국가가 폭력으로 국가를 구하겠다는 신념을 포기해야 합니다.

진정한 안보를 위한 길

무기가 아닌 사랑과 신뢰로 국가를 지킬 수 있다는 무모한 신념을 가지는 것이 곧 하나님을 믿는 것이라고 생각합니다. 한국전쟁 때처럼 나라가 침략당한다면 당신은 어떻게 할 거냐고 물을지 모르겠습니다. 하나님만 믿는 것이 이웃나라가 침략할 때까지 손 놓고 기다리는 게으름이라고 폄훼하지 말기를 바랍니다. 오히려 싸움이 나기 전에 그 싸움을 막고 분단이 되기 전에 통일을 추구하는 것이 신앙의 역할입니다. 앞으로 전쟁이 날 것을 대비해서 군사기지를 확장하고 무기를 사들이는 것이 안보를 위한 준비가 아니라, 바로 지금부터 이웃나라와 신뢰를 쌓고 상호 군비를 축소하고 병력을 감축하는 구체적인 노력을 기울이는 것이 진정 국가 안보를 위한 준비이자 그리스도인의 역할이라고 믿습니다.

'눈에는 눈, 귀에는 귀'라는 보복과 응징의 논리는 군사주의

논리입니다. 그리스도가 우리에게 가르쳐준 사랑의 원리와는 거리가 멉니다. 북한이 우리를 공격하면 우리 정부는 그 몇 배의 보복을 하겠다고 경고합니다. 마음은 시원할지 모르지만 그런 보복 논리는 바른 길이 아닙니다. 북한이 문산을 공격하면 우리는 그 몇 배의 화력으로 개성을 공격하고, 그에 맞서 북한이 서울을 공격하면 우리는 그보다 강한 파괴력으로 평양을 공격하는 방식의 폭력 상승작용이 떠오릅니다. 그것이 우리나라와 민족에 무슨 유익이 있겠습니까. 전쟁 와중에 희생당할 무고한 시민들의 처참한 모습을 생각해 보십시오.

우리는 2001년 9·11 사태 이후 미국이 이라크와 아프가니스탄을 무대로 테러와의 전쟁을 벌여온 것을 이미 보아왔습니다. 이 전쟁에서 군사주의가 얼마나 무모하고 무익한지를 다시 확인할 수 있지 않았습니까? 만일 미국이 군사력 대신 사랑과 우정에 기초한 친선 외교로 중동의 이슬람 국가들을 대했더라면 애초에 그런 테러가 일어나지도 않았을 겁니다. 미국이 이라크전을 일으킬 당시 럼스펠드 미 국방장관은 전쟁 비용이 약 500억 달러(약 56조 원) 정도이고, 그 이상일 것이라는 추정은 "헛소리"라고 주장했습니다. 그러나 2013년 현재 미국이 이라크와 아프가니스탄 전쟁에 지출한 비용은 이미 약 2조 달러(2,200조 원)정도이며, 추후로 지불해야 할 비용까지 고려하면 4~6조 달러(약 4,400~6,700조 원)가 들 것으로 예상됩니다.

    이 전쟁 비용은 전체 예산이 350조 원이 채 안 되는 우리나라 예산의 무려 15배 이상입니다. 이 엄청난 비용을 두 나라의 파괴에 써버리는 셈이지요. 정말 미친 짓 아닌가요? 게다가 이라크와 아프간 전쟁에서 희생당한 미군 전사자만도 이미 삼천 명을 넘어섰습니다. 도대체 무엇 때문에 이런 무의미한 전쟁을 해야 하는지 의아하지 않습니까? 만일 미국이 그 천문학적인 전쟁 비용을 반만이라도 이라크와 아프가니스탄의 발전과 복지에 사용했더라면 어땠을까요? 중동의 이슬람 국가들과 지금보다 훨씬 더 굳건한 외교관계 위에서 자국의 안보도 튼튼하게 유지하는 미국이 되지 않았을까요?

    어떤 이들은 에너지의 안정적인 공급을 위해서라면 희생도 감수해야만 하지 않겠느냐고 물을지도 모르겠습니다. 국익 우선론자들이라면 묵인할 수도 있습니다만, 그리스도인들이 그런 주장을 한다면 나는 단호히 그것은 성경적이지도 않고 기독교적이지도 않다고 말할 수밖에 없습니다. 그리스도인들은 성경 말씀을 따라 살아가야 한다는 기본적인 원칙이 왜 국가 앞에서는 한없이 퇴색해 버리는지 모르겠습니다. 강정마을 이웃집에 사시는 문정현 신부님은 해군기지 건설 현장에서 늘 "무기를 들고 사랑할 수는 없다!"라고 말씀하십니다. 이웃을 사랑하라는 주님의 가르침을 따르겠다고 결심한 우리라면 이웃 국가도 사랑해야 한다고 믿습니다. 이웃 국가를 향해 무기를 들고서 사랑한다고 말할 수는 없을 것입니다.

경수 형제님. 우리나라의 그리스도인들도 초대교회 성도들처럼, 국익을 무시하고 하나님의 정의와 평화를 존중하며 이를 실행할 수 있기를 바랍니다. 6·25가 돌아오면 피아를 떠나 당시 희생당한 이를 추념하는 그리스도인들이기를 바랍니다. 모두가 냉전 이데올로기의 희생자들이고, 조국 분단으로 빚어진 아픈 상처들이기 때문입니다. 무엇보다도, 이 비극적인 전쟁의 가장 고결한 희생자들은 바로 남·북한의 무고한 주민들이었습니다. 국립 현충원의 주인은 바로 이 주민들이어야 합니다. 국가보훈처는 군인들 보상에 앞서, 무고한 전쟁 희생자들에 대한 보상부터 해 나가야 합니다.

늦은 감이 많지만 남북한은 이제라도 "전쟁은 이미 오래 전에 끝났다. 이제는 평화의 시대가 왔다!"고 종전을 선언해야 합니다. 그에 합당한 열매들도 맺어 가야 합니다. 북한은 더 이상의 핵실험과 미사일 개발을 중단하고, 남한도 미군의 핵우산을 벗어버리고 이 땅에 어떠한 외국 군대의 주둔도 허용해서는 안 됩니다. 정전협정 폐지와 평화협정 체결은 평화통일의 출발선을 긋는 것입니다. 갈 길이 멀고 험한 이 평화의 길을 그리스도인들이 먼저 나서서 만들어 나가기를 바랍니다. "평화를 원하면 전쟁을 준비하라"고 설교하는 선동가들에게 1945년 여름을 다시 상기하라고 권고합니다. 베를린, 히로시마, 나가사키의 잿더미들에서 아직도 우리는 아무것도 배우지 못하고 있습니까? 태평양전쟁 당시 오키나와의 한 전쟁피해자가 고백한 시의 마지막 구절처럼, 평화로 평화를 지켜야 한다는 진리는 "너무나도 큰 대가를 치르고 얻은 양보할 수 없는 우리들의 신조입니다."

2013년 6월 6일 현충일
제주 강정마을에서
송강호 올림

송강호 선생님께,

선생님 편지를 읽으니 오키나와에서 보낸 짧은 시간이 결코 가볍지는 않았을 거라고 생각합니다. 저는 가을쯤 그곳을 방문할 것 같습니다.

이번 편지를 읽고 나서 새삼스레 전쟁을 위해, 전쟁을 준비하기 위해 우리가 얼마나 많은 돈을 쓰고 있을까 생각해 보았습니다. 말씀하신 대로 미국의 전쟁 비용이나 국방비에는 한참 미치지 못하겠지만, 우리나라도 한 해에 34조 원(올해 43조 원)이 넘는 돈을 국방비로 쓰고 있습니다. 국방비가 정부 예산 전체의 10%나 됩니다. 지난 몇 년간 한국의 반전평화단체들이 모여 "우리 세금을 무기 대신 복지에"라는 슬로건으로 거리에서 박람회도 하고 캠페인도 해왔던 것을 선생님도 알고 계시겠지요. 이 어마어마한 돈을 어떻게 사용하면 좋을지, 우리의 삶을 어떻게 바꾸어 놓을 수 있을지 함께 고민해 보자는 취지였고, 또 이제는 국방부도 민주화되어야 한다는 생각에서 벌인 활동입니다.

복종과 명령으로 대표되는 군대나 국방부에 민주화라는 말은 잘 어울리지 않을지도 모르겠습니다. 특히나 전쟁의 위험이 여전히 지속되는 한반도에서, '전쟁은 전문가들에게 맡겨야 한다'는 생각을 가진 사람들에게는 무척이나 위험한 말로 들리겠지요. 하지만 그만큼 우리나라에서 국방 분야가 사회와 얼마나 동떨어져 있는지를 설명해 주는 말이기도 할 것입니다. 소위 전문가라는 사람들은 안보와 평화 문제를 일반인들은 알 수 없는 문제라고 말합니다. 하지만 대개는 누구나 쉽게 이해할 수 있는 문제인 경우가 많습니다. 의도적으로 감추거나 거짓말을 하지 않는다면 말이지요. 시중에서 6,000원이면 구입할 수 있는 저렴한 메모리카드를 99만 원이라는 돈을 주고 납품받은 군대라는 조직이 존재하는 채로, 민주화되지 않은 채로 우리의 삶이 과연 안전하다고 할 수 있을까요.

아마 다음 달이면 결론 나는 8조 3천억 원 규모의 국방부 3차 차세대 전투기 사업도 마찬가지입니다. 8조 원이 넘는 어마어마한 비용도 비용이지만, 개발 기간도 가격도 분명하지 않은 미국의 전투기를 구입하기 위해 애쓰는 국방부의 태도도 당장 문제입니다. 국민들을 뻔한 거짓말로 속이고 있기 때문입니다. 지난해 일본이 F-35 전투기 42대를 10조 원 넘는 돈을 주고 계약했습니다만, 우리는 그보다 훨씬 적은 돈으로 전투기 60대를 구입하겠다고 말하고 있습니다. 아직 개발되지도 않은 전투기의 가격을 무슨 수로 1년도 채 못 되는 기간 안에 절반이나 깎을 수 있겠습니까.

과거에 우리 군이 차세대 전투기를 구입하면서 예산을 맞추기 위해 미사일과 핵심 부품들은 빼놓고 구입한 사실을, 아마 대다수 국민들은 잘 모르실 겁니다. 전투기를 사들였으면서도 정작 미사일이 없어서 충분히 훈련하지 못하는 점도 문제였지만, 마치 떼쓰는 어린아이처럼 나중에서야 개당 수십억 원짜리 미사일을 사달라고 국방비를 요구하는 국방부의 뻔뻔함을 뭐라 말할 수 있을까요.

정부가 지난해 내놓은 차세대전투기, 대형공격헬기, 해상작전헬기 등의 무기 구매 사업만 14조 원이었습니다. 하지만 미국의 보고서조차 실제로는 24조 원 이상의 비용이 필요하다고 지적한 바 있습니다. 더군다나 무기 구매 비용만큼 필요한 것이 향후 무기의 운영 유지 비용입니다. 이 엄청나게 비싼 무기들이 우리에게 정말로 필요할까요?

앞서 이야기 드렸던 평화군축박람회를 준비하며 수십억 원짜리 미사일 대신 할 수 있는 게 무엇일지 이야기했던 것이 기억납니다. 20억 원짜리 미사일이면 500원짜리 아이스크림을 400만 명이 나누어 먹을 수 있겠다는 이야기도 했습니다. 선생님이 얘기하신 것처럼, 2,000조 원이 넘는 미국의 전쟁 비용을 중동의 가난한 나라들에 사용했다면 지금의 세계가 어떤 모습이었을지 상상해 볼 수 있듯 말입니다.

한 해 우리나라 대학생들이 내는 등록금이 14조 원 정도 된다고 합니다. 물론 한 학기에 수백만 원의 등록금이 과연 합당한

지도 다시 생각해 보아야겠지만, 당장 우리가 전쟁의 위협을 줄일 수만 있다면 반값 등록금은 물론이고 무상교육도 어려운 일은 아닐 거라는 생각을 했습니다. 남북 협력 기금을 제외한 통일부 한 해 예산이 대략 2,200억 원 정도입니다. 여성가족부의 예산도 5,400억 원 정도입니다. 선생님이 머물고 계시는 제주도의 1년 예산도 3조 1천억 원밖에 되지 않습니다. 각 부처나 지역별 예산을 단순비교할 수는 없겠지만, 우리나라가 구입하는 무기 비용이 얼마나 많은지 생각해볼 수 있는 대목입니다.

선생님, 저는 가끔 가장 무서운 전염병은 공포가 아닐까 생각하곤 합니다. 그게 무슨 병이냐 하실지 모르지만, 잘못된 공포가 초래하는 무서운 결과를 우리는 수없이 지켜보았습니다. 이라크 전쟁도 이라크가 대량 살상 무기를 가지고 있을지 모른다는 공포가 초래한 전쟁이었습니다. 잘못된 공포가 최소 수십만 명의 사람들을 죽인 것입니다. 아브 그라이브나 관타나모 같은 미국의 거대한 포로수용소에서 벌어지는 명백한 인권침해도, 테러에 당할지 모른다는 공포가 있기에 존재할 수 있는 것입니다. 앞으로 벌어질지 모르는 막연한 공포 때문에 누군가를 가두고, 또 고문할 수 있는 것이지요.

우리 정부의 무기 구매도 마찬가지입니다. 이미 한반도에서 사용하기에는 지나칠 만큼 비싼 무기를 많이 구매한 정부는, 이제는 북한 때문에 무기를 사야 한다고는 말하지 않습니다. 분명하지 않은 중국과 일본과 러시아의 위협에 대비하기 위해 더 비싼 무기를 구매하겠다고 말할 뿐입니다. 해양수송로를 확보하기 위해 강정마을에 해군기지를 짓겠다는 해군의 주장을 그대로 닮았습니다. 그런 식으로 생각하면 전 세계와 전쟁을 해도 모자랄 판이고, 무기는 있는 대로 사야 하는데다가, 지을 수 있는 모든 곳에 모조리 기지를 지어도 부족할 것입니다. 저는 그래서 공포를 줄여나가는 것이 어쩌면 가장 중요한 평화운동이라는 생각을 합니다. 우리가 두려워하지 않는다면 이런 어처구니없는 일들은 지금보다 덜 일어나지 않겠습니까.

선생님, 군대의 민주화를 이야기하며 국방부의 무기 구매 이야기만 하려 했던 것은 아닙니다. 더 중요한 것은 어쩌면 강정마을처럼 군대가 다시 우리의 삶을 위협하는 문제들일지도 모르겠습니다.

얼마 전 활동가들과 평택을 다녀오며 2006년의 대추리를 떠올려 보았습니다. 당시 학생이었던 저는 그날을 분명하게 기억할 수 있습니다. 농성을 하는 주민들을 체포하고, 초등학교를 무너트리고, 윤형철조망으로 마을을 온통 둘러싼 채 아무도 들어올 수 없도록 했던 '여명의 황새울'로 불린 군사작전 말입니다. 계엄도 아닌 상황에서 시민들을 상대로 무장 병력 수천 명을 투입한 사실은 1980년의 5월을 떠올리기에 충분했습니다. 민주화 사회라면 상상할 수 없는 군대 투입이, 겨우 주민들 백수십 명을 몰아내기 위해 일어났다는 사실을 떠올려 볼 때면 아찔하기만 합니다. 오래전도 아니고 불과 7년 전 일입니다.

선생님, 그때 고향을 잃은 대추리 주민들은 새로운 집을 짓느라 빚을 지고, 겨우 잡초를 뽑거나 도로를 청소하는 공공근로로 살아가고 있습니다. 스스로의 힘으로 농사지으며 살았던 삶이 이제는 그저 비루하기만 합니다. 내년부터는 공공근로마저도 계속할 수 없다고 합니다. 누가 그 삶들을 이렇게 뿌리째 뽑아 버렸습니까.

겨우 2천 여 명이 사는 작은 마을의 주민들을 몰아내고 아름다운 자연을 파괴하면서까지 북한에서 가장 멀리 위치한 제주도 남쪽에 군사기지를 지어야 하는 이유를 저는 아직도 이해할 수 없습니다. 정말 주민들을 위한다면 관광복합미항이라 이름 붙인 군사기지가 아니라, 문화시설과 복지시설을 지어 주어야 하지 않습니까.

네, 올해는 정전협정 60주년입니다. 누군가에게는 한미동맹 60주년이고, 또 누군가에게는 아직도 휴전 63년째일 것입니다. 지난 60년의 굴곡과 역사를 돌아보기에는 아직 60년이라는 시간은 충분하지 못했던 걸까요. 서울 한복판에 전쟁기념관을 만들어 놓고 여전히 전쟁을 기념하는 나라에서, 정전협정 60주년은 아직 우리에게 전쟁이 끝나지 않았다고 말하는 것 같습니다. 전쟁을 통해 국가 정체성을 유지해 온 사람들에게 끝나지 않은 전쟁은 달콤한 유혹일 것입니다. 또한 끝내지 못한 전쟁은 비민주화된 군대와 군사기지로 우리의 삶을, 평범한 농사꾼들의 삶을 위협하고 있는지 모르겠습니다.

2013년 6월 11일

박정경수 드림

13. 폭력과 싸우는 힘, 상상력

박정경수 형제님께,

    다시 감옥에서 편지를 드립니다. 작년 추석 때 출옥하면서 내 생각이 바뀌거나 우리나라가 변하거나 둘 중 하나가 바뀌지 않는 한, 나는 다시 이 감옥으로 돌아올 수밖에 없으리라고 예상했었습니다. 그래서 그런지 철창 속에서도 마음이 그리 동요되지 않습니다. 호송 차량 왼켠 창문으로 보이는 붉은 저녁노을을 언제 다시 볼 수 있을까 싶어 마음속에 가득 담아 둘 요량으로 넉넉히 바라보며 제주시로 넘어왔습니다.

삼성의 고발, 경찰의 강제구인

저는 어제 규정을 어긴 채 바다를 오염시키는 준설 공사 현장을 수중에서 촬영했는데, 경찰은 저를 삼성의 정당한 업무를 방해한 현행범 명목으로 바다 위에서 강제구인했습니다. 강도의 도적질을 제지하려는 시민을 업무 방해 혐의로 체포하는 꼴입니다. 기막힌 일이지만 제주 강정마을에서는 흔히 벌어지는 일이라서 그리 놀랍지도 않습니다. 가히 대한민국은 삼성 공화국이라고 해도 과언이 아닌 듯싶습니다. 삼성의 고발은 사법부의 공문서와 같은 효력을 지녀서 경찰이 사실 확인도 거치지 않고 시민을 체포할 수 있으니까요.

저는 경찰이나 검찰, 판사, 그 누구에게도 더 이상 정의를 기대하지 않습니다. 오직 하나님만이 약자와 가난한 자들을 위해 정의를 세우실 것임을 더욱 굳게 믿게 됩니다. 이 믿음은 제게 선택이 아닌, 벗어날 수 없는 현실의 구속이요 강요입니다. 이 절망적인 어둠 속에서조차 지치지 않고 더 밝게 빛나는 희망의 근거가 무엇인지 저도 잘 모르겠습니다. 그저 밤이 깊어지면 깊어질수록 별빛은 더 밝게 비추일 수밖에 없는 불가항력 같은 걸까요?

대선 전에는 야당에 승산이 있어서였는지 더 많은 사람이 해군기지 건설 반대 투쟁에 동참했지만 대선 결과가 불리한 쪽으로 판명 나자 적잖은 평화활동가들이 강정을 떠났습니다. 그리고 마을 주민들 중에서도 현실을 인정해야 하는 게 아닌가 생각하는 이들이 더 늘었습니다. 이제는 정의를 위한 투쟁을 멈추고 보상을 논하기 시작할 때라는 것이지요. 저는 강정의 그리스도인들이 이렇게 현실론자가 되어 가는 것을 씁쓸하게 지켜보고 있습니다. 그리스도인은 원래는 그런 사람들이 아니지 않습니까? 강자 앞에서 모든 사람들이 더 이상 싸워봤자 승산 없으니 이제는 무릎을 꿇자고 할 때라도 마지막까지 불의를 불의라고 정의를 정의라고 외치는 소리가 되어야 하지 않나요? 절망이 주는 유익이 있다면 그것은 우리 안에 있는 진정성을 더 밝게 빛내 준다는 점일 겁니다.

평화운동을 하면서 새롭게 알게 된 점이 있습니다. 평화활동가도 나름 인기와 유명세를 탈 수 있다는 사실이지요. 정세가 유리해지면 사이비 평화활동가들이 모여들지만, 불리해지면 바람에 나는 겨처럼 떠나갑니다. 자신이 패배할 줄은 알면서도 자신의 신앙과 신념을 지키기 위해서 자리를 지키는 이들, 그들이 그리스도인들이어야 옳은 것 같습니다. 그런데 실상은 그렇지 않습니다. 그리스도인들이 더 빨리, 그리고 더 많이 현실론과 대세론을 추종합니다. 자신의 신념과 양심 때문에 자리를 끝까지 지키고 있는 이들은 무신론자들, 타종교인들, 이단이라고 비난받는 이들, 그리고 약간의 그리스도인들입니다. 바로 이들이야말로 하나님의 자녀들이라고 생각합니다. 때때로 희망이 보이지 않는 패배의 수렁으로 빠져들고 있는데도, 신앙과 양심을 지키기 위해 내가 이 자리를 꼭 고수해야만 하나 하는 회의적인 생각이 들 때면 5·18 광주민주항쟁 때 전남도청을 끝까지 사수했던 시민군들 모습을 떠올립니다. 물론 저는 끝까지 총을 들지는 않았겠지만 말입니다.

마지막으로 자신의 친구들을 환송해주며 그 어두운 건물 안에 남아 예고된 최후를 맞이했던 분들. 역사는 결국 그분들의 명예를 회복시켰지만 그들은 비참한 최후를 피할 수 없었습니다. 불운한 운명이었지요. 누군가는 영웅이, 누군가는 희생자가 됩니다. 그것이 그들의 운명인 것을 어찌 하겠습니까? 나는 우리 인생의 영화와 비참이 하나님의 손에 달렸다고 믿습니다. 우리 손에 달려 있는 것은 정의와 평화를 실천할 것인지 말 것인지의 선택이겠지요. 결과는 모두 하나님께 맡겨야겠지요. 결과까지 원하는 대로 의도하려 한다면 지나친 욕심 아닐까요?

평화 책마을과 '상상력'

경수 형제님, 강정에도 새로운 변화들이 일어납니다. 해군기지 건설이 강행되면서 이에 대응하는 평화의 공간이 늘고 있습니다. 그 중의 하나가 평화 책마을입니다. 영국의 헤이온와이와 같이 작은 마을 전체가 책마을이 되는 것을 꿈꾸는 프로젝트입니다. 작가행동이 강정에 와서 처음으로 책마을의 꿈을 이야기할 때는 저도 이들이 무슨 그림을 그리고 있었는지 잘 몰랐지만, 강정마을 한복판 사거리에 평화 책마을이 들어서고 나서 그 책방이 '공존과 소통'의 장이 되어가는 모습을 보면서 평화를 위한 책의 힘을 조금씩 깨달아가고 있습니다. 해군기지 찬성과 반대를 넘어서서 주민과 어린이들이 함께 만나 커피와 차를 마시면서 새로운 언어를 배우고, 뜨개질까지 함께하는 열린 공간이 되어가고 있습니다.

책마을은 폭력에 맞서는 새로운 상상력의 소산입니다. 폭력보다 강한 평화의 힘은 무엇일까? 그 힘이 있기는 한 걸까? 의심이 들 겁니다. 나도 그런 적이 있었으니까요. 그런데 강정은 그 힘이 무엇인지를 우리에게 가르쳐주고 있습니다. 바로 상상력이지요. 창조적인 상상력. 어린이들이 펼친 동화 책갈피 사이에, 강정마을 처녀의 투박한 삶 이야기 속에, 소녀들이 그린 강정항 방파제의 고래 벽화 위에, 곶자왈작은학교 어린이들의 청아한 노랫가락 속에, 태나의 어설픈 춤사위 속에, 노신부님의 땀내가 배인 묵직한 서각 속에, 공사장 정문 옆의 자그마한 밭벼 논두렁 안에, 마른 나뭇가지들이 어울려 하늘로 뛰어오르는 돌고래가 되는 그 상상의 바다 속에서 생명과 평화의 에너지는 솟아납니다. 강정은 이런 아름다운 상상의 나래가 펼쳐지는 공간들로 채워지고 있습니다.

기쁜 소식 하나가 있습니다. 오랜 역사를 통해 평화의 전통을 지켜온 퀘이커(Quaker) 공동체의 형제자매들도 강정에 새로운 평화의 공간을 만들 거라고 합니다. 저는 강정이 그런 평화의 공간들로 전쟁과 살상의 기지를 막아내기를 바랍니다. 강정은 전쟁기지가 평화의 공간에 의해 몰락하는 통쾌한 상상을 할 수 있는 곳입니다. 군사기지가 변하여 평화의 이민자들과 평화의 유배자들의 거리가 되는 꿈을 꿀 수 있는 곳, 이웃나라와 전쟁을 벌이려는 무시무시한 무기들로 중무장한 군함과 전투기들이 내열과 소음을 뿜어내며 부산히 들락날락하는 전쟁기지가 전쟁과 재난으로 고향과 조국을 떠날 수밖에 없는 정처 없는 난민들의 안전한 피난처로 변할 수 있다고 믿는 마을, 강정은 그런 평화의 거리, 평화의 마을을 꿈꾸고 있습니다. 이 꿈은 민들레 꽃씨처럼 훨훨 날아 온 세상으로 퍼져 나갈 것입니다.

8월 4일에는 강정의 해군기지 사업단 정문 앞에서부터 강정 포구까지 평화의 인간띠잇기 행사가 진행됩니다. 2천여 명의 평화의 시민들이 손에 손잡고 "우리는 구럼비가 전쟁기지가 아닌 생명평화의 공원이 되기를 원한다!"는 간절한 소망을 온 몸으로 절규하는 행사입니다. 경수 형제님도 이 대열에서 꼭 함께 손 잡아 주시기 바랍니다. 내가 자유의 몸이 되어 형제님의 따뜻한 손을 맞잡을 수 있다면 얼마나 좋을는지요?

다시 좋은 소식을 전할 수 있기를 바라며 이만 줄입니다.

2013년 7월 2일
제주해양경찰서 유치장에서
송강호 올림

송강호의 옥중일기 5

2013년 7월 3일 아마도 흐림
(제주해양경찰서 수감, 체포적부심)

제주항 근처에 있는 제주해양경찰서 유치장에 수감되었다. 통틀어 일곱 번째 수감이고 이곳에서는 두 번째다. 현재는 나와 박도현 수사님 두 사람이 각각 따로 분리 수감되었다. 행락철이라 바닷가에서 크고 작은 사건 사고들이 많아서 붐빌 줄 알았던 유치장이 너무 조용하고 적막하기도 하다. 가끔 박 수사님 노래 소리가 들리기도 한다.

오전에는 우리가 원했던 동영상과 복사물들을 동원이가 갖고 달려왔다. 우리 때문에 시달리는 젊은이에게 고맙고 미안하다. 그 동영상 자료를 훑어보고 서둘러 제주법원에 가서 체포적부심을 받았다. 사건을 맡은 허경훈 판사는 젊은 사람이었다. 재판을 비공개로 진행한다고 해서 이곳까지 어렵사리 따라온 테나맘과 조앤은 결국 재판정에 못 들어왔다. 나는 판사에게 우리 행위가 불법 공사를 채증하는 정당한 일이라고 주장했고, 우리를 체포한 경찰들의 부당한 체포 장면이 담긴 짧은 영상을 봐주기를 요구하였다. 하지만 판사는 체포적부심사는 증거 자료를 필요로 하지 않는다며 거절했다. 나는 체포 장면을 담은 이

영상이 재판에 결정적으로 중요한 내용을 담고 있다고 반박했지만 판사는 내 말을 들으려 하지 않았다. 어제 병이 나서 일어나지도 못하는 두희 누나가 하루 종일 이 동영상을 편집한 수고에도 불구하고 결국 허망하게 거부된 것이다.

도대체 판사는 무엇을 하는 사람인가? 하지만 그럴 것이다. 세상에 나보다도 억울한 사람이 한 두 사람이랴. 인혁당 사건의 희생자들, 숱한 유신 독재 치하의 비분강개할 엉터리 재판들, 석궁 사건으로 4년 수감 생활을 한 어느 교수, 남북이 약속한 6·15 선언을 쌍방이 지키자고 역설하며 북한을 다녀온 이유로 3년 넘도록 지금도 대전교도소에 수감되어 계신 한상렬 목사님 등 모두 비뚤어진 재판의 억울한 희생자들이다. 정의롭지 않은 사회는 평화롭지도 않다. 평화롭지 않은 세상은 억울한 사람들의 눈물과 한숨, 냉소와 분노가 가득 차기 마련이다.

우리나라가 어떤 가면을 쓰고 화장을 어떻게 했든 속은 이렇게 썩고 병든 사회다. 강정은 그 고름이 터져 나오는 발꿈치 정도에 불과할 것이다. 한 사회의 바로미터는 아마도 사법부일 것이다. 사법부에서 정의를 기대할 수 없는 사회는 자정 능력이 없는 사회요, 회복을 위한 복원력이 없는 사회다. 비상 낙하산과 같은 최후의 구원이 있다면 그것이 교회와 같은 종교기관이 아닐까 생각하지만, 한국교회는 안타깝게도 자정능력도 자구력도 없다. 구원 가망이 없는 사회다. 하나님이 숨겨 둔 남은 자들이 있을까? 그 어디에? 이들이 숨어 있기나 한 것일까? 있다면 이제 나와라, 제발. 이제는 밖으로 나와야 한다.

송강호 선생님께,

    선생님, 건강하신지요. 선생님의 체포 소식과 구속 소식은 이미 여러 경로로 들어 알고 있었습니다. 이미 여러 차례 체포당하셨어도 그곳의 거친 생활은 좀처럼 익숙해지기 어려우실 거라 생각합니다. 무엇보다 매번 갑작스럽게 가족들과 헤어져야 하는 경험은 분명 유쾌하지 않으실테지요. 반갑지 않은 소식을 매번 편지로 받아야 하는 저도 마음이 무겁기만 합니다.

    제가 처음 선생님과 이렇게 편지를 주고받게 된 것도 선생님의 체포 때문이었지요. 편지를 주고받았던 별로 길지 않은 그 시간 동안 선생님의 체포와 구속이 벌써 몇 번째인지 모르겠군요. 주민들의 완력과 저항이 얼마나 위험한 것이기에 거대한 기업과 정부, 군대는 주민들을 기어이 감옥으로 보내려는 것일까요. 강정이라는 작은 마을에서 평화를 희망하는 일이 그렇게 위험하고 불법적인 걸까요. 이 땅에서 평화를 갈망하는 우리가, 돌아갈 곳이 평화의 길이 아니라면 두터운 담장 안의 좁은 방이라도 피할 수는 없는 것이겠지요.

    선생님 말씀처럼 마을을 파괴하고, 또 뭇 생명과 자연 환경을 파괴하는 공사 현장을 감시하는 일조차 불법이 되어버리는 현실 앞에 쉽사리 입이 떨어지지 않습니다. 기업의 이익은 법으로 그렇게 철저하게 보호하면서 주민들의 조용한 일상을 지키는 일에는 왜 그렇게 무관심한지요. 왜 주민들이 평화롭게 일상을 지킬 수 있는 권리는 헌법에 보장되지 않는 것일까요. 법으로는 도무지 답을 찾을 수 없는 불의한 현실에서 우리는 무엇을 해야 할지 답답합니다. 남아있는 길은 스스로 감옥으로 걸어가는 그 길 뿐 일는지요.

"아흔아홉 번 지는 싸움"

성경에는 거인 골리앗에 맞서 뜻밖의 승리를 거두는 어린 목동 다윗의 이야기가 나옵니다. 하지만 현실에서 우리는 거대한 골리앗에 맞서는 일이 쉽지 않습니다. 뜻밖의 승리도 좀처럼 경험할 수 없습니다. 폭력을 독점한 정부와 이윤을 위해 무엇이든 할 것 같은 기업들, 그리고 군대는 말할 것도 없지요. 너무 힘이 듭니다. 승산이 없는 싸움이지요. 혼자서 마음을 굳세게 먹는다고 되는 일도 아닙니다. 하지만 늘 그랬듯 사람들이 넘치게 많아서 싸울 수 있었던 것도, 또 승산이 있을 것 같아서 없는 힘을 짜내 맞섰던 것도 아닙니다.

언젠가 선배들에게서 들었던 이야기 중에 쉬이 잊히지 않는 말이 있습니다. "아흔아홉 번 지는 싸움"이라는 표현입니다. 한 번 지는 것도 이렇게 힘이 드는데 아흔아홉 번이라니요. 마치 매일 지기 위해 싸우는 것처럼 들리기도 했습니다. 처음 그 말을 들었을 때 얼마나 기운이 빠지고 힘이 들었는지 모르실 겁니다. 그렇다고 꼭 한번 이기기 위한 것도 아니랍니다. 그 아흔아홉 번을 잘 지기 위해서 열심히 해야 한다는 것이었습니다. 어차피 한 줌밖에 안 되는 사람들로 거대한 정부나 기업들에 맞서기는 처음부터 쉬운 일이 아닙니다. 혹여나 다윗처럼 언젠가 이길 날이 올지도 모르지만, 어디까지나 하나님이 주관하실 일이지 우리의 힘만으로 부족한 것이 현실입니다.

하지만 질 때 지더라도 모두 똑같은 것은 아닙니다. 모두가 똑같이 지는 것은 아니라는 말입니다. 승산이 없다고 하나 둘 떠나버려 어쩔 수 없이 아무것도 할 수 없는 날이 올 지도 모르지만, 희망의 끈을 놓지 않고 이길 때까지 기다리는 마음 역시 필요한 것이 아닐까요. 모세의 무리들이 광야에서 40년 나그네 생활을 기다릴 수 있었던 그 마음처럼 말입니다.

제가 잘 아는 평택의 대추리 주민들은 일제시대부터 군사기지 확장으로 모두 세 번 고향을 잃은 분들입니다. 하지만 미군기지 확장으로 다시 고향을 잃고 마을을 떠나야 했음에도 그분들은 공동체만큼은 절대 포기하지 않으셨습니다. 그래서 이전 부지를 정하는 과정에서도 가장 가난한 주민들도 모두 함께 이사할 수 있도록 가장 싼 이전 부지를 선택했답니다. 주민들은 지금도 새로운 마을의 이름에서 대추리라는 옛 이름을 지키려 애쓰고 있습니다.

선생님도 많이 들어보셨겠지만 대추리에서도 "질긴 놈이 이긴다"는 구호를 많이 외쳤습니다. 강정마을에서도 이 구호를 많이 들었던 기억이 납니다. 누군가에게는 자기 것을 절대 포기하지 않으려는 이기심마냥 들릴지 모르겠지만, 실상은 그 실낱같은 희망을 절대 버리지 말자는 간절함이 배어있는 말입니다. 그들이 언젠가는 약속된 땅으로, 그들의 고향으로 다시 돌아갈 날이 분명히 있으리라 믿습니다.

군사기지·송전탑이 서울에 세워진다면…

선생님, 최근 저는 경남 밀양의 작은 마을들이 한전의 765kV 송전선로 공사로 어떤 고통을 받는지 다시 생각해볼 시간이 있었습니다. 그 고통이 지옥일 거라는 할머니들의 안타까운 호소는 우리 사회가 만들어낸 국가라는 거대한 괴물을 두 눈으로 확인하는 시간 같았습니다. 평생 땅만 보며 살아온 노인들마저 집어삼키려는 듯한 거대한 괴물을 말이지요.

이번에 밀양에 지어지는 한전의 765kV 송전선로는 우리가 흔히 알고 있는 154kV 송전선로와는 다른 초고압 선로라고 합니다. 고속도로를 타고 가면서 볼 수 있는 그런 송전탑, 송전로와는 분명히 다른 것들인가 봅니다. 무려 140미터나 되는 송전탑의 높이가 자연경관에 주는 부담도 크지만, 무엇보다 18배나 많은 전기를 한 번에 보내기 때문에 주민 건강에 미치는 전자파의 영향도 무시할 수 없다고 합니다. 특히 765kV 송전선로가 밀양 마을에 너무 가깝게 지나가다보니 송전선로가 직접 지나는 논밭은 농사도 지을 수 없고, 당연히 농토는 재산 가치를 잃게 되겠지요. 주민들은 평생 가꾸어온 땅을 하루아침에 잃어버리게 된 것입니다.

하지만 주민들은 보상을 바란다고 말하지 않으십니다. 연세가 많은 할매, 할배들이 원하는 건 보상이 아니라 지금처럼 사는 것입니다. 하지만 한전은 귀를 막고 끊임없이 보상을 더 해주겠다는 이야기만 합니다. 바라는 것도 아닌데 말이지요. 평생 농사를 지어온 노인들에게 땅을 빼앗는 것이 무엇을 의미하는지 그들은 모르는가 봅니다.

그런데 놀랍게도 한전이 들고 나오는 이유는 전력 부족이랍니다. 정확히 그들의 표현을 빌자면 '전력대란'이겠지요. 밀양 할매들 집에 전기가 부족할리는 없겠지요. 전력자급률 3%의 수도권을 위해 멀리 500km나 떨어진 시골의 노인들이 이런 피해를 당해야 하는 것입니다. 언젠가 강정마을을 이야기하면서 비슷한 말을 한 기억이 납니다. 서울 한복판에 거대한 군사기지가 지어진다면 과연 어떨까 하고요. 마찬가지로 서울 한복판에 거대한 원자력 발전소 10기가 지어진다면 사람들은 과연 지켜보고만 있을까요? 저는 인구 천만 명의 도시가 만들어내는 거대한 폭력이 여기에 있다고 생각합니다. 문제를 정확히 알지 못하더라도, 문제에 무관심하더라도 이런 거대한 폭력적 구조 위에 서울이라는 도시는 존재하고 있는 사실 말입니다.

현재 주민들 사이에서는 송전선로를 땅속으로 묻는 지중화 이야기가 나오고 있지만 한전 측에서는 비용과 공사 기간을 이유로 반대하고 있습니다. 수도권의 송전선로는 이미 존재하는 것도 일부러 지중화하는 마당에, 주민들의 숫자가 적고 나이가 많은 밀양과 같은 마을에는 희생만 강요하는 것입니다.

강정마을도 밀양도 어쩌면 우리라는 거대한 이익집단의 욕망 아래 고통 받는 사람들 아닐까요. 하지만 과연 765kV 송전선로가 필요할 정도로 우리에게 많은 원자력 발전소가 필요한 것일까요. 우리는 한 번도 이야기해본 적이 없습니다. 얼마나 많은 전기가 필요한지. 그리고 얼마나 많은 군사기지가 필요한지 말입니다. 단지 우리의 욕망이 무한히 증식한다고 생각한다면, 우리가 조금의 불편함도 절대 양보할 수 없다면 언젠가 밀양과 강정마을을 집어삼키려는 그 괴물이 우리까지 집어삼켜 버릴지 모릅니다.

밀양 송전탑 갈등으로 주민들의 '외상 후 스트레스 장애(트라우마)' 의심환자가 거의 70%에 달한다는 언론 보도가 얼마 전에 있었습니다. 특히 조사 대상자의 3분의 1 이상은 매우 심한 외상 후 스트레스 장애 증상을 보이는 것으로 나타났습니다. 이는 실제로 일반 인구의 4~5배나 높은 비율이며 전쟁이나 내전을 겪은 이들보다도 높은 수치로, 걸프전에 참전한 미군에 맞먹는 증상 유병률이라고 합니다. 저는 소위 PTSD(Post Traumatic Stress Disorder)라고 부르는 이 병이 주로 전쟁터의 군인들에게서 나타나는 문제라고 생각했습니다. 최근 이라크나 아프간 참전 미군의 사망자보다 자살자의 비중이 더 높다는 기사들이 심심찮게 나오는 것을 생각한다면 송전선로 건설로 주민들이 겪는 고통이 얼마나 큰 지 이해할 수 있는 대목입니다.

전투기 폭격장으로 유명했던 화성의 매향리 폭격장의 경우도 마찬가지로 2005년 폐쇄되고 몇 년이 지나서도 주민들 정신건강이 크게 위험했다는 전문가들의 조사결과가 있었습니다. 실제로 폭격장이 가동되는 동안 매향리에서 매년 자살자가 나올 만큼 소음과 오폭사고로 주민들이 받은 고통은 무척 컸음을 실감할 수 있었습니다.

마침 얼마 전 평화박물관이라는 단체에서 평택 대추리 주민들의 정신건강을 돕고자 <대추리 평화마을 주민들과 함께하는 치유모임>을 꾸려 8주간 프로그램을 진행했다는 소식을 들었습니다. 저도 평택을 오고가며 주민들이 집단 이주 이후에도 많이 힘들어 하신다는 사실은 알고 있었지만, 이런 치유 프로그램을 할 수 있을 거라고는 생각하지 못했습니다. 그리고 어쩌면 당장 주민들 옆에서 함께 싸워주는 것 이상으로 갈등 이후까지 함께 고민해야 한다는 숙제를 받게 됩니다. 그동안 개척자들을 통해 쓰나미 피해를 당했던 아체 주민들이나 내외적인 갈등을 깊게 겪었던 동티모르에서의 활동을 지켜보곤 했었는데요. 지금 와서 생각해보니 갈등 이후에도 마을에 남아 주민들의 화해와 평화를 위해 애쓰는 모습이 아마 그런 이유에서 아니었을까 생각해보았습니다. 아흔아홉 번 지더라도 잘 져야 한다는 말이 결국 이런 것 아니었을까요.

저도 강정마을의 평화책방 소식은 종종 듣고 있습니다. 평화에 대항하기 위한 상상력. 이런 상상력의 힘으로 마을이 새로운 활력을 얻을 수 있다면, 새롭게 거듭날 수 있다면 정말 좋겠습니다. 다른 의미에서 마을이 갈등과 투쟁의 장이 아니라, 함께 받았던 고통을 치유하고 소통할 수 있는 공간이 되어간다는 점에서 더욱 반가운 것 같습니다. 아직 우리는 지지 않았고 포기하지도 않았습니다. 평화책방과 퀘이커들의 평화 공간뿐만 아니라 강정을 평화마을로 만들기 위한 노력이 계속 이어질 수 있었으면 좋겠습니다.

선생님, 저도 강정생명평화대행진에 참여하기 위해 1일 평화크루즈를 타고 제주에 내려갑니다. 8월 4일 인간띠잇기 행사에도 함께할 수 있을 것 같습니다. 다음 편지에서는 선생님 대신 평화대행진의 소식을 전해드릴 수 있겠네요. 건강하십시오. 선생님과 평화를 위해, 그곳 교도소에 수감된 평화수감자들 모두를 위해 기도하겠습니다.

2013년 7월 10일
박정경수 드림

14. 통일 길목을 지키는 이정표들

박정경수 형제님께,

이번 여름에는 장마가 중부지방에 유난히도 오래 머무는 것 같습니다. 온 사방이 물난리요 산사태라는 보도를 접합니다.

무엇보다도 서울시 상수도 공사장에서 희생당한 인부들 소식으로 마음이 아픕니다. 인부들은 장마로 한강물이 불어나고 있어서 위험을 느껴 일하러 가기를 꺼렸다고 합니다. 그러나 하루 일해 하루 사는 힘없는 날품팔이 노동자들이 일감을 마다할 수 있었겠습니까? 그 깊고도 긴 지하 터널에서 갑자기 수막 철판이 찢어지면서 어마어마한 양의 진흙탕 물이 쏟아져 들어올 때의 상황을 상상하면 치가 떨립니다. 사력을 다해 반대쪽 출구로 뛰었겠지만 생존자는 한 사람도 없었습니다. 이 나라 권력자들이나 기업가들이 인명을 조금이라도 귀중히 여겼다면 장맛비로 강물이 불어나는 시점에 강바닥보다 더 낮은 터널 안에서 그런 위험한 작업을 하도록 요구하지는 않았을 겁니다.

    희생자들 중에는 조선족 동포도 세 명이나 있었습니다. 신문 방송에서 사건 사고가 보도될 때마다 안전사고의 희생자 명단에는 조선족이나 외국인 노동자의 낯선 이름들이 거의 빠짐없이 들어 있습니다. 얼마 전 <채널A> 뉴스특보에서 진행자가 샌프란시스코 공항에서의 아시아나 비행기 추락 사건을 다루면서 "사망자가 한국인이 아니어서 다행"이라고 발언해 비난과 징계를 받았습니다만, 외국인에 대한 그런 배타심은 우리 모두의 마음이 아닐는지요. 아빠와 아들이 하루 속히 큰돈을 벌어 건강한 모습으로 귀국하기를 바라는 가족들 손에 한 줌의 재만 돌아갈 것을 생각하면 가슴이 먹먹해집니다.

무더운 교도소 독방은 '기도 골방'

어젯밤에 오랜만에 세찬 바람이 부는 것이, 장마전선이 이제 남쪽으로 내려올 암시를 주는 것 같았습니다. 제주도는 아직까지 매일 강렬한 햇볕으로 찌는 듯합니다. 제가 갇힌 독방의 천장은 지붕하고 맞닿아 있어서 불 땐 아랫목처럼 절절 끓습니다. 하루

종일 달궈진 천장의 열기가 밤에는 온 방을 데워서 마룻바닥에서 아무것도 걸치지 않고 자려해도 땀이 비 오듯 합니다. 교도소의 독방은 기도원의 골방 같은 느낌입니다. 도저히 납득할 수 없는 이유로 체포당해 구속되고 보니 처음에는 억울하다는 생각과 분노가 치밀기도 했지만, 시간이 지나면서 어떤 사실 배후의 진실을 생각하게 됩니다. 날 이 독방으로 불러온 이가 경찰이나 검찰이 아니라 주님이시라는 생각이 듭니다. 주님이 날 만나고 내게 기도와 묵상의 시간을 주시려 비상한 방법으로 나를 이 기도의 골방으로 불러들이시는구나 하는 생각이 드는 것이지요.

늘 기도 드리는 내용 중의 하나는 현재 대전교도소에 3년째 수감되어 계시는 전주고백교회의 한상렬 목사님을 위한 기도입니다. 한 목사님은 남북이 평화로운 통일을 이루기를 간절히 염원하셨고, 그러기에 남북한 모두가 6·15공동선언의 약속을 지켜달라고 호소하려 남과 북을 넘나든 것이 죄가 되어 그렇게 오랜 세월 투옥되어 계십니다. 죄목은 국가보안법 위반입니다. 정부 허락 없이 방북하여 이북 사람들 비위를 맞추고 환대받고 돌아왔다는 거지요. 결코 그런 분이 아니지만, 저에 대해서도 "정의와 평화를 빙자하여 사법부를 농락하는 악질"이라고 기소한 제주법원의 검찰의 행태를 보면 그분 처지가 이해됩니다.

우리 대한민국 정부가 통일에 대한 의지가 있는지 의문스럽습니다. 한상렬 목사님 이전에도 문익환 목사님이 1989년에 방북하셨고 같은 해에 문규현 신부님이 임수경 양과 함께 북한을 무단 출입하셨습니다. 신문과 방송은 이 분들의 방북을 소영웅주의자들의 무법한 객기 정도로 치부하였지만, 나는 이분들이 분단을 강화하는 실정법들을 무시하고 신앙과 양심의 법에 따라 용기 있게 방북한 것으로 생각합니다. 북한을 찬양하거나 동조한 것이 아니라 우리 헌법이 명시한 우리의 국토인 한반도의 북쪽을 방문한 것입니다. 한상렬 목사님의 방북도 같은 맥락이라고 봅니다. 이분들은 범법자들이 아니라 평화통일을 위한 소중한 이정표들입니다.

통일을 가로막는 장애물들

신문과 방송, 통일에 대한 각종 강연과 회의에서 젊은 세대들이 통일을 바라지 않고 있어서 염려라는 소리를 듣곤 합니다. 이런 현상의 배후에는 분단을 고착화해서 더러운 이득을 취하는 권력 집단의 조작이 숨어있다는 의구심을 떨칠 수가 없습니다. 남과 북은 한 핏줄이고, 한 언어와 한 문화, 한 역사를 갖고 있습니다. 거의 칠십 년의 분단 역사가 있다지만 오천 년의 역사적 뿌리와 비교해 보면 그리 긴 세월이 아닙니다. 남과 북 사이에는 가족과 민족처럼 쉽게 나뉠 수 없는 자연스러운 끈끈함이 있습니다. 문제는 이 친화력과 종족적, 문화적 인력(引力)을 마비시키고 무력화하는 장애물들이 있기 때문에 자연스러운 통일에 대한 열망이 소멸된 것처럼 보이는 것이지요.

북한의 권력자들에게 무엇을 하라고 요구하기 전에 우리 남한 정부가 먼저 통일을 막는 장애물들을 치우기 바랍니다. 남한이 먼저 일방적으로 자유로운 통신과 교통, 왕래와 방문을 허락하는 것입니다. 또한 교류와 무역의 물꼬를 터주기를 바랍니다. 우선 이를 가로막는 국가보안법 철폐가 통일을 위해 절실한 과제입니다. 국가보안법을 폐기하면 우리나라에 곧 간첩들이 넘쳐나고, 자유민주주의 체제가 무너진다고 염려하는 분들이 있다면 "우리나라가 그렇게 허약한 나라라면 하루 빨리 허물고 다시 세우는 것이 차라리 낫다"고 답변하겠습니다. 나는 대한민국이 먼저 남쪽 국경을 모두 개방하여 모든 여행자들이 북에서 남으로 내려오든 남에서 북으로 넘어가든 자유를 허락하기 바랍니다. 이것이 진정으로 우리의 헌법을 실천하는 길입니다. 헌법 제1장 3조는 "대한민국의 영토는 한반도와 그 부속 도서로 한다"고 규정하고 있습니다. 내가 내 나라를 가는데 왜 정부 허락을 받아야 합니까?

통일을 가로막는 두 번째 장애는 미군의 점령입니다. 미군 주둔은 분명히 북한의 침략을 저지하는 효력을 갖는다고 생각합니다. 그러나 다른 한 편으로는 분단을 고착시키는 효과도 갖습니다. 미군이 남한에 주둔하는 한 북한은 핵 개발을 지속할 것입니다. 만일 북한에 러시아나 중국군이 주둔해서 핵무기를 남쪽으로 배치해 놓고 있다면, 우리 남한도 국제사회가 무슨 비난을 한들 핵 개발을 서두르지 않을까요? 이런 점에서 북한에 핵 폐기 요구는 핵으로 무장한 남한 미군의 철수와 함께 타결되어야 할 문제라고 봅니다.

미군에게서 전작권을 환수하는 것도 불안한데 미군이 떠난다면 우리나라는 곧바로 적화될 것이라고 두려워하는 분들이 계실 겁니다. 그러나 상식적으로 이해가 안 되는 점들이 있습니다. 최근 북한의 국방비 지출은 19억 달러(약 2조 원)이고 남한은 289억 달러(약 34조 원)로 남한이 북한의 15배 이상 국방비를 지출하고 있습니다. 그런데도 북한에 비해 남한 군사력이 열세라면 우리 국방부 장관은 사임을 하고 장성들은 군복을 벗어야 마땅하지 않습니까? 기업이었다면 당연히 모두 해임했을 겁니다. 우리가 안보에 대해서도 불안해하고 통일에 대해서도 불확실한 전망을 갖는 이유는 분명하고도 단순한 사실에 기초해 있습니다. 우리나라의 권력자들은 오랜 세월동안 자신의 자리를 지키는 데만 혈안이었지 스스로 나라를 지키겠다는, 통일을 이루겠다는 의지가 없었던 것이지요. "비전이 없는 민족은 망한다"고 했는데 이것이 바로 우리나라의 안타까운 현실입니다.

통일을 가로막는 세 번째 장애물은 우리 마음속에 있습니다. 바로 더 먹고살기 힘들어질 것이라는 걱정이지요. 어쩌면 없애기 가장 어렵고 힘든 장애물이지요. 지금도 살기 어려운데 통일 후 우리가 북한 주민들까지 어떻게 먹여 살릴 수 있겠느냐고 걱정합니다. 통일하면 분명히 남한 주민들은 당분간은 경제적인 부담을 더 져야 합니다. 그러나 따지고 보면 우리나라가 경제적으로 더 어려울 때도 그런대로 살았습니다. 자족하는 마음이 없어서 그렇지 지금 그렇게 먹고살기 어렵지도 않지 않습니까? 북한에서는 아사자가 끊이지 않는데 더 이상 어떻게 우리만 잘 먹고 잘 살 수 있겠습니까? 우리가 만족할 줄 모르는 욕망을 갖고 있다면 남한조차도 영남이다, 호남이다, 강남이다, 강북이다 하여 갈가리 쪼개질 판입니다.

세상 이치는 단순하면서도 공정합니다. 가는 것이 있으면 오는 것도 있습니다. 우리들은 이전보다 허리를 졸라 매야 합니다. 그것이 우리를 건강하게 만들고, 북한 주민들을 통해서 자본주의에 찌든 잃어버린 인간성이 상당 부분 회복될 것입니다. 어쩌면 정말 우리에게 부족하고 필요한 것을 보태줄 사람들은 북한 주민들일지 모릅니다. 이런 이야기를 할 때마다 떠오르는 분이 바로 권정생 선생님입니다. 남과 북의 어린이들이 모두 함께 살아가는 세상을 만들기 위해 자신의 모든 저작 인세를 아낌없이 바친 분이지요. 그분 자신은 제가 거하는 감옥 독방과 같은 단출한 곳에서 평생을 사셨음에도 배고픈 북한 어린이들을 늘 생각하셨어요. 나는 새로운 대통령 후보가 나타나 국민총생산은 두 배로 늘리고 국민소득은 반으로 줄이자는 아리송한 경제정책을 내세우기를 바랍니다. 열심히 일해서 더 많이 생산하고 소비는 줄여 그 나머지를 북한과 가난한 이웃나라 주민들에 나누자고 선동하는 그런 멋진 정치가를 만나고 싶습니다. 자족하지 못하는 민족과 나라는 분단될 수밖에 없고, 가진 것을 지키기 위해서는 전쟁과 군대가 동원될 수밖에 없습니다. 그리고 이렇게 부자가 되려는 꿈은 전쟁으로 잿더미가 되어버렸던 것이 역사의 교훈입니다.

우리나라의 앞날은 우거진 수풀로 덮여있고, 도처에 가시밭이 있습니다. 그러나 우리가 나아가야 할 평화로운 통일의 길을 알려주는 이정표들이 다행스럽게도 그 숲속에 숨겨 있습니다. 깊은 산속에서 길을 헤매다 찾아내는 이정표가 얼마나 반가운지는 겪어 본 사람만이 압니다. 이 소중한 이정표들이 우리를 기다립니다.

경수 형제님, 통일에 대해 이야기를 꺼내니 나도 모르게 숨이 가쁠 정도로 펜이 가네요. 이제 제주도에 태풍이 불겠지요.

이 살아있는 큰 바람을 바닷가에서 만나고 싶지만 올해도 그런 소망은 마음에 삼키고 지내야 할 것 같습니다. 언제가 되어야 이 땅에 평화의 바람이 불게 될는지요.

2013년 7월 25일
제주교도소에서
송강호 올림

송강호 선생님께,

　보내주신 서신을 읽다보니, 선생님의 숨가쁜 목소리까지 전해지는 것 같습니다. 통일은 선생님께 그렇게 기쁜 소식이겠지요.

　제가 처음 성경을 읽었을 때 왜 복음을 기쁜 소식이라고 부르는지 잘 이해가 가지 않았습니다. 성경 속 이야기는 죄다 하나님의 법과 교훈, 그리고 의로운 고난들뿐이라고 생각했기 때문입니다. 그 무겁고 진지한, 때론 지루하기까지 한 이야기를 따라가다 보면 그것이 마치 거대한 벽처럼 느껴질 때도 있었습니다. 아마 저뿐 아니라 많은 이들이 성경 속 인물들의 삶에서 자신을 분리해내는 경험을 했을 거라고 생각합니다.

　하지만 복음이 기쁜 소식인 것은 그 이야기 속에서 하나님 나라를 그려볼 수 있기 때문입니다. 하나님 나라가 이 땅에 오는 그 모습이 그려지니 가슴 뛰는 것이 당연하겠지요. 하나님의 의, 하나님의 정의가 이 땅에 서는 것을 상상해보세요. 아니, 어쩌면 우리가 이미 그 나라를 경험하고 있기 때문에 기쁜 마음으로 복음을 전할 수 있는 것인지도 모릅니다. 제 짧은 신앙으로 생각해보면 아마 통일도 그런 기쁜 소식이 아닐는지요?

통일이 즐거운 상상이 되려면

사실 저처럼 젊은 사람들에게 통일은 말처럼 당연한 것이 아닙니다. <우리의 소원은 통일>이라는 노래는 어릴 적 학교에서 배운 노래 가사일 뿐입니다. 전쟁을 경험했거나 북에 가족이 있는 할머니 할아버지마저 없는 제게 통일은 별로 고민해본 적 없는 이야기입니다.

반대로 젊은 누군가들에게 통일은 그저 세금폭탄과 같은 비용의 문제일지 모릅니다. 소위 통일비용이라는 것이 신문지상을 오르내릴 때면, 그것이 나의 주머니에서 얼마가 빠져나가는 문제인지 머릿속의 숫자로만 이해될 뿐입니다. 무슨 실익이 있는지도 모르는데 당장 그런 고통을 감수하라고 하니, 통일은 성경의 그것처럼 숙제만 안겨주는 부담스럽고 어려운 문제로 다가올 겁니다.

하지만 이런 상상을 해봅니다. 젊은이들이 더 이상 군대에 가지 않아도 된다면, 총을 들고 땅을 파는 일에 그 젊음을 허비하지 않아도 된다면 말입니다. 선생님이 이야기하신 권정생 선생님의 시에서처럼 젊은이들이 꽃을 사랑하고, 연인을 사랑하고, 자연을 사랑하는 데 더 많은 시간을 쓸 수 있다면 우리 사회가 얼마나 아름답겠습니까. 매년 30조 원이 넘는 국방비와 수조 원의 무기 구매 비용의 일부라도 복지로 돌린다면 공짜 등록금과 무상 의료도 가능할는지 모릅니다. 더 이상 등록금을 걱정하지 않아도 되고, 언제 걸릴지 모를 병 때문에 불안해하지 않아도 되는 사회가 된다면 얼마나 기쁜 일이겠습니까. 백두대간을 걸어 지리산에서 백두산까지 걸을 수 있다면, 시베리아 횡단열차를 타고 러시아를 지나 유럽까지 기차로 갈 수 있다면 얼마나 신나는 일이겠습니까.

강정마을의 희망

저는 얼마 전 수백 명의 시민들과 함께 제주를 걸었습니다. 또 선생님의 바람대로 주민들과 함께 손과 손을 맞잡고 제주 해군기지를 둘러싸는 인간띠잇기 행사에 함께했습니다. 예상보다 훨씬 많은 사람들이 참여해서 인간띠잇기는 성공적으로 마칠 수 있었습니다. 주민들 또한 뭍에서 온 많은 응원으로 무척이나 고무된 듯 보였습니다. 이럴 때면 땅을 걷는다는 것은 가뭄에 오는 청량한 비만큼이나 참 신비한 경험처럼 느껴집니다. 그리고 그 경험은 때론 세상에 대한 전복적인 경험이기도 합니다.

저는 대학생 때 매년 봄이면 활동가들과 열흘 정도 전국을 걸어보곤 했습니다. 때로는 강원도의 백두대간 일부를 걷기도 하고, 천성산이나 지리산 같은 환경파괴의 현장을 직접 걸어보기도 했습니다. 그리고 분명히 그 짧은 경험들이 제 가슴을 움직이게 했던 거 같습니다. 차를 타고 가면서는 보지 못하던 것을 볼 수 있고, 옆 사람과 대화를 하며, 또 보고 듣는 것을 다시 공유하면서 내가 딛고 걸은 그 자리의 시선에서 세상을 경험하게 되는 것이지요. 주민과 학생이라는, 그리고 지역과 서울이라는 단절되고 분리되었던 경험과 입장을 다시 이어주는 놀라운 사건이었습니다.

사실 저는 이번에 제주에 내려가며 저와 함께 걷는 분들이 이미 여러 번 제주를 방문했던 사람들일 거라고 쉽게 생각했습니다. 그렇지 않고서야 이렇게 더운 여름 강정마을을 위해 수일간 도로를 걸어야 하는 수고를 감히 감수하기 힘들 거라고 말입니다. 또 평화를 위해 제주에 내려올 만한 사람들은 충분히 내려왔을 거라고 생각했습니다. 그러나 그건 어디까지나 제 착각이더군요. 대부분은 강정마을에 처음 내려온 분들이었습니다. 여전히 강정마을을 걱정하고, 제주를 걱정하며 자신의 소중한 휴가를 평화를 위한 행진에 쓰려는 사람들이 많다는 것은 감동이었습니다.

저는 감히 강정마을의 힘은 바로 그런 발걸음에 있다고 생각합니다. 그들이 우리가 강정마을에서 만난 지킴이들이고, 지난 8월 4일 해군기지 공사장을 손과 손으로 포위한 사람들이었으니까요. 주민들의 주름진 얼굴과 높이 솟은 펜스, 그리고 육중한 대형 건설장비의 소음을 경험해본 사람들이라면 더 이상 강정마을의 고통을 외면할 수 없었을 테니까요. 바로 그곳에서 사람들의 마음이 움직이고, 세상을 움직일 수 있는 작은 가능성이 생기는 것 아니었을까요. 그리고 여전히 많은 사람들이 강정마을을 방문하고 그 작은 마을의 평화를 위해 도로를 걷는 수고를 마다하지 않는다는 점은 커다란 가능성이라고 생각했습니다.

가장 작은 평화의 씨앗은 '함께 걷는 걸음'

저 또한 최근에 시민들과 서울의 용산 미군기지 주변을 걷는 일이 많아졌습니다. 벌써 10년이 훨씬 넘은 용산 미군기지 녹사평역 기름유출 사고와 서울의 미군기지 이전으로 시민들의 관심이 부쩍 높아졌기 때문입니다. 길지 않은 시간, 겨우 용산 미군기지의 아주 일부분만을 걷는 일이지만 그 얼마간의 발걸음에서 용산의 역사를 되짚어보고, 주민들의 삶을 돌아보며, 군사기지와 함께 살아가는 주민들의 애환을 생각해보는 데는 충분한 시간이었을 겁니다. 벌써 한 달여 사이에 용산 미군기지를 함께 걸어본 사람들이 200명이 훨씬 넘었습니다.

선생님, 저는 요즘 감히 씨앗을 뿌리는 농부의 마음을 생각하곤 합니다. 물론 저는 씨앗 대신 시민들에게 미군기지와 군사기지를 안내하는 시간을 낼 뿐이지만, 그것이 이 땅의 평화를 위한 작은 씨앗이 될 수 있지 않을까 합니다. 주민들의 삶으로 안내하는 것, 어쩌면 이 땅에서 가장 작은 평화의 씨앗은 그런 발걸음이 아닐까요. 올 여름 제주의 강정마을을 걸어본 사람들이라면 다음에는 서울의 용산이나 평택, 군산 같은 군사도시나 밀양 같이 송전탑으로 고통받는 마을을 걸어보는 것은 어떨까요. 걸어본 만큼 이해하고 공감하고, 또 연대할 수 있을 테니까요.

    선생님, 다음 편지에는 청량한 가을바람처럼 기쁜 소식을 조금이라도 전할 수 있었으면 좋겠습니다. 어렵고 고난스러운 이야기가 아니라, 함께 웃고 힘이 될 수 있는 이야기를 저도 생각해봐야 할 거 같습니다. 무더운 여름 건강하시길 기도하겠습니다.

2013년 8월 11일
박정경수 드림

15. 젊은이들에게 군복무 대신 '평화복무'를

박정경수 형제님께,

　이번 여름은 정말 무더웠습니다. 저는 교도소 독방에 갇혀 더위를 피할 수 없었지만 경수 형제님은 우리나라의 답답한 현실에 갇혀 저보다도 더 뜨겁고 지리한 여름을 보냈을 거라고 생각됩니다. 저는 아이티나 동티모르 같은 열대지방에서 살며 일했었기 때문에 웬만한 더위는 견딜 만했는데, 너무 답답하거나 가슴 아픈 일이 있는 날 밤에는 더위와 협심증이 함께 찾아와 나를 짓누를 때도 있었습니다. 무더운 양계장에 갇힌 닭들이 더위를 못 이기고 맥없이 죽어나가듯이 나도 아침에 그렇게 발견되는 것은 아닐까 생각하기도 했었지요. 처서가 지나가고 나니 밤에는 복도 쪽으로 난 작은 배식 창 안으로 들어와 반대쪽 창을 넘어가는 실낱같은 바람이 한라산의 냉기를 느끼게 합니다.

오늘은 언젠가 경수 형제와 나누고 싶었던 이야기를 하고 싶습니다. 군복무에 대한 것이지요. 아마 이 문제라면 경수 형제님이 저보다도 더 많은 가슴 아픈 사연들을 나누고 싶어 하리라 생각합니다. 군복무를 거부했다는 이유만으로 청년 시절 1년 6개월이나 되는 인생의 황금기를 철창 속에 갇혀 지내야만 했으니까요. 성동구치소에 수감되어 있던 형제님을 접견하러 갔던 날, 창살을 사이에 두고 마주보던 제 눈에서 눈물이 핑 돌았습니다. '국민의 안전과 행복을 위해 존재한다는 국가가 자신의 양심과 신념으로 선택한 삶을 이렇게 무참히 짓밟으며 자국의 폭력 이데올로기를 강요해도 되는 것일까?' 국가의 무지나 나태가 아니라 철저한 무능함이고 악독이라는 절망감에서 흘린 눈물이었습니다.

전세계 양심적 병역거부자 92.5%가 한국 젊은이

그 후로도 그리 짧지 않은 세월이 흘렀지만 이 형벌은 나와 함께 한 방을 쓰는 김동원이라는 젊은이가 또다시 짊어져야 할 고난으로 고스란히 남아 있습니다. 이 젊은이는 어린 학생들을 데리고 우연히 강정마을을 방문했다가 국가에 의해 강정주민들이 겪을 수밖에 없는 억울하고 불행한 사태를 차마 외면할 수 없어 이

곳에 남았습니다. 그는 처음부터 해군기지 문제에 대한 찬반을 떠나 갈등과 불화 속에서 상처 입은 주민들 마음을 치료하고 싶어 했습니다. 지금까지도 그의 삶과 태도에는 그런 공평무사함이 배어 있습니다. 저와 여러 차례 재판도 받은 그는, 자신을 처벌하려고 안간 힘을 다하는 검사에게 재판할 때마다 수고하셨다고 진심으로 머리 숙여 감사하는 태도를 보였지요. 그러는 그가 때로 한심스러워 보이기도 했습니다.

그는 결국 평화를 위해 강정마을에 남았고 그것이 계기가 되어 2008년부터 동티모르 등지에서 분쟁의 희생자들을 돕는 일을 하다가 강정마을로 오게 된 한 타이완 여자를 만나게 되었습니다. 이 둘은 결혼을 약속하는 사이가 되었지만 대한민국 정부는 에밀리라는 이 타이완 여인에게 강제로 입국거부 조치를 했습니다. 또한 동원 군은 본인이 제안한 평화로운 복무가 국가에서 받아들여지지 않을 경우 병역거부자로 몰려 과거 경수 형제님처럼 수감되어야 할 위기에 놓여 있습니다.

경수 형제님이 겪었고 또 지금 동원이가 겪어야 할 위기에 처한 이 무의미하고도 무자비한 처벌이 지금도 매년 거의 천 명의 젊은이들에게 내려집니다. 왜 우리나라는 군복무 대신 평화를 복무하는 다른 길은 열어주지 못하는 것일까요? 알고 있겠지만 유엔인권이사회는 전 세계의 양심적 병역거부자 중에 92.5%

가 우리나라 감옥에 있다고 올해 6월 보고했습니다. 유엔은 매년 우리 정부에 양심적 병역거부의 처벌관행을 바꾸라고 요구하고 있지만 우리나라는 유엔인권이사회의 이사국이라는 자리를 꿰차고 앉아 있으면서도 유엔의 자유권규약위원회의 결정이 단지 권고라는 이유로 거부하고 있습니다. 그러면서도 북한 인권에 관해서는 수시로 유엔인원이사회의 결의문을 통과해 달라고 떼를 씁니다. 우리나라가 이웃나라의 코 앞에 핵잠수함과 항공모함이 들락거리는 거대한 해군기지를 지으면서, 일본의 우익정권이 평화헌법을 개정하여 군대를 소유하려 한다고 비난하는 것과 별반 다를 바 없는 거지요.

동북아시아는 점차 군비경쟁으로 치닫습니다. 미국은 동아시아로 군사력을 집중시키고 있고 이에 질세라 중국은 연일 새로운 무기 개발 소식을 터뜨리고 있습니다. 이것을 호기로 삼은 일본은 평화헌법을 폐기하고 군대를 창설하려고 합니다. 이 틈바구니에서 우리나라도 새로운 해군기지를 건설하고 있고, 천문학적인 돈을 지불해서라도 신형 전투기를 사들이려는(사업비 8조 원 규모의 차세대 전투기[FX] 사업-편집자 주) 협상을 벌이고 있습니다. 우리가 황새인지 뱁새인지 생각할 겨를도 없이 남들이 뛰니까 우리도 덩달아 뛰고 있는 것이지요. 우리가 도대체 어디로 뛰는지 알기나 하는지 모르겠습니다. 이런 동아시아의 점증하는 군사적 긴장과 대결 구도 속에서 우리나라의 대통령이 찬물을 끼얹기를 바랐습니다. 북한뿐 아니라 주변 국가들을 순방하며 군비를 축소하고 군사기지와 군인 수를 줄여 전쟁이 아닌 평화의 길로 함께 가자고 설득하기를 기대했지만, 아쉽게도 박근혜 대통령은 그런 지도자가 못 되는 모양이네요.

국방의무의 제3의 패러다임, 평화복무

우리나라의 안전과 평화를 위해서는 새로운 패러다임이 필요한데 정부는 여전히 구습을 벗어나지 못하고 있어요. 무조건 '좀 더 무기를 구입하고 더 군대를 증강시키면 더 안전할 수 있겠지'라는 안일한 생각의 틀을 벗어나지 못하는 것이지요. 그런 구태의연한 사고에 갇혀 있기에 병역을 거부하는 대신 더 힘들더라도 평화 증진 복무를 하겠다는 젊은이들의 간절한 호소가 들리지 않는 겁니다. 아집과 독선의 잣대로 획일주의의 칼날로 젊은이들의 인생을 숭덩숭덩 썰어냅니다. 그들이 흘리는 피와 눈물에 담긴 온기를 느낄 수 없는 거지요.

한국교회를 대표하는 교단들조차도 양심적 병역거부자들을 구제하기 위한 법 제정을 반대합니다. 그 이유 중에 하나가 여호와의 증인과 같은 이단들에게 선교의 기회를 확대해 주기 때문이랍니다. 저는 기독교가 로마의 박해 속에서 당했던 '이단'으로

서의 고난의 기억을 다 잊은 채 이제는 우리 사회 안에 있는 종교적 소수자들이 겪는 인간적 아픔과 슬픔을 공감할 수 있는 따뜻한 마음을 잃어버린 점이 안타깝습니다. 사실은 여호와의 증인쪽으로서는 감옥이 오히려 전도의 공간임을 교회는 새까맣게 모르고 있어요. 목사들이 신앙과 양심의 실천으로 감옥살이를 해보지 못했으니 실상을 모르는 것이지요. 교도소에 수감된 목사들이 없진 않으나, 불행하게도 사기·폭력·성·살인 등 다양한 범행으로 들어와 있는 현실입니다. 안타깝게도 이들은 양심적 병역거부자들을 구제하려는 사회적 여론을 형성하는 데는 아무런 도움을 줄 수 없다는 것이 문제지요.

나는 우리나라가 젊은이들에게 군복무 아니면 감옥이라는 암울한 흑백 구분을 짓지 말고 제3의 길을 열어두기 바랍니다. 대체복무라고들 하지만 저는 '대체'라는 표현이 적절하지 않다고 생각됩니다. 오히려 더 적극적으로 '평화복무'라고 부르기를 바랍니다. '진정으로 우리나라 국민의 안전과 평화를 위협하는 가장 실제적인 위험 요소들은 어디 있는 것일까?' 라는 현실적인 질문에서부터 시작했으면 좋겠어요. 쓰나미 여파로 일어난 일본의 후쿠시마 원전 사고로 방사능이 유출되고 또 핵으로 오염된 지하수를 계속 바다로 방류하면서도 아직 대책을 세우지 못하고 있습니다. 이런 환경오염은 자국뿐 아니라 당장 우리나라 노량진 수산시장에까지 영향을 미칩니다. 자연재해로 인한 원전 방사능 유출 사고가 우리나라 국민의 안전까지 위협하고 있는 이런 국가 위기 사태에 대해 총을 든 군대는 아무런 대처를 할 수 없는 무능한 집단이라는 사실이 일본 사회에 충격을 주고 있습니다. 미국도 지금 캘리포니아 주의 숲에 벼락으로 발생한 산불이 크게 번져 가옥 5천 채를 포함해 여의도의 60배만한 면적을 불태우고, 미국이 전 세계에 자랑하는 2,000년 된 세콰이어 나무들이 즐비한 요세미티 국립공원이 불바다가 되기 직전인데도 속수무책입니다. 미국이 자랑하는 최고 최신의 군사 무기들이 정작 자국민들 안전에 무용지물인 셈이지요.

그러면 과연 우리 국민들의 실제적인 안전과 평화로운 삶을 지원하려면 무엇을 해야 할까요? 우리에게는 새로운 개념의 시민적 복무가 필요합니다. 이 평화복무에 남자뿐 아니라 여자도 자발적으로 참여하기를 바랍니다. 특별히 여자들은 생명을 잉태하여 출산하고 가슴에 물려 어린 생명을 살리는 사람들 아닙니까? 그러니 본성적으로 생명을 긍정하는 평화의 사람들임을 믿고 있습니다. 실제로 전쟁터에 가보면 총을 들고 사람들을 죽이러 돌아다니는 사람들은 죄다 남자들이지요. 그리고 그 피 흘리는 건장한 장정들과 어린 아이들을 끌어안고 울부짖는 사람은 대부분 여성입니다. 여성이야말로 전쟁의 최대 피해자들이지요. 그러니 전쟁을 막고 평화를 실현하기 위해서 여성이 앞장서야 하는 것이지요. 저는 페미니스트가 아니지만 전쟁을 생각하면 이 세상의 남자들을 구원할 사람은 여성들이라는 사실에 대해 의심하지 않습니다.

우리가 대한민국 국민이기 이전에 정의와 평화와 기쁨의 하나님 나라 백성이라는 믿음으로 불의한 강자에 짓눌려 억울한 처지에 놓인 약자들의 정의를 위해서, 갈등과 분쟁 속에서 고난당하는 이들의 평화를 위해서, 차별과 억압과 사고와 불행 속에서 슬픔에 빠진 이들에게 기쁨을 선사하기 위해서 평화복무에 적극 참여하기를 바랍니다. 물론 병역법이 개정되어 이러한 평화복무가 군복무를 대신할 날이 속히 오기를 바랍니다. 경수 형제님처럼 양심에 따른 병역거부로 옥살이를 했던 수많은 희생들이 밑거름이 되어 그 날은 반드시 올 것입니다. 칼을 쳐서 쟁기를 만들고 창을 쳐서 낫을 만드는 전쟁 없는 세상을 만들기 위해서 지금도 교도소에서 복역 중인 양심적 병역거부자들과 평화의 수감자들에게 응원과 지지를 보냅니다.

2013년 8월 27일
한라산 거문오름 아래 제주교도소에서
송강호 올림

송강호 선생님께,

　벌써 가을이 오나 봅니다. 계절의 변화에 민감하지 않은 저도 주위에서 자꾸 날씨 이야기를 하니 저도 모르게 사람들과 똑같이 물어보게 됩니다. 그제야 산들바람에서 제법 시원한 기운을 느낄 수가 있습니다. 가을은 그렇게 입에서 입으로 다가오는 것도 같습니다. 그러고 보니 하늘도 한껏 높아진 듯합니다. 선생님이 계신 제주에서도 맑고 상쾌한 가을바람을 느낄 수 있겠지요.

　마침내 무더웠던 여름을 지난 탓일까요. 다들 코끝으로 지나는 바람이 무척 상쾌하게 느껴지나 봅니다. 저녁으로 강가를 따라 걷는 사람들도 많아졌고, 길가에서 마주하게 되는 사람들의 표정도 제법 여유로워졌습니다. 금세 겨울이 올 것을 알기에 짧게나마 가을 날씨를 마음껏 느껴보려는 것이겠지요.

　동원 형제의 소식은 간간이 선생님 편지로 들어왔습니다. 이미 강정마을에서 보낸 크고 작은 일들로 영어(囹圄)의 시간을 경험하고 있는 동원 형제에게, 다시 1년 6개월을 감옥에서 보내야 한다는 사실은 다른 이들보다 훨씬 더 견디기 힘든 고통이리라 생각했습니다. 제가 보기에도 지나칠 만큼 자신의 평화로운 마음과 신념만은 지키려는 그 행동과 태도가 안타까웠던 적도 있습니다. 저를 독사의 눈으로 바라보던 검사에게 감사의 마음을 전해본 적이 없기 때문이겠지요. 맙소사! 어떻게 그런 일이 가능할까요.

　제가 이따금 강정마을을 방문했을 때 기억나는 모습 중 하나가 매일 아침 강정포구로 걸어 나가는 동원 형제의 모습이었습니다. 숙소에서 걸어서 30분은 족히 걸리는 그 길을 매일 그렇게 걸어가는 모양이었습니다. 언젠가 하루는 그를 따라 저도 강정포구까지 걸어간 적이 있습니다. 그때는 한참 강정마을에서 크고 작은 대치가 있던 때라 아침인데도 마을 곳곳의 길에서 사복 입은 형사들을 만날 수 있었습니다. 그런 그들을 향해 동원 형제는 마치 마을의 이웃을 만난 듯이 인사하고, 또 가벼운 대화를 나누기도 했습니다. 참 인상적이었습니다. 서로 미워할 일을 수없이 경험했을 터인데, 그에게는 미움이 전혀 느껴지지 않았습니다. 애초에 그런 마음은 자신의 것이 아니라는 것처럼 말이지요.

　그런 동원 형제가 재판을 받는다는 소식을, 그리고 감옥에 가야한다는 소식을 들었을 때 처음 생각났던 것은 형사들이었습니다. 바로 강정포구에서 아침마다 반갑게 동원 형제와 인사했을 그 형사들 말입니다. 그렇게 친절하게 인사하는 형제가 감옥에 들어가야 할 이유가 없다는 것을 그들도 분명히 알고 있지 않았을까요. 저는 그렇게 생각했습니다. 하지만 어쩌면 형사들은 인사는 했을지언정 마을에서 만나는 모두를 잠재적인 범죄자로 여기고 있었을지도 모릅니다. 아닌 척 해도 그런 눈으로 마을에서 만난 사람들을 대했을 형사들을 생각해보았습니다. 저는 과연 누구를 죄인이라고 불러야 할까요. 누가 죄를 지은 것일까요.

선생님, 제가 병역거부를 준비하며 개척자들을 방문했을 때 독일에서 온 권다니엘 형제를 만났던 것을 기억하실 겁니다. 신앙과 양심에 따라 독일에서 군대 대신 대체복무를 선택한 권다니엘이 찾아온 곳은 한국의 개척자들이었습니다. 군대 대신 평화를 위해 한국에서 활동할 수 있는 시간을 가질 수 있었다는 사실이 당시 제게는 너무나 놀라운 충격이었습니다. 부러움이라는 말로는 표현할 수 없는 그 무엇이었습니다. 아니, 오히려 제게는 희망 같은 것이었습니다.

지금도 그때 생각했던 것을 잊어본 적이 없습니다. 언젠가는 이 단단한 병영사회에도 균열이 생기리라는 것을, 독일처럼 신앙과 양심의 목소리에 조금 더 귀를 기울이게 될 거라는 사실을 말입니다. 우리의 형제들도 언젠가는 개척자들을 찾아온 권다니엘처럼 더 힘들고 가난하고 사람들, 위험에 처한 나라들을 위해 자신의 시간과 청춘을 사용할 수 있게 될 거라고요. 참, 이런 이야기는 선생님께서 늘 편지에서 하시는 이야기이기도 하죠.

모든 남성이 군대를 경험해야 한다고 생각하는 사회, 군대와 무기로 말고는 평화를 지킬 수 없다고 생각하는 사회, 그리고 평화를 위해 총을 들지 않겠다는 이들을 위험하다고 낙인찍는 사회가 과연 정상적인지 묻고 싶습니다. 군대에 가지 않은 여성들을 차별하고, 군대에 가지 않은 남성들을 구별해 내는 사회가 과연 성숙한 사회인지 물어야 한다고 생각합니다.

제가 늘 반복하는 이야기입니다만 전쟁이 벌어진다면 평화를 바라는 이들에게는 기회는 없습니다. 전쟁이 일어나기 전에, 바로 지금 이곳에서 전쟁의 가능성을 줄여나가는 일이 바로 우리에게 주어진 역할일 것입니다. 전쟁이 일어난다면 군대는 절대 형제도, 가족도, 누이도 지켜줄 수 없다는 사실을 잊어서는 안 될 것입니다.

저는 이따금 이런 질문을 던져봅니다. 과연 북한이나 중국처럼 많은 군대를 보유한 나라들과 국경을 맞대고 있었다면, 초강대국인 미국이라고 과연 한국처럼 호전적인 방식을 취할 수 있었을까 하고 말입니다. 무언가 대결만을 부추기는 우리의 태도에 이따금 의문이 듭니다. 또한 자신들 영토에서 멀리 떨어진 곳에서 전쟁하기를 좋아하는 나라 미국을 떠올리다보면 자주 그런 질문을 하게 되는 것이 사실입니다.

선생님, 최근에 미국이 시리아를 폭격하겠다고 밝혀서 저는 조마조마한 마음으로 며칠을 보내고 있습니다. 미사일 폭격이라면 이미 아프간과 이라크 전쟁, 이스라엘의 레바논 침공으로 그 끔찍함을 익히 잘 알고 있습니다. 텔레비전 화면으로 보이는 근사한 마사일의 비행이 아니라, 미사일이 떨어진 자리에 남는 시체와 무너진 건물 잔해, 그리고 잔류 폭발물의 고통을 보며 전쟁과 폭격의 참상을 이해할 수도 있었습니다.

이따금 신문의 국제면을 통해 겨우 약간의 소식만을 접할 수 있었던 시리아가 주목받게 된 것은 화학무기가 사용되었다는 의혹 때문이었습니다. 정부군과 반군 어느 쪽에서 화학무기를 사용했는지도 알 수 없는 상황에서 미국은 시리아를 폭격하겠다고 밝혔고, 미국은 우방인 영국과 독일마저도 반대하는 이번 폭격을 위해 빠르게 의회에서의 절차를 밟아나가고 있습니다.

사실 저는 이번과 같은 미국의 군사적 개입이 시리아 내전을 해결하는 데 전혀 도움이 되지 않는다고 생각합니다. 더군다나 군사적 개입이라기보다 단순한 미사일 폭격이라면 더 말할 것도 없다고 봅니다. 군사시설 몇 곳을 타격한다고 해서 내전을 종식시킬 수 있다고 믿을 수 있을까요? 더군다나 전혀 정밀하지 못한 정밀 타격으로 얼마나 많은 민간인들의 희생을 초래할지 걱정입니다.

사실 시리아 내전은 최근 갑자기 벌어진 문제가 아닙니다. 이미 2년 반이라는 세월이 흐른 문제이지만, 미국이 지금까지 보여준 태도는 무관심밖에는 없었습니다. 450만 명이라는 국내 난민과, 200만 명의 국외 난민으로 이미 시리아는 전체 인구의 3분의1 이상이 난민이 되어 고통 받고 있습니다. 공식 사망자만 10만 명이 넘었고, 국제사회의 관심과 도움이 필요했지만 개입해봤자 별다른 소득이 없는 시리아에서의 갈등에 관심을 기울이는 국가는 없었습니다.

이번에 미국이 시리아를 폭격을 하겠다는 이유도 화학무기가 사용되어 다른 나라로 확산되는 점을 우려하기 때문이라는 해석이 지배적입니다. 결국 자국 안보와 이익을 위해 군사적 개입과 민간인의 희생 따위는 안중에도 없다는 것이지요. 2년 반 동안 별다른 중재와 갈등 해결 노력도 하지 않다가 갑자기 미사일을 퍼붓겠다는 미국의 태도를 저는 이해할 수 없습니다. 중동에서의 전쟁을 끝내겠다며 당선된 오바마 대통령의 이중적인 태도를 보며 과연 그들이 피의 유혹을 잊을 수 있을지 회의적인 생각도 들었습니다.

선생님, 마지막으로 드리고 싶은 이야기가 있습니다. 이제 우리가 동원 형제의 어려운 선택을 슬퍼하고 안타까워하기보다, 그의 어려운 결정을 축하해주고 환영해줄 수 있다면 얼마나 좋을까 하고 생각했습니다. 사실 저도 감옥으로 걸어가는 제 발걸음이 무척 경직되고 무거웠음을 잘 기억하고 있습니다. 그리고 저를 찾아왔던 선생님을 포함한 모든 이들의 표정이 결코 밝지 않았다는 사실도 잘 기억하고 있지요. 하지만 제가 지나온 시간이 비극이 아니라 적어도 제게는 축복이었다고 기억하고 싶기도 합니다.

저는 병역거부가, 그리고 평화인으로 살아가는 그 길이 군대를 거절하는 순간에 끝나는 것이 아니고, 다시 세상에서 새로운 시간을 보내는 그때에 시작된다고 생각하기 합니다. 지금도 자주, 아주 자주 흔들리는 제 마음을 잡아주는 것이 바로 제가 보냈던 1년 6개월의 결심 때문이라는 사실에 무척 감사할 때가 많습니다.

선생님, 저는 군대를 다녀 온 분들이 그 시간이 제법 가치 있었다고 말하는 것처럼 저의 고통스러웠던 시간을 아름답게 그려내고 싶은 마음은 조금도 없습니다. 그 시간은 제게도, 그리고 우리 사회에게도 비극이었다고 생각합니다. 하지만 우리가 하나님의 좁은 길로 들어서겠다며 세례를 받는 것처럼, 평화인으로서 그 좁은 길을 가겠다는 동원 형제의 결심과 선택을 축하해주어야 하지 않을까, 그럴 수 있다면 얼마나 좋을까 생각했습니다. 좁은 길이고, 또 험난한 길일지 모르지만 우리도 함께 그 길을 가겠다는 마음으로 진심을 다해 축하하고 응원해줄 수 있었으면 합니다.

편지가 길어져서 미처 강정마을의 인간띠잇기 소식을 전해 드리지 못했네요. 이미 주변 분들을 통해 해군기지를 둘러싸는 인간띠잇기가 성공적으로 진행되었다는 소식을 들으셨으리라 생각합니다. 그 감동적인 시간을 하루라도 빨리 나오셔서 경험하실 수 있길 바랍니다. 이번 가을에는 그렇게 기쁘고 반가운 소식을 많이 전해드릴 수 있길 바랍니다. 건강하세요.

2013년 9월 9일

박정경수 드림

16. 평화를 위한
새로운 정당을 꿈꾸며

박정경수 형제님께,

　추석 잘 지내셨나요? 교도소에서의 명절은 평소보다도 더 고요하고 한적했습니다. 휴일에는 면회도 안 되고 운동도 못하기 때문에 바깥 공기를 마실 수도 없습니다. 곱징역을 사는 셈이지요. 내가 지내는 독방은 창문이 막혀 있어 보름달도 볼 수 없었습니다. 아침 일찍 일어나 연로하신 아버님이 계신 북쪽을 향해 큰 절을 올리는 일이 추석날 제가 할 수 있는 전부였습니다.

　추석 전날 제주법원에서 저의 구속 기간을 두 달 더 연장한다고 통보했습니다. 불쾌한 추석 선물을 받은 셈이지요. 불법을 저지르는 사람들을 고발한 저와 박도현 수사님을 업무 방해 죄목으로 가두어, 추석 때 가족들과 함께 성묘도 할 수 없게 만들었습니다. 도둑질 현장을 촬영하여 도둑질을 못하게 하니 업무 방해라는 식입니다. 기막히지만 아직도 대한민국 법원은 군부와 재벌의 시녀 노릇을 하고 있으니 어쩔 도리가 없습니다.

수감이 세 번째이다 보니 평화를 향한 나의 신념과 의지를 버리지 않는 한은 감옥 속에서 남은 생애를 보낼 수밖에 없겠구나 하는 비관으로 울적해지기도 합니다. 그래서 전통적으로 평화교회를 만들었던 메노나이트나 퀘이커 같은 기독교 소종파들이 왜 자기 고향과 조국을 떠나 우크라이나 같은 황무지나 캐나다, 파라과이, 코스타리카 같은 나라의 정글도 마다하지 않고 미개척지로 이민을 떠났는지 이해할 수 있을 것 같습니다.

이것은 제3자의 시각으로만 알고 있던 역사적 사실이 어느 순간에는 나를 둘러싼 현실로 다가오는 새로운 경험입니다. 생애 처음으로 나도 신앙과 신념의 자유를 찾아 미지의 신대륙으로 이주해야 하는 것은 아닌가 생각해보게 된 것이지요. 무엇인가 조국을 배반하는 것 같고 지금까지 내 곁에서 나를 응원하고 지지해 준 지인들을 배신하는 것 같아 아직 그럴 용기는 없지만, 그렇다고 나의 신념과 신앙을 포기할 수도 없습니다. 또한 이렇게 자유를 빼앗긴 채 감옥에서 여생을 보내고 싶지도 않습니다.

삼중 질곡의 절망에서 품는 희망

나는 삼중의 질곡에 빠져 있습니다. 이런 절망적인 상황 속에서 자문합니다. 나와 같은 평화의 수감자들도 자유롭게 살 수 있도록 새로운 법을 만들고 국가를 변혁시킬 정치인이나 정당은 없을까? 안타깝지만 우리나라에는 "칼을 쳐서 보습을 만들고 창을 쳐서 낫을 만들라"는 예언자들의 뜻을 구현할 정당은 없습니다. "칼을 든 자는 칼로 망한다"는 예수 그리스도의 뜻을 위해 자신의 정치 생명을 걸 정치가도 없습니다. 녹색당이 평화를 기치로 내세우고 있지만 최우선 관심사는 환경과 생태문제입니다. 그린피스(Greenpeace)도 이미 평화(peace)를 잃어버린 지 오래입니다.

나는 우리나라에서 평화를 최우선 정책으로 밀고 나갈 새로운 정치 그룹이 생겨나기를 고대합니다. 중남미 코스타리카처럼 군대를 해산하고 이웃나라와 우호와 친선으로 평화와 안전을 지켜나가겠다는 대담한 국가안보정책을 펼치는 정당의 출현을 간절히 바랍니다. 남북 합의를 통해 군인 수와 군비를 점차 감축하고, 남북한과 중국, 일본, 러시아, 미국의 협력을 얻어내 우리나라를 비무장평화중립국가로 만들어 동북아시아의 평화적 완충지대가 되게 하는 창조적 비전을 실현하는 정당을 꿈꾸는 것이지요.

이제 더 이상 양심적 병역거부자들을 1년 6개월 동안 감옥에 가두어 청년의 날개를 꺾지 않기를 바랍니다. 이 젊은이들은 우리나라의 비무장지대나 캄보디아, 아프가니스탄에 널린 지뢰 제거 작업을 하여 어린이들과 농부들이 소중한 다리와 생명을 잃지 않도록 지켜줄 수도 있습니다. 파키스탄 국경이나 예멘에서 미국의 무인폭격기에 의해 희생된 무고한 시민들의 죽음에 대해 정당한 피해보상을 요구하는 국제 사법소송을 할 현장 촬영자로 일할 수도 있을 겁니다. 시리아 내전에서 화학무기로 죽어가는 어린아이들을 살려 내는 간호사와 응급구조요원이 될 수도 있겠지요. 우리 사회의 독거노인을 돕거나 장애인들을 돌보는 일과 같은 허다한 봉사의 영역과 함께, 온 세상에서 평화를 위해 일할 젊은이들을 간절히 부르고 있는데 그 귀한 젊은이들을 감옥에 가두어 놓고 인생의 황금기를 썩게 하는 일은 가히 미친 짓 아닐는지요.

경수 형제님 자신이 그런 희생자였으니 지금 이 시간에도 아직까지 감옥에 갇혀있는 양심적 병역거부자들의 고통과 애환을 저보다도 훨씬 더 깊이 통감하리라 믿어 의심치 않습니다. 형제님처럼 평화에 대한 소신 때문에 억울하게 고난을 겪는 젊은이들이 앞장서서 전쟁도, 군대도, 기지도, 군인도 없는 세상을 꿈꾸는 정당을 만들어 낼 수는 없을까요?

지금까지 기독교라는 이름으로 이 땅에 정당들이 들어서지 않은 것은 아니지만, 선거판에 등장했던 기독교 정당들은 목사의 세금 면제를 비롯한 교회의 각종 이권 옹호 정책 이외에는 아무런 목적도 이유도 없는 지극히 사적이고 수구적이며 분파주의적인 정당들이었습니다. 게다가 안보의 관점에서는 기존의 어느 정당보다도 맹목적인 민족주의와 애국심을 강조하는 호전적인 정당들이었지요. 의아하게도 교회의 이런 정치적 일탈을 부채질했던 분들은 군부독재 시절에 엄격한 정교 분리를 강조하며 독재정권의 억압과 횡포를 방관하고 교회의 사회적 책임을 무력화시켰던 김준곤 목사나 조용기 목사 같은 보수 교회 지도자들이었습니다.

이분들은 개신교인들만 뭉치면 국회를 장악할 수 있다고 선동함으로써 지연·혈연·학연 등으로 일그러진 우리나라의 후진적 정치 지형도에 위험한 종교적인 배타주의를 조장했습니다. 그렇지 않아도 꼬일대로 꼬인 반목과 대립의 정치에 또 하나의 심각한 패거리 정치를 더할 뻔했던 게지요. 만일 이러한 기독교의 비뚤어진 정치 실험이 성공했더라면 같은 방식으로 불교를 비롯한 다른 종단과 종파들이 정치판에 달려들 것이고 이들도 서로 자신들 집단의 이익을 챙기기 위해서 반목 갈등하게 될 것이 불 보듯 훤하니까요. 맹목적으로 정치집단화한 종교인들이 얼마나 배타적이고 파괴적인지, 레바논과 같은 중동 국가들에서 잘 나타나지 않습니까?

가장 '탈기독교적인' 기독교 정당을 꿈꿔야

그렇다면 가장 기독교적인 정당은 무엇일까요? 그것은 하나님 나라의 속성인 정의와 평화의 가치를 이 땅에서 구현하려고 노력하는 정당이라고 생각합니다. 이웃나라 국민들에게 총을 쏘지 않고도 평화를 지켜 낼 수 있고, 우리 사회 안의 모든 부조리와 불법과 반칙을 조절하는 공정한 나라를 만들기 위한 정당이 생긴다면 얼마나 기쁠까요? 그리스도인들이 만들어야 할 정당은 그와 같은 혁명적인 평화의 당이어야 할 것입니다. 정의와 평화는 단지 그리스도인들만의 전유물이 아니라 인류 보편의 가치이므로 정의와 평화를 위한 정당은 모든 사람들에게 열려 있을 수밖에 없습니다. 그런 점에서 볼 때 가장 기독교적인 정당은 가장 탈기독교적이어야 합니다. 오늘날 그리스도인들이 이미 차지한 부와 권력을 지키기 위한 보수적인 정당들이 세계의 기독교 정당들이라는 사실은 아직도 그리스도인들이 정치 무대에서 새롭게 실험해야 할 과제가 남아있음을 보여줍니다.

이제는 좀 빛바랜 이야기가 되어버렸지만 90년대 초반, 이대 앞에 작은 옷가게를 열었던 한 줌의 젊은이들이 기독교 정신으로 기업을 만들어 보자고 뜻을 모아 이랜드라는 회사를 차렸지요. 매일 재벌들의 횡포와 기업들의 불법만을 비난하던 젊은 세대들이 그렇지 않은 기업을 스스로 세우겠다는 의지를 갖고 출발했지요. 적어도 그때의 이랜드는 많은 기독 청년들에게 새로운 희망을 심어주었습니다. 이제 경제뿐 아니라 정치적인 영역에서도 기독 청년들이 새로운 실험들을 시도해주기를 기대합니다.

나는 가끔 예수님이 참 엉뚱한 분이시라는 생각이 듭니다. 갈릴리 호수에서 고기잡이를 하던 어부들과 그 친구들을 불러 이스라엘의 12지파를 다스릴 내각을 꿈꾸셨으니 말이지요. 구걸로 연명했던 이 거지 떼들도 권력에 대한 야망이 있었습니다. 심지어 치맛바람까지 동원하여 권력의 심층부로 올라갈 수 있게 해달라고 청탁했을 정도니까요. 그러나 이 거지당수 예수님의 비전은 세속 권좌를 차지하는 데 있지 않고 세상을 거꾸로 변화시키는 데 있었습니다. 피라미드형 권력구조를 뒤집어 역삼각형의 세상으로 바꾸는 것이었지요. 대통령이나 장관이 환경미화원이나 공사판 일용직 잡부들의 아랫사람이 되어, 고단하고 힘들게 살아가는 보통 사람들을 존중하고 떠받드는 그런 세상을 만드는 혁명을 꿈꾸셨으니 당연히 권력자들 눈에는 세상을 어지럽히는 위험한 놈으로 보일 수밖에 없었겠지요.

모든 정당은 권력의 정상에 있는 권좌를 차지하는 데 목적을 두고 있지만 이 거지당수는 해골이라는 사형 터 언덕의 정상에서 벌거벗긴 채 십자가에 못 박혀 죽었습니다. 그리고 그를 따르며 한때는 세속적인 권좌를 탐했었던 당원들도 차례로 처형당했습니다. 물론 스스로 선택한 의연한 죽음이었지요. 저는 여러분들이(그리스도인들이) 만들 기독교 정당도 세상을 지배하려는 것이 아니라 세상을 변혁시키는 것이어야 하며, 권력과 권좌를 차지하려는 것이 아니라 도리어 권리를 잃고 행복을 빼앗긴 가난하고 억눌린 사람들에게 정당한 권한과 지위를 찾을 수 있도록 도와주기를 바랍니다. 자기 권좌를 이용해서 수천억 원을 치부하고 지금에 와서 검찰의 강압에 의해 억지로 토해내고 있는 전두환, 노태우 전 대통령들의 추악한 모습을 모든 국민의 기억에서 지워버릴 수 있을 정도로 신선하고 파격적인 섬기는 지도자상을 새롭게 만들어낼 수 있는 정당을 세워주십시오. 우리나라는 대통령이나 국회의원이 되면 국가에서 거둬들인 세금으로 평생 넉넉하게 살 돈을 주고 경비까지 세워주는데, 이런 특권을 모두 없애버리고 정부의 고위직을 다 자원봉사로 하도록 하는 것이지요.

억울하게 짓눌린 약자와 가난한자, 주변부로 밀려난 자들의 정의를 세우지 못하는 한, 평화는 공허한 구호일 뿐입니다. 며칠 전 남기업 교수님이 쓴 《공정국가》를 읽었습니다. 모든 국민이 평등한 출발선에서 반칙 없는 경쟁에 뛰어들 수 있는 공정한 나라를 만들자고 주장했습니다. 그러기 위해서는 반칙을 일삼는 우리 사회의 강자들과 싸워나갈 정의로운 정당이 필요합니다. 특별히 기독교 정당은 희년의 원칙을 현실적으로 법제화하여 토지정의를 세움으로써 우리나라를 더욱 공정하고 평화로운 나라로 만드는 데 크게 기여할 수 있을 것입니다. 사실 근로소득세나 부가가치세와 같은 세금들은 신성한 노동의 대가를 빼앗는 강도의 세금입니다. 조폭들이 유흥가에서 술집을 지켜준다는 명목으로 돈을 가로채는 것과 별반 다를 바가 없지요. 그러나 모든 사람들이 사용해야 할 땅을 더 많이 차지한 사람들이 상대적으로 적은 토지만을 이용할 수밖에 없거나 전혀 땅을 가질 수 없는 사람을 위해 세금을 내게 하는 것은 정당하지요. 자기의 것을 지키려는 보수나 평등한 세상을 만들려는 진보 모두가 공정한 원칙을 지켜야 한다는 데에는 이견이 있을 수 없다는 남 교수님 주장에 동의합니다.

이번 통합진보당의 이석기 의원과 당원들이 내란음모혐의로 대거 구속되는 당혹스런 사태를 보면서 아직도 정부는 국민을 무시한다는 인상을 지울 수 없습니다. 장난감 총을 개조해서 나라를 전복시키자는 이야기에 이렇게 나라 전체가 들썩거리다니 얼마나 유치한 꼴입니까? 정부가 천안함 침몰에 대해서는 인식을 강요하더니 이석기 의원 사건에서는 우리의 감정을 통제합니다. 우리 시대는 지금 자신의 생각과 느낌을 스스로 검열하도록 강요당하는 암흑시대로 후퇴하고 있습니다. 하여 나는 새로운 정당을 희망합니다. 국민들이 북한을 자유롭게 출입하고 여행해도 우리나라는 흔들리지 않을 것이라는 믿음, 국가보안법을 폐지할지라도 일반 형법만으로 충분하다는 믿음, 이 땅에 주둔하는 외국 군대가 모두 떠나도 국민들 스스로 우리나라를 지키리라는 이런 믿음을 실현시켜줄 정당 말입니다.

정부는 끊임없이 "우리 국민은 북한의 선동에 쉽게 흔들린다" "우리나라는 취약해서 외국군대의 도움이 절실하다" "가만 놔두면 종북좌파에 의해 나라가 전복된다"는 말로 국민들에게 불안감을 심어주고 자신감을 잃게 합니다. 결국 우리나라는 군대귀신 들린 병영국가로 가게 되는 거지요. 국가가 있어야 국민도 있다지만 우리들이 지키려는 나라는 이런 비민주적이고 억압적인 나라가 아닙니다. 우리는 정의롭고 평화로운 나라를 지켜내고 싶지만, 아직 대한민국은 그런 나라가 아닙니다. 이런 조국을 버리고 새로운 땅으로 이주할 것인지 아니면 모든 고통을 감수하고서라도 우리나라를 그런 나라로 만들 것인지를 고민하는 사람들이 적지 않을 것입니다. 무엇보다 저 자신이 바로 그런 사람입니다. 이들을 위해서라도 평화를 위해 목숨을 걸 새로운 정치집단의 탄생을 간절히 바라고 있습니다.

    경수 형제님, 이제 강정에 내려온 지 3년이 다 되어가네요. 제주도가 평화의 섬이라는 희망과 기대를 갖고 내려왔는데 내 일생에 가장 평화롭지 못한 3년을 보내고 있습니다. 거의 3일 중 하루는 감옥에 갇히는 세월이었습니다. 지금도 저는 매일 자유를 꿈꿉니다. 사랑하는 가족들과 친구들과 동료들을 다시 만날 수 있게 해달라고 매일 목욕재계하고 기도를 올립니다. 자유가 이렇게 소중한 것인 줄을 이곳에서나마 배우고 느낄 수 있어 다행입니다. 날이 선선해집니다. 환절기에 감기 조심하시고 건강하기를 바랍니다.

2013년 9월 23일
제주교도소에서
송강호 올림

송강호 선생님께,

　선생님 건강하신지요. 지난 주말만 해도 점심 때 광화문광장에서 1인 시위를 하면서 제법 땀을 훔친 기억이 나는데, 이제는 낮에도 차가운 바람이 느껴집니다. 요즘 저는 천주교인권위원회에서 마련한 감옥인권 강좌를 수강합니다. 감옥에서 나온 지 5년이 훨씬 지났음에도 강좌를 듣는 시간이 즐겁거나 편하지는 않았습니다. 함께 강의를 듣는 친구들도 마찬가지였나 봅니다. 몇 년이 지나도 불편했던 기억들은 금세 되살아나더군요.

　하지만 주관적이었던 경험을 다시 객관적 지식으로 정리해 볼 수 있는 시간은 제게 굉장히 의미 있었습니다. 불합리하다거나 단순히 부당하다는 개인의 느낌이 아니고 우리 사회가 진지하게 고민해야 할 모두의 문제라는 사실을 감옥의 역사와 행형법, 그리고 인권침해 사례들을 찾아보며 깨달을 수 있었습니다. 인권운동을 하는 분들이 왜 "감옥 수형자들의 인권상황이 곧 그 나라의 인권 수준"이라고 말하는지 알 수 있었습니다.

'감옥인권 강좌' 수강 경험

선생님, 한 해 감옥에 들어가 있는 사람들 숫자가 얼마나 되는지 아시는지요? 지난 2011년 기준으로 거의 7만7천 명 정도가 감옥에 들어가고 나왔다고 합니다. 엄청난 인원이지요. 저도 놀랐습니다. 지금 이 순간에도 대략 48개 구금시설에 약 4만5천여 명이 감옥에서 생활하고 있다는군요. 저는 감옥에 있을 때 취사장에서 일했기 때문에 구치소 수용 인원이 어느 정도 되는지 잘 알고 있습니다. 기억하건대 제가 있던 성동구치소에는 늘 1,500명에서 1,800명쯤의 사람들이 있었습니다. 죄를 지은 사람들의 숫자가 일정하지 않을 텐데 수형자 수는 왜 늘 비슷한 걸까 그때도 궁금했었지요. 실제로 통계를 보면서 매년, 매순간 감옥에 있는 사람들 숫자가 일정하다는 사실을 알게 되었습니다. 그것을 교정행정이라 부르겠지요. 죄인이 있기 때문에 감옥이 있는 것이 아니라, 감옥이 있기 때문에 죄인이 있다는 사실을 말입니다!

감옥이 왜 필요할까요? 물론 죄 지은 위험한 사람들을 사회에서 격리해야 한다고 말하는 사람들도 있겠지만, 저들이 말하는 죄란 무엇일까요. 위험한 사람들은 누구입니까. 저는 그 거대한 담장을 바라볼 때마다 감옥이란 어쩌면 우리의 타락한 사회를 위한 일종의 면죄부 같은 것은 아닐까 생각합니다. 전에도 편지에 썼습니다만, 감옥에서 만난 사람들은 이전에 상상했던 그런 범죄자들이 아니었습니다. 대개는 위험한 사람도 아니었습니다. 사업에서 실패하거나, 경제적 어려움으로 절도를 한 사람이 대부분이었습니다. 감옥에서는 소위 잡범이라 부르는 경제사범들이지요. 자본주의 사회에서 실패한 이들을 우리가 죄인이라 부르는 것은 아닐까 하고 그때 생각했습니다. 또 선생님처럼 우리 사회의 민주주의나 평화를 위해 감옥생활도 마다하지 않았던 수많은 민주화운동가들과 평화수감자들도 우리 역사 속에 있지 않았습니까.

반대로 감옥 밖의 우리는 죄가 없을까요. 이미 언론을 통해 큰 죄를 짓고도 비싼 변호사를 사서 감옥행을 면하는 재벌총수들과 정치인들을 우리는 너무 많이 봐오지 않았습니까. 법원에서 유죄 판결을 받아도 휠체어에 타거나 코에 호스만 꽂으면 형집행정지를 받아 감옥에 가지 않는 기업인들은 또 얼마나 많습니까. 수단 방법을 가리지 않고 성공만 하면 된다는 약육강식의 사회에서 법률은 그저 가진 자들을 보호하는 장치에 불과할 때가 많지요. 그런 뉴스를 접할 때마다 돈이 없어 제대로 제사를 드릴 수 없었던 가난한 이스라엘 백성들과, 그들을 비난했던 사두개파의 제사장들이 생각납니다. 다른 누군가를 비난하면서 자신의 권위와 정당성을 획득해왔던 권력자들의 모습은 언제나 비슷했던 모양입니다. 감옥 안 사람들을 죄인이라고 비난하는 만큼, 불의와 불법이 넘치더라도 감옥 밖 사회가 정당성을 획득할 수 있을 테니까요. 감옥 안과 밖의 죄의 크기는 담장의 높이로 판단할 수 있는 것은 아니지 않을까요.

선생님, 저는 이번 강의를 들으면서 감옥인권 문제를 다룰 때 우리 사회도 조심스럽게 수용자의 처우 개선이 아니라 수형자 수를 줄여나가는 운동을 이야기해왔다는 사실을 알게 되었습니다. 감옥인구 줄이기 말이죠. 사회와 격리, 권리 제한, 감시와 통제가 전제된 감옥은 그 목적과 기능이 인권의 기본원칙에 반하기 때문입니다. 수형자의 처우가 개선되더라도 구금과 권리 박탈이라는 감옥의 속성은 변하지 않습니다. 물론 이런 주장이 당혹스럽고 비현실적으로 보이는 것은 당연합니다. 범죄와 범죄자를 바라보는 사회적 인식이 완전히 변하지 않고는 불가능할 테니까요. 북유럽에서는 이미 감옥폐지를 목표로 하는 급진적인 운동도 있어 왔다고 합니다. '감옥의 대안'이 아니라 '감옥의 폐지'를 추구하는 이런 운동은, 하나의 사회가 사회적 갈등과 문제를 해결하는 방법으로 감옥이 아닌 더 진보적이고 대안적인 방법을 찾으려 노력한다는 점에서 저에게 신선한 충격이었습니다. 군대처럼 감옥도 사라질 수 있을까는 저도 아직 확신할 수 없지만, 적어도 지금처럼 억지스런 법치주의를 강요받고 있는 우리 현실에서 범죄자를 양산하는 강성형벌정책은 다시 생각해볼 수 있지 않을까요.

'하방연대' 통한 정치 변혁이 이뤄져야

선생님 편지를 보고 평화를 위한 정당에 대해 많이 고민해 보았습니다. 무엇보다 우리에게 그런 정당이 있다면 얼마나 행복할까 생각하며 잠시 즐거운 상상도 해보았습니다. 사실 정치의 문제, 특히 정당의 문제는 제게 하나의 숙제 같은 질문이기에 선생님께 무슨 이야기를 어떻게 시작해야 할지 망설여지기도 합니다.

제 요즘 이야기부터 꺼내봐야겠네요. 선생님, 저는 소위 사회운동이라는 것을 하면서 최근에 국회 갈 일이 참 많아졌습니다. 사회운동을 하면서 이제는 국회 도움이 없이는 아무것도 할 수 없습니다. 아마 저만이 아닐 것입니다. '아무것도'라는 표현이 다소 지나쳐 보이지만, 심적으로는 그렇습니다. 국회의원의 도움이 없으면 단순한 정보 공개도 쉽지 않고, 토론회도 국회에서 하지 않으면 별로 의미가 없다는 이야기도 자주 듣습니다. 몇 달 전에는 일주일에 세 번씩 국회에서 토론회를 연 적도 있지요. 요즘 같이 국정감사 기간이 찾아오면 국회의원만큼이나 바빠지는 이가 요즘의 시민단체 활동가들입니다.

그래서 정치가 바뀌지 않는다면 아무것도 제대로 할 수 없겠구나 하는 마음이 이따금 들면서도, 반대로 무언가 잘못되었다는 생각이 들지요. 시민사회의 활동이 자꾸 제도개선에 치중되는 점도 문제일 테고, 그만큼 시민사회의 활력이 줄어든 것도 사실일 것입니다. 하지만 애초에 새로운 가치를 경쟁하는 곳인 정당은, 새로운 가치를 만들어내는 곳은 아니지요. 국회를 입법기관이라 부르듯, 정당도 대중과 지지자들의 생각을 대리하는 역할을 하는 곳입니다. 단단한 시민사회의 의견과 주장을 수렴해서 정책을 만들고, 그 가치를 실현하기 위해 선거에서 경쟁하는 것이지요. 그러니 보수정당이든 진보정당이든 지지 세력을 유지하기 위해 보수적인 성격을 가질 수밖에 없겠지요. 특히 요즘처럼 국정원의 공안사건에 잔뜩 몸을 움츠린 정당들 모습을 보면 더욱 그런 생각이 듭니다.

하지만 지금 우리 사회에 정의와 평화, 그리고 인권과 환경 같은 가치가 단단하게 자리 잡지는 못했다고 생각합니다. 정말 한줌밖에 되지 않는 사람들의 노력으로 간신히 목소리를 내고 있을 뿐이지요. 그러니 그 작은 목소리에 여당이고 야당이고 관심을 기울이지 않을 테지요. 반대로 왜소해지는 시민사회의 목소리만큼 정치에 대한 갈증은 커지는 것 같고요. 단단한 시민사회와 운동의 활력이 없는 사회에서 어떻게 새로운 가치와 문화가 뿌리 내리겠습니까. 지난 2003년에 진보정당이 한국사회에 들어설 수 있었던 이유도 87년 민주화항쟁 이후 꾸준히 성장해 온 시민사회의 연대와 지지 덕분 아니겠습니까.

저는 선생님 생각에 기본적으로 공감하고 동의합니다. 다만, 그리스도인들이 정치가 아니라 더 낮은 자리에서 만나고 연대해야 한다고 생각합니다. '개척자들'의 사역과, 강정마을과 밀양의 마을들을 찾아가는 그리스도인들의 단단한 발걸음이 닿는 그런 곳에서 말이지요. 제가 대학 시절 들었던 신영복 교수님의 수업에서 가장 인상에 남는 말 중의 하나는 바로 '하방연대'입니다. 낮은 곳에서 연대해야 한다는 이 말이 그때도 참 근사하게 들렸습니다. 물은 만물을 이롭게 하지만 서로 다투지 않습니다. 산이 막히면 돌아서 가고, 바위가 있으면 갈라져서 가고, 절벽이 있으면 용기 있게 뛰어내릴 뿐 다투지 않습니다. 모든 사람이 싫어하는 가장 낮은 곳으로 물은 흐르고 흘러 제일 낮은 물이자 제일 큰 물인 바다를 만들어내지요. 이야말로 저는 그리스도인들이 배워야 할 마음이라 생각했습니다.

정치는 그런 바다 위에 떠 있는 작은 나룻배와 같은 것이라 생각합니다. 스스로 침몰할 만큼 타락한 정당이 아니라면 꼭 기독교 정당이 아니라도 바다 위에 바른 정치를 띄울 수 있습니다. 보수정당까지 눈치 보게 만드는 그런 사회분위기를 만들어내지 않는다면, 정의로운 정당은 언제까지나 희망사항이지 않을까요.

요즘 밀양의 소식을 선생님도 여러 경로로 듣고 계시리라 생각합니다. 밀양의 송전탑 건설은 무조건적으로 소수의 희생만 강조하는 우리의 폭력성을 분명하게 보여주고 있는 듯합니다. 그래서인지 안타까운 강정의 현실을 경험한 많은 분들이 밀양을 찾고 있지만 힘이 많이 모자랍니다. 정부는 그렇게 안전하고 중요하다는 원자력 발전소를 왜 서울과 경기도에는 짓지 않는지 모르겠습니다.

밀양 주민들을 위해 기도해주세요. 그리고 건강하십시오.

2013년 10월 14일

박정경수 드림

17. 전쟁 없는 세상에 대한 희망

박정경수 형제님께,

    안녕하십니까? 이제는 아침저녁으로 찬바람이 불어 손 뼘 하나 크기의 배식구 창문조차 닫고 지내야 할 정도로 쌀쌀해졌습니다. 어둠 속에서 빛이 더 선명하듯, 감옥에 갇혀 있으니 자유가 얼마나 소중하고 아름다운지를 더욱 실감하게 됩니다. 나는 단지 바다를 오염시키는 불법적인 공사를 촬영하여 고발했을 뿐인데 도리어 경찰에 기소당했고, 법원도 판결을 내기도 전에 나를 감옥에서 반년을 지내게 하네요. 작년에도 이런 비슷한 일을 겪었기에 나는 아무런 판결 선고도 내려지지 않은 상태에서 거의 일 년의 감옥살이를 한 셈입니다.

처음에는 억울하다는 생각도 들었지만, 시간이 흐르면서 '사실'과 '진실' 사이의 간극을 구별해서 생각하게 됩니다. 사실상 나는 무죄일 뿐 아니라 우리나라의 헌법을 지키고 민주주의를 수호하는 정당한 행위를 했다고 믿습니다. 우리나라의 아름다운 자연과 문화재를 보존하려 했음에도 부당하게 체포, 구금당했습니다. 그러나 이 이해할 수 없는 투옥과 수감도 하나님이 이 감옥에서 나를 깨우치고 단련하시려는 어떤 뜻이 있기 때문이라고 생각합니다. 한편으로는 민주주의를 배신한 조국에 대한 분노와, 부당한 체포와 구속에 대한 억울함이 마음을 요동치게 합니다. 그러나 다른 한편으로는 하나님 앞에 무릎을 꿇고 나를 이 어둡고 고요한 독방에 가두신 진정한 이유를 묻게 됩니다.

'평화의 비전'은 내게 복된 꿈이자 고통

내가 50대 중반에 감옥에 갇힌 이유는 내 안에 포기할 수 없는 꿈이 있기 때문입니다. 예수 그리스도께서 내 마음에 심어주신 꿈입니다. 옛 이스라엘의 예언자, 이사야와 미가로부터 지금까지 이어져 내려온 역사적인 꿈입니다. 전쟁도 군인도 군대도 군사기지도 없는 세상, 원수조차도 대적하지 않고 사랑하는 세상을 꿈꾸었던 이들의 역사적인 대열에 나도 함께 서게 된 것입니다. 내가 예수 그리스도를 만나지 못했더라면 이런 엄청난 꿈을 절대 갖지 못했을 겁니다. 난 이 꿈 때문에 행복합니다. 이 도도히 흐르는 역사적인 맥락에 내 마음이 이어져 그 감동의 전율에 사로잡힙니다.

또한 이 평화의 비전은, 소시민으로 먹고 사는 일에만 골몰하던 내 눈을 활짝 뜨게 하여 온 세상을 한 눈에 바라보고 마음에 품을 수 있게 해주었습니다. 그러나 이 복된 꿈이 한편으로는 내게 재앙이 되었습니다. 저는 이제 더 이상 폭력적인 군대 귀신을 눈감고 지나칠 수 없게 되었습니다. 이 폭력의 악령은 맘몬과 짝이 되어 국가를 사로잡고, 평화와 사랑의 힘으로 평화를 지키자는 이들을 '국가를 위태롭게 하는 위험한 분자들'이란 죄목으로 잡아들여 사회로부터 격리 수용합니다. 국가의 안녕과 평화는 반드시 폭력과 살인, 무기와 전쟁을 필요로 한다는 안보 이데올로기를 우상처럼 세우고 이에 굴복하지 않는 이들은 '종북'이란 이름의 이단자요 해충들로 간주하여 사냥하고 박멸해야 한다고 선동합니다.

감옥은 원래 사람을 교정하려 만든 곳입니다. 반사회적인 생각이나 행동, 습관을 바꾸려는 곳이지요. 그것도 자유를 빼앗는 고통을 주어 변화를 강요합니다. 감옥에 들어오면 누구나 자신이 외양간에 갇힌 가축 같다는 불행한 느낌이 듭니다. 그러나 감옥생활이 주는 유익도 있습니다. 자신의 생각이나 신념이 이런 고통과 불행에도 불구하고 변개치 않을 만큼 가치 있는지를 숙고하게 해주지요. 그런 점에서 감옥은 우리의 신앙과 신념을 검증할 수 있는 장소가 될 수 있습니다. 나는 평화에 대한 신념 때문에 세 번째 수감이 되었습니다. 수감될 때마다 감옥은 나를 고통스럽고 불행하게 만듭니다. 그럼에도 내가 그리스도를 통해 받은 평화의 꿈이 어떤 고난이나 슬픔이 닥친다 할지라도 절대로 포기하지 않을 만큼 소중한 것임을 수용생활 속에서 다시 확인하게 됩니다. 평생을 감옥에서 벗어나지 못한다 할지라도 그리스도의 평화를 실천하고 전파하는 일을 결코 중단하지 않으리라는 결심은 변할 수 없습니다. 예수님은 나의 기쁨이요 또한 나의 고통입니다. 이런 고통스런 축복을 주신 주님께 진심으로 감사합니다.

젊은이들이 해야 할 일

경수 형제님, 형제님과 달리 나는 젊은 시절에는 이런 평화의 비전을 알지 못했었습니다. 그저 교회에 필요한 사람이 되려고 했습니다. 내가 그리스도 안에서 새로운 피조물이 되었다는 사실을 믿고 큰 기쁨으로 받아들였지만, 나를 구원하신 하나님이 내게 화평케 하는 직책을 맡기셨음을 진지하게 깨달은 것은 그로부터 20년이나 지난 후였습니다. 좀 더 일찍 그리스도인의 직무를 깨달아 알았더라면 내 생애에 더 의미 있고 값진 일을 많이 할 수 있었을 겁니다. 이제 60을 바라보는 나이에 인생을 되돌아보면 아쉬움이 많이 남습니다. 나는 형제님 같은 젊은이들이 이 세대의 모든 젊은이가 겪는 질곡에서 빠져 나와 평화를 위한 삶을 살아내기를 바랍니다.

많은 청년이 안정된 직장, 살만한 집, 결혼 비용 준비와 같은 주로 돈 문제로 위축되어 있습니다. 그러다보니 자신의 문제에만 골몰하여 세상은커녕 가까운 이웃조차 돌아볼 여유가 없는 소시민이 되어가지요. 88만 원 세대, 비정규직, 아르바이트, 잉여, 스펙 쌓기 등 오늘날 젊은이들을 따라다니는 이런 말들은 인생이 피어보기도 전에 주눅이 들어 사회 변두리를 방황하는 청년들의 자화상을 보여줍니다. 이런 암울한 시대 속에서 그리스도인 청년들도 똑같이 자기연민에 빠진 채 자기의 슬픈 이야기를 들어 달라고, 자기의 아픈 상처를 치유해 달라고 호소합니다.

나는 이런 사회 분위기 속에서 그리스도인 청년들이 그 판을 깨는 사람들이 되기를 바랍니다. 모두가 동정을 구하며 신음하는 세상에서, 이 세상의 운명이 자기 손에 달렸고 인류가 자신의 도움을 필요로 한다고 믿는 배짱 있고 호기 어린 당돌한 젊은이들을 만나고 싶습니다. 다른 사람들에게서 미친놈, 과대망상가, 광신자, 주제를 모르는 놈이라는 비난과 책망을 들을 것입니다. 그러나 그런 비난에 위축되고 굴복할 사람 같으면 아예 그런 꿈도 꾸지 못할 겁니다. 적어도 오늘날과 같은 세대에서는 말이지요.

한 뼘 크기의 스마트폰 하나로 세상을 바꾼 스티브 잡스도 "자기가 세상을 바꿀 수 있다고 생각할 만큼 충분히 미친 사람들, 그들이 바로 세상을 바꾸는 사람들이다"라고 했습니다. 그러나 여러분들이 바꿀 세상은 똑똑한 상품 하나가 만들어내는 좀 더 편리하고 안락한 세상과는 차원이 다릅니다. 전쟁 없는 세상은 노예해방이나 신분차별, 성차별, 인종차별이 없는 세상처럼 세상을 완전히 뒤흔드는 전폭적인 변화요 평화로운 혁명입니다. 너무 조급하게 서두르지 마십시오. 이 광대한 꿈은 오랜 세월 수많은 신앙의 조상과 선배를 통해 면면히 이어져 내려왔습니다. 어쩌면 우리 세대에 이루어지지 못할 꿈일 수도 있으니 긴 호흡으로 가까운 것에서부터 하나씩 꾸준하고 성실하게 폭력의 문화에 맞서 나가기 바랍니다.

단지 처벌이 두려워서 군복무를 하려는 젊은이를 설득하여 평화를 위한 복무를 하도록 권할 수도 있습니다. 단돈 만 원이라도 살상무기 구입을 위한 국방비 납부 대신, 미국과 중국의 무력충돌의 도화선이 될 제주 해군기지 건설을 막아내기 위한 강정 책마을 만들기에 평화의 책 한 권을 더 사서 보낼 수도 있습니다. 군대에서 벌어지는 자살, 성폭행, 부정부패 또는 군부의 천문학적인 무기 구입비 지출, 불법적인 선거개입 등 군대의 민낯을 주변에 알릴 수도 있습니다. 작지만 방관하지 말고 부지런히 해야 할 일들입니다.

그리스도인의 직무, 인간이기 위한 몸부림

그리 짧지도 않은 인생이지만 젊음의 총기와 활력을 유지하며 일하기에는 그리 길지도 않습니다. 그러니 너무 게으름을 부려서도 안 되겠지요. 나도 자꾸 마음이 움츠려들 때면 '간디는 그 거대한 인도 대륙을 대영제국으로부터 독립시켰는데 이 작은 한반도도 평화통일을 못 시켜서야 되겠는가' '통일은 차치하고라도 이 작은 제주도를 비무장 평화의 섬으로 만드는 것도 못해서야 되겠나' '제주도는 제쳐두고라도 이 작은 강정마을을 무단점유하고 강제로 밀고 들어오는 해군기지 하나 쫓아내지 못해서야 되겠는가' 하는 생각으로 추스릅니다. 그러나 하나하나 곰곰이 생각해보면 이 모두가 한라산을 들어 바다에 던져 넣는 일처럼 불가능해 보이는 일들뿐입니다. 평화로운 세상을 만드는 꿈은 끝이 보이지 않는 멀고도 험한 길을 걷게 합니다. 그러나 우리에게는 희망의 근거가 있습니다.

아우구스투스 황제의 명령 한마디로 당시 로마제국 지배하에 있던 모든 사람은 호적을 하러 자기 고향으로 돌아가야 했습니다. 이미 만삭이던 마리아와 요셉도 그 몸을 이끌고 고향 베들레헴으로 무거운 발걸음을 옮겨야 했습니다. 고단한 여행 끝에 해산의 고통이 찾아왔지만 아이를 낳을 청결한 방 하나 구할 수 없어서 말똥 냄새 가득한 마구간의 건초더미 위에서 한 아이를 낳았습니다. 뉠 자리가 없어 아이를 말구유에 뉘였습니다. 하나님은 그렇게 초라하고 가난한 모습으로 우리를 찾아 오셨습니다.

같은 시대를 산 로마 황제와 평화의 왕으로 오신 예수 그리스도는 극명하게 대조됩니다. 로마제국은 칼과 창으로 그리스도인들을 박해했지만 승리자는 그리스도인들이었습니다. 군대의 힘으로 나라를 지키려 했던 전쟁국가 로마제국은 결국 멸망했습니다. 그러나 평화와 사랑의 힘을 믿었던 교회는 2천 년이 지난 지금까지 번영했습니다. 역설적이지요. 하지만 안타깝게도 그리스도의 제자도를 떠나 부와 권력을 거머쥔 교회는 초대교회와 교부들의 평화적 전통을 저버렸습니다. 그래서 칼과 군대로 나라를 지키려는 전쟁국가를 지지하는 데까지 이르렀습니다. 교회조차도 부유해졌기에, 교회도 이제는 가진 것을 지키려는 현실적 고민을 하고 있는 것이지요.

그런 점에서 보면, 언젠가 암으로 투병하시는 음동성 목사님이 하신 말씀에 선견이 있는 것 같습니다. 그분은 한 나라는 결코 교회보다 앞서지 못한다며 교회가 변화되지 않는 한 우리나라가 나아질 것을 기대하지 말라고 하셨지요. 지난 대선 직전에 하신 말씀이라 더 마음 속 깊이 새겨져 있습니다. 사회는 어두운 병영국가로 점점 더 후퇴하고 있고, 교회는 유신 독재의 망령을 부르는 초혼제를 치르는 지경입니다. 원수를 사랑하라는 예수 그리스도의 가르침은 실종된 지 오래입니다. 그러나 패배감이 나를 짓누르고 절망감이 나를 덮쳐도 내 마음 속에 메아리치는 주님의 말씀이 있습니다. "너희는 세상에서 환난을 당할 것이다. 그러나 용기를 내어라. 내가 세상을 이겼다."(요한복음 16:33, 새번역)

군대도, 군인도, 전쟁도 없는 세상은 반드시 올 것입니다. 예수님은 로마 황제보다 강했고, 그분이 부탁한 사랑은 무기보다 강합니다. 나는 이 연약함과 사랑의 힘이 마침내 군대와 무기를 이길 것을 믿습니다. 그리고 이 믿음을 자라나는 세대들에게 전해주고 싶습니다. 평화에 대한 신념은 삼천 년을 이어 온 오랜 꿈이었습니다. 어쩌면 다음에 올 세대들을 넘어 앞으로도 천 년을 더 품어내야 이루어질 꿈인지도 모르겠습니다. 그러나 천 년 아니라 만 년이 걸린다 하더라도 반드시 우리는 군인들의 군복을 벗기고 무기를 거두어 전쟁 없는 세상을 이루어내야만 합니다. 그것은 그리스도인의 직무일 뿐 아니라 하나님 형상을 닮은 인간이기 위한 몸부림입니다. 또한 지금도 감옥에서 1년 6개월의 청춘을 썩히고 있는 양심적 병역거부자들을 위한 맹세이기도 합니다.

이제 이 긴 편지를 마칩니다. 우리들은 이 꿈길에서 만난 친구들입니다. 우리가 함께 걷고 있는 이 길은 주님이 이미 걸어가신 길이었고 지금도 우리와 함께 걷고 계신 길입니다. 이 좁고 험한 길을 후배들이 뒤따를 것입니다. 자유로운 몸으로 다시 만날 수 있기를 바라며, 이만 줄입니다.

2013년 10월 28일
제주교도소에서
송강호 올림

송강호 선생님께,

　보내주신 편지를 읽기 전부터 선생님의 얼굴이 먼저 떠올랐습니다. 얼마 전 제주교도소의 유리창 너머로 뵈었던, 전보다 많이 수척해진 선생님의 얼굴 말이지요. 허리가 좋지 않다는 말과 그 사이 8kg 가까이 살이 빠졌다는 이야기를 들으며 그곳 생활의 고단함을 떠올릴 수 있었습니다. 그래서였을까요. 편지를 읽으며 수감생활의 고통과 피로한 호흡이 문장과 행간에서 느껴지는 듯했습니다.

늘어나는 평화수감자들의 걸음

최근 제 주변에는 감옥생활을 준비하는 사람들이 부쩍 늘었습니다. 병역거부를 준비하는 이들이지요. 당장 입영일이 일주일 후로 다가온 이도 있고, 몇 달 남겨놓은 이들도 있습니다. 다른 수형자들과 달리 평화수감자들은 자신의 길을 잘 알고 있습니다. 선생님의 길이 어쩌면 계속되는 수감의 연속이라고 생각하시는 것처럼, 제 주변의 친구들도 자신이 감옥에 갈 것이라는 사실을 잘 알고 있습니다. 하지만 막상 자기 앞에 놓인 현실은, 그 오랜 시간의 고민이 가볍게 느껴질 만큼 무겁고 엄중한가 봅니다. 애써 침착한 척하려 해도 얼굴에서 당혹스러움을 감추기는 쉽지 않습니다. 마치 수도자의 기도처럼 오랜 시간 자신의 삶을 준비하고 묵상했을 그들에게서 그늘진 얼굴을 발견할 때마다 우리 사회의 깊은 그림자를 보는 것도 같습니다.

그들과 이야기하며 기억 한편으로 치워두었던 저의 아픈 시간들과 다시 마주해야 하는 일도 쉽지는 않습니다. 어쩌면 그도 제 일이고 소명이겠지요. 벌써 수년이 지났는데도 아직도 쓰리게 아픈 기억이 많습니다. 감옥생활뿐 아니라 그 안에서 마음에만 담아야 했던 가족과 지인들, 그리고 침묵이 그랬습니다. 얼마 전에는 수감자일 때 저를 면회 왔던 분과 비슷한 이야기를 했더랬습니다. 그때 많이 울었다고 하시더군요. 왠지 저보다 더 많이 울었을 그분께 미안한 마음도 들었습니다. 무엇 때문에 그들이 대신 눈물을 흘려주었을지 생각하며 잘 살지 못했다고 생각했습니다. 그리고 한편으로 제가 그런 시간을 살 수 있었다는 사실에 다시 감사하게 되었습니다. 그 시간이 지금의 저를 지켜주고 있음은 분명하니까요.

하지만 선생님, 지난 10여 년 간 여호와의 증인 신자들이 아니더라도 우리 사회에는 매년 병역거부자가 있었다는 사실을 알고 계시겠지요. 2001년 처음 여호와의 증인이 아닌, 정치적이고 평화적인 동기의 병역거부자들이 나온 이래로 이 땅의 감옥에는 늘 병역거부자가 있었습니다. 많은 숫자는 아니더라도 끊이지는 않았지요. 그들 중에는 개신교, 천주교, 불교 신자도 있었고, 아나키스트도 있었고, 환경과 생명을 사랑해서 군대를 거절한 이도 있었습니다. 올해도 내년에도, 그리고 그 다음 해에도 자신의 뜻을 꺾지 않고 군대를 당당하게 거부하는 친구들이 있을 것입니다.

저는 계속되는 그 발걸음이 희망이고 우리의 힘이라고 생각합니다. 우리의 목소리보다 우리의 발걸음이 힘이 있습니다. 평화의 강물은 어느 초인의 힘으로 흘러가는 것이 아닙니다. 평화의 길은 그렇게 낮은 발걸음으로 낮은 목소리로 계속 흘러가고 있는지 모릅니다. 아무리 수백 수천의 경찰들이 변방의 섬까지 내려와 무자비한 공권력과 폭력을 휘둘러도 사람들의 발길이 끊이질 않는 것처럼 말이지요. 절대로 막을 수 없습니다. 평화는 낮은 곳으로 흐르는 법이니까요. 강정으로 밀양으로, 또 미래의 그 어느 곳으로 향하는 발걸음이 높은 담장 안에 갇히더라도 그 발걸음은 절대 멈추지 않을 것입니다. 그 담장을 넘어갈 날이 올 것입니다.

처음부터 길이 있는 것이 아니라고 하지요. 많이 걸어가다 보면 그곳이 길이 되는 것이라지요. 불가능한 꿈을 꾸어야 합니다. 누구나 그려볼 수 있는 것을 꿈이라고 부를 수는 없습니다. 불가능한 것, 하지만 간절히 바라고 애써 가야만 하는 것을 꿈꾸는 것이지요. 그래서 저는 안토니오 그람시의 "이성으로 비관하고 의지로 낙관하라"는 말을 참 좋아합니다. 낙관이야말로 우리의 가장 강력한 무기라고 생각하곤 합니다.

최루탄을 가장 많이 수출하는 나라

선생님, 최루탄을 아시지요. 2000년대 대학을 다닌 저는 최루탄을 직접 본 적이 없습니다. 기껏 어릴 적 멀리 대학가에서 날아왔을 법한 최루탄의 희미한 냄새를 맡은 기억뿐입니다. 누구 말처럼 최루탄은 한국 민주화운동의 적이었습니다. 최루탄에 많은 사람이 다치고 또 목숨을 잃었습니다. 이한열, 김주열 열사의 비극적인 죽음에는 최루탄이 있었습니다. 최루탄 사용의 위험성으로 한국 정부는 1999년부터 최루탄을 쓰지 않았다고 합니다. 정부 스스로 최루탄의 문제점을 인식한 것이지요. 하지만 한국 기업이 만든 최루탄은 이후로도 계속 수출되었다고 합니다.

제가 외국으로 수출된 최루탄의 문제를 처음 알게 된 것은 올해였습니다. 지난 6월 터키에서 평화적인 시위를 하는 시민들을 향한 정부의 폭력적인 진압과정에서 터키 경찰이 최루탄을 남용해 많은 사람이 부상당한 적이 있지요. 그때 사용된 최루탄 중에서도 한국의 기업에서 생산한 최루탄이 발견되었습니다. 당시만 해도 국제연대 활동가들을 통해 접한 소식에서 한국이 최루탄을 수출하고 있다는 사실을 막연히 알게 되었지만, 지금 바레인의 상황은 터키에 비해 더욱 심각합니다.

바레인 보안군은 시위 진압 때는 물론이고, 시위가 없을 때도 최루탄을 무차별적으로 사용한다고 합니다. 사람들을 향해 최루탄을 직접 쏘는가 하면, 심지어 주택 안으로 최루탄을 발사하고 있습니다. 인권단체 'Physicians for Human Rights'에 따르면 2011년 이후 바레인에서 최루탄으로 사망한 사람의 숫자는 최소 39명에서 최대 2백여 명이며, 그보다 훨씬 많은 사람이 부상당했다고 합니다. 사망자 중에는 미성년자, 노인, 장애인까지 포함되어 있습니다. 바로 지금 바레인에서 사용되는 최루탄은 한국의 두 기업인 (주)대광화공과 (주)CNO Tech에서 만든 것이 포함되어 있습니다. 바레인 당국의 최루탄 남용이 국제사회에 알려지자 미국을 비롯한 다른 나라들은 2011년 바레인에 최루탄 수출을 중단했는데도 말입니다. 지난 2011년부터 올해까지 가장 많은 최루탄을 수출한 곳도 한국이라고 합니다.

그 위험성으로 국내에서 사용이 금지되었음에도 해외로는 수출하는 현실이 저는 무척 안타깝습니다. 한편으로는 한국 민주화의 성과를 자랑하면서도, 서슬 퍼런 군사독재의 잔재를 돈이 된다는 이유로 다른 나라의 인권탄압을 위해 수출할 수 있다는 생각이 무섭기까지 합니다.

12월 1일, 평화수감자의 날

선생님, 12월 1일은 전 세계가 함께 진행하는 평화수감자의 날입니다. 아마 전에도 평화수감자의 날을 알리는 편지를 드렸으리라 생각합니다. 지난해에는 "평화를 석방하라"는 이름으로 수감자들에게 편지를 쓰고, 함께 모여 이날을 기념하는 행사를 진행했습니다. 그 전에는 자전거를 타고 서울의 교도소를 돌아보기도 하고, 거리에서 감옥에 있는 이들을 기억하는 행사도 열었습니다. 달라진 것이라면 처음에는 주로 병역거부자들로 이루어졌던 평화수감자들이었는데, 어느새 선생님처럼 무자비한 공권력에 의해 수감된 분들이 늘어나고 있다는 것입니다. 2003년 한국에서 처음 가졌던 평화수감자의 날이 어느새 지난해 10회째를 넘어 올해에 이르렀습니다.

저는 지금도 '평화수감자'라는 말이 이상합니다. 평화를 감옥에 가두고야 마는 우리의 역설적 현실을 그 이름이 적나라하게 보여주는 것 같아서입니다. 그래서 어떤 때에는 그 이름을 알려주는 것만으로도 다른 사람들에게 많은 것을 전달할 수 있기도 합니다. 우리의 감옥에 평화수감자라 불러야 하는 이들이 여전히 있어야 한다는 사실은 비극입니다. 하지만 감옥을 두려워하지 않는 발걸음은 평화를 향한 희망일 것입니다. 단지 하루뿐이지만 추운 겨울에 우리가 평화를 위한 감옥의 고통과 무게에 함께할 수 있는 날이기에 소중하게 지켜가려 합니다.

저는 요즘 조심스럽게 다시 수감생활을 예견합니다. 사실 수감이란 말은 다소 지나친 거 같고, 제주 강정마을에서의 활동으로 인한 벌금을 거부할 생각입니다. 기준도 원칙도 없는 재판부의 판결에 동의할 수도 없고 복종하고 싶지도 않기 때문입니다. 선생님은 요즘 제주에서 강정마을 관련 재판부의 판결이 어떻게 진행되고 있는지 잘 알고 계실 겁니다. 아마 계획대로라면 저는 노역형으로 잠시 길지 않은 수감생활을 해야겠지요.

가까운 일본의 오키나와에서는 강정마을처럼, 북쪽 얀바루 다카라는 곳에 미군 훈련장을 건설하면서 주민들을 연행하고 벌금을 매기는 일에 항의하는 목소리가 크다고 합니다. 우리나라 언론에서는 그런 목소리를 별로 들어본 적이 없지요. 주민들에게 훈련장을 반대한다고 높은 벌금을 매기는 것은 그들의 생존권을 위협하고 자유로운 의견을 제한할 수 있기 때문이라고 합니다. 벌금이 무서워서 아무런 목소리를 낼 수 없다면 그것이 독재 아닐는지요. 일본에서는 그런 벌금이 민주주의를 훼손한다고 생각하는 모양입니다. 재판부가 매기는 높은 벌금 때문에 평화를 위한 자유로운 목소리가 제한당한다면 굳이 감옥에 들어가지 않더라도 바로 이곳이 감옥이 되는 것 아니겠습니까. 부당한 권력과 명령에 대한 반대, 시민불복종, 저는 그것이 평화를 위한 가장 분명한 발걸음이라고 생각합니다.

    선생님, 저는 여전히 전쟁이 없는 세상을 꿈꿉니다. 그날이 오지 않을지라도 포기하지 않을 꿈입니다. 부지런히 그 길을 걸어야겠지요. 그 길에서 또다시 누군가를 만날 때, 그곳이 높은 담장의 그늘이 아니라 밝은 햇살이 드는 따뜻한 장소였으면 좋겠습니다. 하지만 지금은 그저 주님이 먼저 걸어가신 그 길을 가려고 합니다.

    건강하세요. 자유로운 몸으로 다시 뵐 수 있기를 저는 바랍니다.

2013년 11월 14일
박정경수 드림

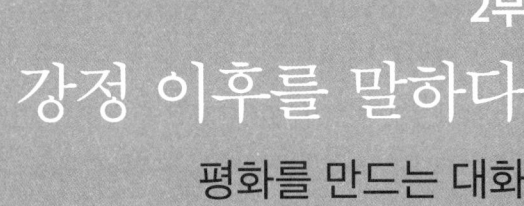

2부
강정 이후를 말하다
평화를 만드는 대화

누가 시간이 지나면 서로 잊힌다고 했든가. 몸에 새겨진 세월은 지워지지 않는다. 송강호가 활동하는 '개척자들'이 있는 양평 '샘터'에서 송강호와 박정경수가 오랜만에 만났다(2016년 12월 26일). '강정 이후'를 말해보기 위해서이지만 현재의 투쟁에서 희망을 말하는 이들에게 어떻게 강정의 '이후'를 말하라고 요구할 수 있겠는가. 하지만 평화는 투쟁의 끝이 아니라 항상 시작이라는 생각으로 지속적으로 함께 만들어가야 하는 것이다. 굳이 희미한 희망을 말한다면 "평화는 가둘 수 없다"는 믿음이랄까. 이 믿음을 가진 자들이 평화를 만들어갈 것이다. 인터뷰를 하고도 1년이 지난 시간이지만 이들은 여전히 '평화 투쟁' 중이다.

박정경수(이하, 박): 그동안 어떻게 지내셨는지요?

송강호(이하, 송): 2016년까지 강정에서 6년 동안 활동을 했어요. 마무리 짓는다는 것은 불가능한 일이었습니다. '개척자들'로부터 양평 공동체가 복원하는 과정에 참여하면 좋겠다는 요청이 와서 2017년에 다시 합류했습니다. 2016년 말에는 여러 가지 어려운 점들이 있었어요. 해군기지가 지어지고 나서 강정마을 주민들이 해군기지 건설을 반대하는 것은 더 이상 불가능한 것 아닌가 하는 말들이 있었거든요. 기지 반대 자체는 더 이상 이슈가 될 수 없었습니다. 그 이후에 어떻게 할 것인가에 대해 사람들마다 의견이 달랐어요. 반대운동에 참여하셨던 마을 주민들 중에도 이제 현실적으로 기지 자체를 나가라고 할 수는 없으니까 기지가 있다고 하더라도 군사문화가 마을로 유입되는 것을 최대한 막아내는 방어적인 방식으로 운동을 해야 되지 않느냐는 입장을 가지신 분들이 많았습니다. 활동가들 중에는 공세적으로 해군을 쫓아내야 한다고 주장하는 분들도 있습니다. 저도 그중의 하나입니다.

이런 상황 속에서 스펙트럼이 존재합니다. 한 쪽의 입장이 다른 쪽 입장에 서신 분들의 마음을 불편하게 할 수 있는 상황이 된 것입니다. 그런 과정에서 저같이 공세적인 입장에 있는 사람은 약간의 마찰과 어려움이 있었어요.

박: 편지를 주고받았던 시점이 감옥에 계셨던 기간 정도였던 것으로 생각해요. 2014년까지였던 것 같아요. 2016년까지는 2년 정도의 시간이 있는데 그 기간에 있었던 일들에 대해서는 언론에도 잘 공개되지 않았기 때문에 궁금한 점이 많습니다. 화약고와 관련된 투쟁은 이제 끝이 났고 재판 과정과 관련해서 저는 수차례 비행기를 타고 제주로 가야했던 기억이 나요. 육지에서 연대했던 사람들은 사실 투쟁이후는 재판밖에 기억에 남는 것이 없거든요. 마을에 계셨던 분들은 2년 여 정도의 기간에 무슨 일이 있었는지 궁금해 합니다.

새로운 전환점이 된 해군기지 준공

송: 그 이후에 군 관사를 강정마을에 짓는 일과 관련하여 마을 주민들과 큰 마찰이 한 차례 있었고 해군기지가 완공이 되고 준공식을 하면서 또다시 한 차례 충돌이 있었어요. 말씀하신 2014~16년은 해군기지 준공이 차근차근 진행 중인 시기였기 때문에 마을 주민들은 기지 건설 중지에 대한 의지는 약화되어 있었어요. 외부와 주변에서도 강정은 이제 반대운동이 끝났다는

인식이 강했거든요. 그러다보니까 마을에 있었던 활동가들이 자기 자리를 지키려면 상당히 어려운 시간들을 보낼 수밖에 없었습니다. 외부의 지원이나 관심이 싸늘하게 식어가는 과정 속에서 그 자리를 지켜내야 했던 어려움이 있었던 거죠.

저는 해군기지가 준공이 되면서 평화운동이 오히려 새로운 전환점이 되었다고 봐요. 준공이 되었으니 이제 끝난 것 아니냐는 무언의 질문이 있었어요. 하지만 그런 상황에서 활동가들은 이제 해군기지가 건설이 된 상황이라고 하더라도 강정을 새로운 평화운동의 모판으로 삼아야겠다는 생각을 하게 된 거죠. 새로운 상황 속에서 우리의 새로운 응답이 무엇인가에 대해 더 구체적으로 생각을 할 수 있게 되었던 것입니다. 그런 점에서 해군기지의 준공은 강정에 있는 활동가들에게는 새롭게 자신의 입장을 정리하고 결단할 수 있는 시점이 되었어요. 이 점은 그나마 긍정적인 측면이라고 봅니다.

그 어간에 인간띠잇기 운동도 지속해야 하나 그만 두어야 하나 하는 논란이 있었어요. 하지만 이 운동을 계속해나가면서 해군기지를 무력화시켜야겠다는 결의도 새롭게 할 수 있게 되었어요. 이 계기로 인간띠잇기는 오히려 구심점이 강화되면서 이전보다 더 활발하게 전개되고 있어요. 그 이외에도 아침 백배나 가톨릭의 11시 미사, 오후5시30분 개신교 중심의 기도회 등이 지속되거나 새롭게 시작되기도 했습니다. 오히려 하루의 일정들이 더 강화되는 측면이 있었어요. 해군기지가 준공이 되면서 어떤 측면에서는 해군기지 반대운동은 더 체계화되거나 조직화되어 가고 있다고 평가할 수 있습니다.

'운동 이후'라는 물음

박: 저는 대추리 운동과 관련해서 운영위원으로 함께 하고 있습니다. 내년이면 대추리 사태(2007)가 끝난 지 10년이 되는 해입니다. 대추리 투쟁이 끝난 이후 10년 동안 있었던 일들을 어떻게 정리해야 할지에 대한 여러 고민들이 있었어요. 싸움이 끝난 후 투쟁과정을 백서로 정리한 것은 있는데, 여전히 그 현장은 있는데 '운동 이후'를 어떻게 정리할 것인가 하는 문제도 남아 있습니다. 운동 이후 비로소 현실적인 문제가 다가왔습니다. 군인과 같이 살게 된다는 것이 과연 무엇을 의미할까 하는 구체적인 문제의식이 생겨나게 되었어요. 군산이나 평택이 이제는 강정마을처럼 군대와 같이 지내야 할 텐데 이들이 마을에 더 이상 영향력을 미치지 못하도록 해야겠다는 고민이 있습니다. 대추리에서 활동을 했던 활동가들은 정말 이런 고민이 있어요. 당시의 싸움을 기억하는 사람들은 점점 줄어들고 있지만 군대는 여전히 거

기에 존재하고 있고 이전의 마을과는 완전히 달라져서 마을 주민들이 아직도 그곳에 제대로 뿌리내리지 못하고 있기 때문입니다. 동시에 생존을 위해서 끊임없이 노력해야 하는 처지에 있습니다.

강정마을은 대추리보다 훨씬 더 큰 마을이고 더 복잡한 부분이 있으리라고 생각되지만 지속가능한 삶을 위해 여러 가지 상상을 시작해야 하는 시점이라고 봅니다. 옆에서 지켜보는 입장에서는 어디에서 어떻게 시작해야 할지 고민이 많이 되는 것도 사실입니다. 군대를 쫓아내야 한다고 하는데 그 과업을 위해 더 많은 상상력이 필요합니다. 이전의 마을과는 달라진 현실 속에서 주민들이나 구성원들이 새로운 삶을 시작해야 하는데, 강정마을도 그런 과제가 남아 있는 거죠. 사실 더 중요한 싸움은 일정한 사건이 끝나고 난 이후라고 봅니다. 눈에 보이는 싸움은 몇 년이고 언론의 주목도 받지만 눈에 보이지 않는 싸움은 더 길어질 것입니다. 살아가는 싸움은 훨씬 더 긴 싸움이니까요.

투쟁은 끝날 수 없다

송: 제가 경수 씨 이야기를 들으면서 이해가 되지 않는 부분은 투쟁이 끝났다는 표현입니다. 끝날 수가 있을까요? 기지가 완공

이 되었다고 모든 게 끝나는 것이 아니잖아요. 대추리나 강정마을처럼 미군기지나 해군기지가 완성이 되면 끝나는 것일까요? 마을사람들도 끝났다고 말을 하더군요. 사실 끝난 게 아니라 이제부터 시작인데 말이에요. 시작이 되지 않도록 예비적인 단계에서 우리가 노력을 했던 것인데 그것이 실패하고 결국 군사기지라는 질병에 감염이 되었어요. 병에 걸리지 않으려고 온갖 힘을 다했는데 병에 걸려버린 것이죠. 끝난 게 아니라 이제 질병이 시작된 것입니다. 그것이 저의 시각이고 상식적이라고 생각해요. 그런데 주민이나 외부의 사람들을 통해 이제 끝났다는 말을 자주 듣게 됩니다. 이 사안을 바라보는 관점이 뭔가 잘못 되어가고 있다는 생각이 들어요.

저는 대추리 역사관을 가봤는데 강정마을에서도 눈에 익은 사람들을 전시 사진에서 발견할 수 있었어요. 아주 젊었을 때의 모습들이 곳곳에 있는데 마음이 좀 애틋했어요. 이 분들이 그곳에서 싸우면서 얼마나 힘들었을까요. 결국 쓰디쓴 결과들을 삼키고 강정으로 오신 것 아닌가 하는 생각도 들더군요. 역사관 속에 평화운동이 박제 되었다는 느낌이 많이 들었어요.

박: 당시 그런 이야기도 많이 했습니다. 싸움은 거기서부터 시작해야 하는 것은 맞는데 기억하는 방법에는 양가적인 것인 측면

이 있는 것 같습니다. 사람들은 빠르게 잊어버리기 때문에 역사관을 만들어야 한다는 사람도 있었지만 역사관을 만드는 것에 반대한 사람들도 있었습니다. 그 사안이 현재 진행형인데 어디서부터 어디까지 그 공간에 전시하느냐 하는 그런 고민이 있었어요. 주민들은 당시 기억을 붙잡고 거기서 연대의 힘을 북돋우며 살아가기도 합니다. 이런 모습을 보면 역사관은 훨씬 복잡한 사안인 것 같아요. 개인적으로는 그 역사관을 보면 복잡 미묘합니다. 저는 주민들의 삶이나 거기서 일하시는 활동가들은 그때보다 지금이 더 힘들 것이라고 생각합니다. 말 그대로 살아가는 것 자체가 이미 큰 고통인 것이죠. 어떤 의미에서 삶의 자리가 뿌리째 뽑혔다고 할 수 있거든요.

제가 듣기로는 농사를 짓는 사람들이 두 가구밖에 없어요. 대부분 공공근로로 생활을 하셨고 수년 동안 그 일을 하고 계시지만 다른 일을 찾지 못하시는 분들이 대다수입니다. 활동가들이 늘 걱정했던 일이 일어나고 있어요. 마을을 옮기고 옮긴 자리에 기지가 들어서면서 마을의 문화와 구조가 달라졌을 때 이전의 삶과는 전혀 다른 삶을 살아야 합니다. 그런 삶에 새롭게 적응하는 것은 쉬운 일이 아니라는 것은 확실하잖아요. 그런 고통을 끊임없이 겪고 계시는 것 같아요. 마을 분들이 여러 가지 목공체험을 통해 체험마을을 만들어 생존하려고 노력하고 있습니다. 다양한 가능성을 만들어보려고 활동가들과 노력하고 있는데 10년이 지난 지금도 뚜렷하게 자리 잡지 못하고 있는 것이 현실입니다.

강정마을은 실제로 마을을 옮긴 것은 아니지만 강정마을도 많이 달라질 것 같아요. 적응하고 힘을 키우기 위해서 지혜를 모아야 합니다. 싸워왔던 방식대로 삶의 구조를 만들어가는 것이 중요하지 않을까 생각해요. 대추리 같은 경우는 작지만 중요한 싸움들이 그 이후에 계속 있었습니다. 옮긴 곳은 행정구역상 대추리가 아니라 노하리인데 주민들은 대추리라는 이름을 고집했습니다. 노하리라는 이름을 사용하지 않고 대추리를 사용하면서 행정적으로 승인을 받기 위한 싸움을 이어갔어요. 삶이 계속되기 위해 눈에 드러나지 않는 작은 것에서부터 자존감을 잃지 않는 게 가장 중요합니다. 자존감을 가지려고 할 때 현실적으로 갈등이 발생할 수밖에 없거든요. 행정적인 용어를 고집하는 것은 자존감의 문제였던 것입니다. 우리가 지지 않았다는 자존감이 중요했던 것이 아닐까 생각합니다. 주민들이 이러한 싸움의 연결고리를 잃어버리지 않았기 때문에 저 같은 활동가들도 그 싸움에 결합할 수 있는 동기가 되는 것 같아요. 당시 이장이 대추리라는 이름을 우리가 그대로 쓰는 이유는 고향을 되찾기 위한 마음을 잃어버리지 않기 위함이라고 했습니다. 그런 마음을 놓지 않는 것이 어쩌면 보다 근본적인 중요한 싸움이 아닌가 생각합니다. 마음을 지키는 것은 정말로 힘든 일이거든요.

대추리와 강정리의 변화

송: 저는 대추리를 두어 차례 방문을 했어요. 그 당시 저는 전쟁피해자를 돕는 일에 관심을 가지고 있었습니다. 군사기지 건설 반대운동에 관심이 없지는 않았지만 전쟁피해자들을 돕는 일에 더 많은 시간과 관심을 기울이고 있었습니다. 군사기지 건설에 반대하는 의사는 분명했지만 반대하는 활동에 직접적으로 참여할 수 있는 여건은 아니었던 거죠. 전쟁피해자를 돕는 일은 군사기지 건설 반대운동과 맥을 같이하는 것이기 때문에 관심을 계속 갖고 있었습니다. 그런데 강정마을은 대추리와는 달리 마을이 밀려난 상황은 아닙니다. 구럼비 바위는 빼앗겼지만 마을이 강제로 이주되는 상황은 아니었습니다. 그렇기 때문에 어떻게 보면 대추리보다는 마을 주민들이 저항할 수 있는 상황이 되었을 것입니다. 대추리는 마을이 뿌리째 뽑혔기 때문에 재결합하여 저항을 위한 새롭게 전열을 정비하게에는 더 어려운 상황이었던 것으로 보입니다.

박: 저는 강정이 오히려 더 힘든 것 아닌가 생각해요. 대추리는 현재 군대와 의존적인 관계가 전혀 없는 마을입니다. 그런데 강정마을은 많은 가게들이 들어서 있지만 기지에 의존하는 관계가 되면서 아주 구체적인 군사문화가 시작되었습니다. 시민의 영역과 군대의 영역이 있다고 생각하는데 삶의 현장이 군대에 의존적이게 될수록 그 고리에서 점점 빠져나오기 힘들어집니다. 사실 강정마을에서는 보이는 싸움도 있지만 점점 군대에 의존할 수밖에 없는 경제관계나 군대에 드나드는 사람들과 맺어지는 관계라는 상황 속에서 나의 위치를 어떻게 설정할 것인가를 주민 개개인이 끊임없이 고민할 수밖에 없습니다. 그래서 저항이 더 힘들어지게 될 수도 있어요. 실제로 군산의 경우 기지 바로 옆에 마을이 있는데 대부분 군대와 관련된 일을 하시는 분들이 많습니다. 수십 년 동안 그렇게 사신 분들은 그것을 당연하게 받아들입니다. 어떤 군사도시의 주민들은 오히려 군대가 떠나는 것을 더 두려워합니다. 그야말로 다시 삶의 현장이 바뀌는 것이기 때문입니다. 실제로 군대가 고맙다고 하는 주민들도 많거든요. 강정도 이런 사안에서부터 문제가 생기지 않을까 생각합니다.

송: 저도 그런 부분을 염려하고 있어요. 강정마을에서 어떤 형태로든 취직을 하거나 군대가 제공하는 편의시설을 사용한다거나,

군 시설 안에서 종사하는 가족들이나 친척들이 생긴다면 반대하기가 쉽지 않을 겁니다. 내가 일본 오키나와의 헤노코에 갔을 때, 미군기지를 건설할 때 바다를 매립하는 공사를 반대하기 위해 오키나와 활동가들이 보트나 카약을 타고 들어가는데, 활동가들이 들어오는 것을 신고하고 그 바다를 지키는 사람들이 그 마을 주민 어부들이었던 것을 보고 정말 놀랐습니다. 이게 강정의 미래가 될 수도 있겠다는 불길한 예감이 들더군요. 강정이 기지에 의존하게 되어 마을 주민들이 군 속으로 편입 되면 해군기지 반대운동은 과연 누가 할 것인가 걱정이 됩니다.

군사문화와 군대 친화적 교육의 위험

박: 일본의 쿠레를 보고 인상이 깊었습니다. 쿠레는 히로시마 근처에 있습니다. 히로시마가 원폭을 당하게 되었던 것도 그 근처에 군수공장이 많았기 때문이기도 해요. 쿠레도 그런 곳 중에 하나입니다. 지금도 군수시설이 많은 지역이죠. 일본 자위대의 군함들이 드나드는 일본에서 거의 두 번째로 큰 해군기지가 있는 곳입니다. 그곳에 방문했을 때 큰 충격을 받았습니다. 그곳은 군사도시이기 때문에 편의점에 들어가면 모든 액세서리나 용품들이 군대에 관련된 것이었어요. 전봇대에 붙어 있는 구인광고도

거의 해군과 관련되어 있었어요. 여러 군사기지를 방문해봤지만 일본에 그런 곳이 흔하지는 않았거든요. 그런 모습을 보니 군사도시라는 것이 일상의 삶에 깊이 개입되어 있다는 것을 느꼈습니다. 정말 무섭더군요. 군대에 이미 개입되어 있으면서 거기서 저항한다는 것은 매우 어려운 과제일 것 같아요.

송: 언젠가 강정 해군기지에서 어린이들을 초대해서 군 시설을 보여주면서 여러 가지 군대친화적인 프로그램을 운영하더군요. 대정에는 우주항공 박물관을 세웠는데 그 박물관의 실제적인 운영주체가 공군이라는 말도 들었어요. 군사훈련과 군사 작전, 사격방법 등에 친숙하도록 전시하고 교육하고 있습니다. 이런 게 평화의 섬 제주에서 할 일인가요? 명분만이 평화가 아니라 구체적이고 실제적으로 평화의 섬을 만들기 위한 원칙과 규정이 있어야 하는데 제주도는 그렇지 않습니다.

박: 한국사회 전체가 그런 것 같습니다. 군대에서 민간을 대상으로 교육하는 일이 많이 늘어나고 있습니다. 두 관계 사이의 긴장이 매우 중요해요. 사회에서 자유로운 개인으로 살 수 있는 시민의 방식이 있고, 적을 상정하고 규율화 된 개인을 만들어내는 군대의 규칙이 있습니다. 이 둘 사이의 긴장이 어떤 사회에든 있게

마련인데, 한국사회는 유난히 군대화 편향성이 심해요. 사회나 기업의 조직이 군대화 되어 있다고 말하기도 하잖아요. 이 두 사회의 끊임없는 긴장이 유지되는 게 보다 나은 민주주의 사회로 나아가는 길이라고 봅니다. 군대가 어린 시민들에게 군사 교육을 하기보다 오히려 이런 문화적인 군대는 경계의 대상이 되어야 한다고 생각해요. 군대 옆에서 살아가는 사람들, 특히 동두천에서 살아가는 친구들 보면 거의 군인이 되더군요. 어릴 때부터 인생의 모델이 군인들이다보니 자신이 직업을 찾게 될 때 군인이 되기를 원해요. 우리 사회가 '진짜 사나이'같은 방송 프로그램에서도 군인이 멋진 직업인 것처럼 홍보하잖아요. 그것도 문제입니다. 일상과는 긴장이 분명히 있는 군사문화가 일상화 된 곳이 군사도시입니다. 더 이상 이러한 군사문화가 시민의 삶 안으로 들어오는 것을 막아야 합니다. 그런 점에서 시민을 대상으로 하는 군사교육은 투쟁의 대상입니다.

군대 없는 평화 공동체 비전과 평화 행동

송: 우리나라는 국방의 힘 즉 군사적인 힘으로 평화를 지키겠다고 헌법으로 규정하고 있는 나라입니다. 군대의 존재를 부정하는 것은 초헌법적인 발상이니, 실제적으로 자국의 군대를 비판하는

일은 쉬운 일이 아닙니다. 하지만 단지 형식적으로 따져보면 남의 나라 군사력을 비판하기 전에 자국의 군대를 비판할 필요가 있어요. 자국의 힘이 강해지는 것을 저지하고 군사비 증액을 줄이기 위해 노력하는 태도가 가장 평화로운 방식입니다.

박근혜 정권 하에서 기죽어 있었던 젊은이들이 폭발적으로 일어나는 모습을 보면서 행복합니다. 박근혜가 물러나면 우리나라가 평화로워질까요. 그렇지 않다고 생각합니다. 물론 박근혜 정부가 가지고 있었던 많은 해악들을 제거하고 새로운 정부를 세워나갈 것을 부정하지는 않습니다. 다만 군사주의 극복을 위한 통찰력과 인류의 평화공동체에 대한 비전을 가진 정치 그룹이 얼마나 될까요. 이런 현실 속에서 군대 없는 나라, 군사주의나 폭력으로 나라를 지키는 것보다 더 나은 희망을 줄 수 있는 평화로운 나라에 대한 구체적인 비전을 제시할 수 있는 그룹이 나와야 합니다. 기독교인들이 한 부분을 감당해야 한다고 생각해요. 물론 군사주의 반대운동을 할 때 필연적으로 돌아올 피해를 어떻게 감내할지도 고려하면서 미래를 그려가야 하겠죠.

박: '전쟁없는세상'에서 군대 가지 않는 싸움을 했는데 요즘은 예비군 훈련을 가지 않는 운동도 하고 있습니다. 농담으로 예비군은 8년짜리 감옥이라고 부릅니다. 예비군 훈련을 거부하게 되

면 8년 동안 거부하고 벌금내고 하는 일을 반복하면서 직장생활을 제대로 못하는 경우도 있습니다. 이 운동에 참여하는 사람들 중에서 군대를 다녀온 사람들도 있어요. 자신의 영역과 상상력을 동원하여 진일보하는 운동을 하는 친구들이 있어 낙관적인 측면도 있다고 봅니다. 병역거부운동을 하다가 점점 자신의 영역과 상상력의 한계를 넘어서는 시도를 하는 것이죠. 어쩌면 감옥에 가는 것보다 그런 신분으로 삶을 살아가는 게 더 고통스럽겠지만 말입니다.

송: 최근에 저도 예비군 훈련을 거부하는 청년 두 사람을 만났는데 군대 입대를 거부하는 게 낫겠다는 생각을 해봤습니다. 군대를 나와서 예비군 훈련을 거부하는 상황보다는 차라리 군대 가는 것을 거부하는 게 낫겠다는 생각이 들 정도로 예비군 거부로 인해 받는 불이익과 고통이 생각보다 상당히 큰 것 같더군요. 다른 사람이 볼 때는 고통스러워 보이는데 본인은 자신의 자유와 양심으로 자신의 행복을 위해 그런 상황을 선택했다고 하는 말을 들으면서 상당히 감동했습니다. 이후의 처벌이나 제재를 제쳐두고 자신의 양심과 신념 앞에서 정직하게 자신의 마음의 소리에 순응하는 것이기 때문입니다. 많은 사람들이 눈 딱 감고 한순간만 타협하지 왜 그런 어려운 길을 가려고 하는지 의아해할

수는 있지만, 당사자가 그런 결정을 하는 데는 일종의 순교적인 모티브가 작용한 것 같아요.

박: 그 친구들의 재판을 동행해본 적이 있습니다. 군 입대를 거부하면 1년 6개월 정도 감옥에 갔다 오게 되면 일단 과거의 일은 정리가 됩니다. 그런데 예비군 훈련은 자주 소집되다보니 이 친구들의 재판이 너무 자주 있어요. 1년 차 때 재판을 받으면 2년 차 때 벌금형이 누적되는 형식입니다. 처음에는 정상적인 생활이 불가능 하겠구나 정도로만 생각했습니다. 경찰조사 받아야 하고, 벌금내야 하고, 벌금내기 위해서 아르바이트 해야 하고, 또 재판을 받아야 해요. 간혹 실형을 몇 개월 살기도 하는걸 보면서 정말 8년짜리 감옥이 맞구나 생각했습니다. 저도 병역거부를 했지만 10년이 지난 지금 이런 청년들의 모습을 보면서 어떤 마음일까 안타까울 때가 있습니다.

'강정-이후'를 묻다

박: '강정 이후' 선생님의 개인적인 근황은 어떠했는지 궁금합니다.

송: 강정이 그런 상황이 되면서 길게 봐야 된다고 생각했습니다. 2012년 5월에 오키나와에 갔을 때 머리가 하얀 노인들이 오이카나와의 미군기지를 쫓아내겠다는 의지로 평생을 싸워 오신 분들을 만났는데 감명 깊었어요. 강정의 주민들이 몇 년간 싸우고 나서 많이 지쳐있는 것이 사실입니다. 강정의 싸움은 훨씬 더 오랫동안 싸워야 할 싸움이 아닌가 생각해요. 이제 시작점에 서 있다고 할 수 있습니다. 그렇다면 뭘 해야 할까 생각하게 되었죠. 평화에 대한 교육을 시켜야 합니다. 평화의 섬, 평화로운 나라, 평화로운 국제관계 이것을 함께 희망할 수 있는 내면적인 힘을 기르기 위해서 아이들에게 교육을 시켜야 한다는 생각을 했죠. 그리고 활동가들이 이 운동을 지속하기 위한 바탕이 될 수 있는 인프라 구조를 만들어야 한다는 생각을 하게 되었습니다. 활동가들의 의식주를 해결할 수 있는 느슨한 생활공동체를 생각했어요. 강정의 김종환 삼촌이 식당을 운영하면서 활동가들이 식사를 할 수 있도록 하고 있습니다. 초지일관 꾸준하게 식당일을 자신의 천직처럼 생각하고 일을 해주시기 때문에 활동가들의 생활기반이 마련되고 있는 것입니다.

주거도 큰 문제입니다. 제주도 전체가 그렇긴 하지만 토지비용이나 임대료가 너무 높기 때문에 강정처럼 인구가 팽창하고 있는 지역은 더욱 어려움이 큽니다. 활동가들을 위한 소형주택

등을 지어서 활동가들이 계속 활동할 수 있는 거주공간을 만들어야 한다는 생각이 있었습니다. 그래서 2014년, 16년 평화의 집 짓기 운동을 했습니다. 교회와 사찰로부터 후원을 받았고요. 작년에는 어려운 점이 좀 있었습니다. 예전 같았으면 강정마을에서 컨테이너 집을 만들 수 있는 공간을 자유롭게 허락했을 텐데 그런 분위기가 잘 형성이 되지 않았습니다. 그만큼 강정주민들이 정상적인 삶으로 돌아가야겠다는 생각이 있었던 모양이에요. 활동가들의 활동을 응원해주고 싶지만 한편으로는 부담이 되는 묘한 상황이 만들어지니까 활동가들을 위한 숙소를 만들어 제공해야겠다는 계획이 어려움에 봉착했던 것입니다. 다행히 독지가들이 나타나서 제2의 평화촌이라고 할 수 있는 장소가 마련되었습니다.

저는 앞으로 평화운동가들을 위한 교육은 계속해나가야 되겠다고 생각합니다. 강정의 활동가들이 모여서 협동조합을 만들어 주거공간에 대한 작업을 계속하고 있습니다. 5년 동안 그 공간을 활용하는 활동가들에게 그 집을 제공하는 것을 규칙으로 하고요. 활동가들이 정착해서 제주를 평화의 섬으로 만드는 데 마중물과 같은 역할을 해주기 원합니다.

강정으로 가게 된 계기

박: 저와 함께 강정에 처음 갔던 시기가 아마 2009년인 것으로 기억합니다. '개척자들'이 공식적으로 강정에 들어간 해가 언제인가요?

송: 2011년 3월 8일에 '개척자들'이 본격적으로 강정으로 갔죠. 그해 1월에 제주사랑선교회라는 단체에서 목회자들을 대상으로 하는 세미나를 열었는데 거기에서 제가 평화실천신학이라는 강의를 하게 되었습니다. 그리고 나서 목사님들을 모시고 강정으로 찾아갔습니다. 그때 목사님들과 이런 세미나를 했다는 것은 구체적으로 여기에 기여하고 헌신하는 책임을 져야 하는 것 아닌가 하는 생각을 갖고 있었기 때문입니다. 그해 2월 정도에 양윤모 선배가 '평화와 통일을 여는 사람들' 총회를 하는데 강정으로 오라는 말을 했습니다. 강정에 평화활동가들이 절실하게 필요하다는 말을 듣고 마음에 크게 찔림이 있었습니다. 그 말을 듣고 3월 1일에 가리라고 결심했는데 여러 일을 처리하고 3월 8일에 '개척자들' 멤버들이 함께 내려가서 사역을 시작했습니다.

박: 그때 강정에 가셨을 때 이렇게 길어질 것이라고 예상을 했

나요?

송: '개척자들'에서는 8년 동안 일을 하면 2년 동안 사임을 하게 되어 있기 때문에 그때는 가벼운 마음으로 내려갔습니다. 거기에 있는 동안 강정을 위해 기도하고 어느 순간 나의 역할이 다하면 돌아오겠다고 생각했죠. 현재는 '개척자들'은 해군기지가 문을 닫을 때까지, 그리고 해군기지가 평화적인 시설로 활용이 될 때까지 계속 활동을 지속한다는 생각을 갖고 있습니다. 해마다 과제가 바뀌기는 하지만 그곳에서 '개척자들'이 할 수 있는 일이 있기 때문에 해마다 2~3명 정도의 활동가들이 거주하면서 활동하고 있습니다. 해군기지가 완공이 된 이후에는 '개척자들'은 평화교육에 중점을 두어야 한다는 생각을 하고 진행하고 있습니다. 다른 한편으로는 바다와 관련된 해군기지이기 때문에 '개척자들'의 경험을 살려 해상평화활동을 지원하려고 합니다.

박: 그 이전에 저는 세 차례 정도 갔던 것으로 기억나는데 그때만 해도 이렇게 길어질 것이라고 생각을 못했습니다. 당시는 건설이 될 거라는 생각을 하지도 못했을 뿐만 아니라, 건설이 되면 이렇게 많은 사람들이 내려올지도 몰랐습니다. 그때 찍었던 사진들을 볼 때마다 당시의 가슴 아픈 준공식 결정과 기적 같은 활

동가들의 참여 등을 동시에 떠올리면 지금도 묘한 감정이 남아 있어요. 사실 송강호 선생님을 비롯해서 '개척자들'이 열심히 투쟁하시는 모습을 보면서 상당히 놀랐습니다. '개척자들'의 이전 활동에 대한 이미지와는 너무 다른 모습으로 보였거든요. 그때 어떤 마음이었나요?

평화운동과 '과격한' 저항

송: 보통 평화운동이 갖고 있는 이미지가 아이들을 가르친다든지, 선언문을 읽는다든지 하는 모습을 떠올리게 되죠. 평화운동은 안전한 테두리 내에서 진행된다는 선입견이나 고정관념이 있습니다. 처음에는 강정에서 어떻게 하겠다는 생각은 없었어요. 그렇게 할 수 있는 여건도 아니었고요. 2011년 초 강정의 분위기는 깊은 패배감에 휩싸여 있었고, 실망과 낙심에서 빠져나오지 못하는 그런 분위기였습니다. 많은 변호사들이 법적 다툼에서 강정 주민들이 유리하다고 했던 여러 가지 소송에서 연달아 패소했어요. 마을 주민들은 본인들의 권리주장이 상식적으로 옳다고 생각했기 때문에 법적으로 대응하면 당연히 법원은 정의의 편이고 자신들의 손을 들어줄 것이라고 믿었습니다. 주변에 있는 사람들도 당연히 주민들이 이길 것이라고 말해주었는데 무

참하게 무너졌죠. 왜 그랬을까요? 법원도 권력으로부터 자유롭지 못해요. 법원이 그 부당한 건설을 계속 지원해 준 것입니다. 그런 상황에서 할 수 있는 것은 기도하는 것, 낙심한 상황 가운데서도 주민들에게 용기를 내서 당당하게 주민들의 권리를 말할 수 있도록 기도할 수밖에 없었습니다. 자신들이 이 마을의 주인이고 자신들이 정의라고 믿는 것을 소리 내어서 말할 수 있는 용기를 달라고 기도하는 것 외에 달리 다른 방법을 생각하지 못했어요.

처음에 갔을 때 가슴이 아팠던 것은 많은 가족들, 친구들, 동료들이 관계가 깨지고 언성을 높이면서 서로 싸우는 모습을 보는 것이었어요. 이러한 지역공동체가 화해케 해달라고 기도하는 것 외에 내가 할 수 있는 것은 아무것도 없다고 생각했습니다. 그런데 당시 제가 어떤 면에서는 과격하게 보였을지 모르겠지만 기도가 나를 그런 행동으로 이끌어갔다고 생각합니다. 저는 경험이 많은 노련한 평화운동가가 아니라 정말 소박하고 단순한 운동가예요. 하나님 앞에서 옳다고 생각했던 것을 행동으로 옮기는 것이었는데 다른 사람이 볼 때는 좀 과격하게 보였을 수도 있고 어떻게 보면 극단적인 행동으로 비쳤을 수도 있겠죠. 하지만 저는 정말 소박한 마음으로 그렇게 행동하게 된 것입니다.

박: 선생님이 '과격하다'는 말을 사용하셨지만 사실 과격한 행

동을 하셨다고 할 수는 없지 않을까요? 대체로 폭력을 당하셨지 폭력을 행사한 적은 없으니까요. 과격한 물리력을 당하는 입장에 있었죠. 사람들이 과격하다는 표현을 썼을 때는 이른바 현행법으로는 '불법'이었기 때문에 과격했다는 표현을 사용하는 것 같습니다. 개인적인 생각으로는 활동가들이 법의 상상력을 넓히기 위해서라도 적극적으로 법을 어기는 행위도 필요하다고 봅니다. 공사를 막으면서 이 일로 감옥에 갈 수도 있겠다는 생각은 하셨나요?

송: 그렇죠. 앞에서도 말했지만 우리에게는 순교자적 모티브가 필요합니다. 이 일 이후는 생각하지 않는 것이죠. 이것이 옳다고 생각하면 내가 손해를 보거나 어떤 처벌이 있을지라도 견딜 수 있지만 그다음 단계에 무엇이 올 것인가를 생각하면 사람은 위축될 수밖에 없어요. 저는 기도가 어떤 사고의 정지라고 할까, 이후에 단지 죽음이 있다고 하더라도 그것을 생각하지 않고 행동하는 것 이것이 기도가 우리에게 주는 단순함이라고 생각합니다.

박: 당시 선생님의 그런 행동에 대해 주변에서 많은 걱정을 했을 것 같은데요.

송: 연세 드신 아버님이 제가 그렇게 안했으면 하고 걱정을 하셨을 테지만, 나의 아내와 공동체원들은 크게 개의치 않아요. 나의 신앙과 양심을 위해 나의 목숨까지도 바치겠다는 마음의 결의를 갖고 있고 그런 장렬한 죽음을 희망하죠. 내가 그리스도를 믿으면서 십자가를 지는 것은 나의 운명이고 공통의 운명이라고 생각합니다. 그것이 교회라고 저는 처음부터 그렇게 생각했는데 교회를 보면서 그런 걸 확인은 잘 할 수 없었어요. 그러나 최소한 '개척자공동체'는 그런 운명을 기꺼이 선택하기를 원하는 사람들이니까 감옥에 들어가게 되면 그냥 주어진 대로 감당하게 될 것이라고 생각했습니다. 감옥생활이야 박 선생이 더 오래했으니까 저보다 더 잘 아시겠죠.

박: 감옥에 들어갔다 온지 딱 10년이 되었습니다. 연행된 경험은 있지만 10년 동안은 감옥에 한 번도 안 들어갔더군요. 너무 온건하게 산 것 아닌가 하는 생각도 합니다. 감옥에 가는 것도 기회가 주어져야 가능한 것 같아요. 강정과 같은 상황이 언제든지 다른 곳에서 발생할 수 있는데 앞으로 그런 일이 생기면 강정에서처럼 같은 방식으로 대응하실 것인지 궁금합니다.

송: 감옥생활의 유익이 있긴 해요. 많은 독서를 할 수 있고 수련

의 시간을 보낼 수 있습니다. 물론 그 곳에서 사랑하는 사람들과 함께 하지 못하는 것이 아쉽고 불행하다는 생각을 하기도 하지만 생활전체로 보면 유익한 부분도 있기 때문에 감옥생활을 두려워하지는 않습니다. 전체적인 사역과 활동을 위축시키거나 다른 활동가들에게 심적인 부담을 줄 수 있기 때문에 너무 무모하게 행동하지 말라는 충고도 받았습니다. 물론 맞는 말이죠. 하지만 감옥에 들어가더라도 이것은 해야겠다는 생각이 드는 순간이 있어요. 강정에서 그런 순간이 있었죠. 가능하면 강정에서 법적인 문제가 생기지 않도록 주의해야겠다는 생각을 하고 있었는데 해군기지가 다 지어지고 나서 그 앞에서 인간띠잇기를 할 것인지를 두고 실랑이가 있었어요.

경찰이 강한 의지를 갖고 인간띠잇기 자체를 없애버리려고 했어요. 그 상황에서 삼거리에서 길을 막으면 경찰이 연행할 것이라고 길을 막지 말자는 의견이 있었죠. 그 시점에서 저는 감옥에 가더라도 막아야겠다는 생각이 들더군요. 해군기지가 완공된 다음날 새롭게 난 길 앞에서 저 혼자라도 서 있으려고 했어요. 그런데 의외로 여러 사람이 옆에서 함께했습니다. 그때 그 길을 막지 않고 우리 스스로 뒤로 물러났더라면 인간띠잇기를 해군기지 앞에서 할 수 없었을지 몰라요. 그때는 제가 감옥에 가더라도 이 시점에서는 이 자리를 지켜야 된다는 마음을 굳게 먹고 있었어요. 지금은 감옥에 들어가는 일에 대해 신중해야 한다고 생각합니다. 그렇지만 걸림돌처럼 걸려 넘어질 수밖에 없는 그렇게 놓여 있는 순간들이 가끔은 생기더군요. 그런 순간은 나의 예상이나 기대를 넘어서는 순간이므로 내가 직면할 수밖에 없다고 생각합니다. 앞으로 통일을 위해서 또 감옥에 갈 일이 생길 수도 있겠다는 생각도 하고 있어요.

'개척자들'의 현재와 미래

박: 양평에 오랜만에 왔는데 '개척자들'이 많이 변한 것 같아요. 최근에 많은 변화가 있는 것 같은데 '개척자들'의 현재와 앞으로의 계획이 궁금합니다.

송: '개척자들' 내에서도 인도주의적인 입장의 구제활동이나 전쟁피해자들을 돕는 활동을 강조하는 그룹이 있습니다. 그런데 몇 년 동안은 반전평화운동에 에너지를 많이 쏟아왔어요. 이 때문에 상대적으로 전쟁피해자들을 돕는 활동이 현재는 많이 위축된 게 사실입니다. 앞으로 반전운동과 인도적이고 평화적인 지원운동이 함께 갈 수 있도록 활동을 확장할 계획입니다. 아프가니스탄 전쟁피해자들을 돕던 일들이 분당샘물교회 사건 이

후로 뒤로 많이 물러서 있는 상황인데 앞으로 그 현장이 어떻게 될지는 모르겠지만 그런 분쟁현장을 더 많이 지원해야겠다는 생각입니다.

박: 과거에 비해서 한국이 세계의 분쟁지역의 피해자들과 연대하는 운동들이 많이 줄어들었어요. 아프가니스탄전쟁과 이라크전쟁 때문에 활동가로 시작하신 분들이 많은데 지금은 이런 활동이 많이 위축되어 있는 것 같습니다.

송: 그런 지역들은 미국과 관련이 깊을 것입니다. '개척자들'은 시에라리온과 같은 분쟁지역에도 관심을 갖고 있습니다. 앞으로 '개척자들'이 처음에 시작했던 것처럼 인도적 지원과 반전평화운동을 함께 균형 잡아나가는 활동을 강화하려고 합니다. 평화운동가들을 열심히 길러내야겠다는 생각도 있습니다. '개척자들' 안에서뿐만 아니라 후배들을 적극적으로 지원해서 평화운동에 관한 여러 훈련들을 강화해갈 수 있도록 하려고 합니다.

'전쟁없는세상'의 저항운동과 평화훈련

박: 관심을 갖고 활동하고 있는 '전쟁없는세상'은 병역거부운동

에서 시작하기는 했어요. 소극적으로는 개인의 인권을 보호하는 운동이기도 하지만 적극적으로는 군대와 긴장을 일으키는 운동이기도 합니다. 어쩌면 한국사회 자체와 긴장하는 운동이었던 같습니다. 최근의 고민은 좀 더 영역을 넓혀서 평화교육에 관심을 갖고 있어요. 예를 들어 어떻게 하면 비폭력적 데모를 할 수 있을까 하는 테마로 훈련을 하기도 합니다. 에어쇼반대운동도 했어요. 아덱스(ADEX)라는 이름으로 무기박람회를 동시에 개최하고 있기 때문이죠. 무기상인들을 '죽음의 상인들'이라고 하는데 피를 가지고 장사하는 이들에게 적극적으로 저항하는 운동을 펼치고 있습니다. 요즘은 그쪽에 에너지를 많이 집중하고 있어요. 전쟁은 국가가 벌이기도 하지만 전쟁을 통해서 혜택을 보는 사람들과 긴장을 만들어내야겠다는 의도에서 지금까지 두 차례 정도 저항운동을 했습니다. 작게는 피케팅부터 시작해서 물리적으로 행사를 방해하는 방법도 진행하고 있어요. 이런 일도 '개척자들'과 같이 하면 좋을 것 같은데요.

송: 저는 '전쟁없는세상'이 양심적 병역거부운동을 할 때부터 주문해온 것이 있어요. 네거티브 운동이 아니라 군대를 거부하는 것을 넘어서서 평화를 위해 복무하도록 능동적인 형태로 운동을 확대시켜나가기를 희망합니다. 현재는 저의 희망을 넘어서는

평화운동을 너무 열심히 하고 있어서 '전쟁없는세상'이 우리나라의 평화운동에 기여하는 바가 크다고 생각합니다. 강정에서도 활동가들이 '전쟁없는세상'에 대해 높이 평가하고 진정성 있는 모습을 인정하더군요. '개척자들'도 배울 점들이 많다고 생각합니다. 협력하고 연대하고 싶습니다.

박: 강정에서도 평화교육에 대한 관심들이 많이 있어 여러 단체들이 연대하는 것 같은데요.

송: 몇몇 평화단체들이 시민평화대학이라는 것을 구성해서 평화교육을 같이 하자는 제안이 있습니다. '아름다운재단'의 지원을 받아서 그런지 자발적으로 움직이는 적극성이 떨어지는 것 아닌가 생각은 해요.

박: 단체들이 스펙트럼이 넓다보니 그런 것 같습니다. 평택평화센터의 경우도 지역 평화사업도 많이 하는데 내부 구성원들의 필요에 의해 시작했지만 중요하게 생각했던 사업이 평화교육입니다. 외부에서 전문가들을 모시기는 힘들어 자체적으로 평화교육을 해왔는데 최근에 보니 상당히 수준이 높아졌어요. 지역마다 평화교육에 대한 고민들이 있는 것 같습니다. 강정에서도 이

런 고민들을 하는 분들이 꽤 많은 것 같아요. 상황들도 조금씩 바뀌고 있어 평화교육에 대한 관심이 증가하고 있어요. 단체들도 많이 생겨서 한편으로 무거워지는 부분도 있지만 평화교육의 네트워크가 더 넓어지고 있습니다. 그렇지만 여전히 반대운동 중심의 평화운동양상이 많은 것 같아요. 무기거래반대, 군사조약반대, 무기컨벤션(convention)반대 등 반대운동만 해도 벅찬 것이 사실이죠. 강정과 같은 큰 사건을 겪으면서 개인들에게 긍정적인 측면에서 큰 변화가 생기고 있는 것 같습니다.

송: '전쟁없는세상'과 같은 평화운동 단체들이 강정과 같은 상황에서 직접 행동이라든지 비폭력적 저항이라든지 워크숍을 열어 강정을 일종의 평화운동의 마켓같이 현장을 활용할 필요가 있어요.

박: 요즘은 '전쟁없는세상'이 평화교육은 제법 하고 있는데 공부하고 준비하는 데 3년 정도의 기간이 걸렸어요. 서울에 있는 단체들을 초대해서 평화교육을 하고 있습니다. 평화에 대한 온건한 운동보다는 효과적으로 데모하는 방법, 공사를 막는 법, 사람들에게 더 많이 알리는 방법 등 수단적인 방법 자체가 비폭력적인 방법으로 평화운동을 할 수 있는 길을 찾아가고 있습니다. 강

정의 경우가 '전쟁없는세상'에도 자극이 많이 되었어요. 그동안은 공부하고 외국의 여러 사례들만 살피고 했는데 우리에게 이런 일들이 더 필요하겠다는 확신을 갖게 되었습니다. 강정에서 끌려가보기도 했지만 저항운동을 더 잘 해 봐야겠다는 마음이 생기더군요. 더 많은 사람들이 폭넓게 공감할 수 있는 방식을 찾아야겠어요. 실제로 다양한 사람들이 참여할 수 있는 기회나 장에 대한 필요도 늘어나는 것 같습니다.

연대하는 평화운동의 희망

송: 평택, 군산 등 군사기지가 있는 마을들이 여럿 있지만, 제주 강정은 그 지역에 있는 활동가들이 외부에 있는 평화운동가들을 불러서 함께 연대할 수 있는 환경이 좋은 편이고 비교적 잘 만들어지고 있습니다. 다른 지역도 이런 연대가 활발해지면 좋겠어요. 군사기지가 있는 마을은 굉장히 많은데 자기 마을에 있는 군사기지의 문을 닫게 하는 일에는 적어도 그 마을에 있는 평화를 사랑하는 사람들이 시작해야 합니다. 인원과 관계없이 마을 사람들이 피케팅을 시작할 수 있어요. 우리 마을의 안전과 평화를 위해 무엇이 필요한지 생각해보면서 그런 시설로 전환하자는 운동을, 마을에 있는 사람들 두세 명씩이라도 자기 의사를 피켓을

통해서라도 표현하면 좋겠어요. 그런 사람은 외롭거든요. 마을 사람들로부터 손가락질을 당할 수도 있어요. 그런 사람들이 다른 마을에 비슷한 생각을 갖고 있는 사람들과 연대해서 평화운동을 벌일 필요가 있다고 생각합니다.

저는 온 세상에 있는 군대와 군인을 없애는 것은 우리 시대에 할 수 있는 일은 아니라할지라도 적어도 우리 마을에 있는 군대는 우리 세대에서 우리 자녀들을 위해서 문을 닫게 한다는 운동을 펼쳐나가야 한다고 말하고 싶습니다. 저는 강정에서 해군기지가 건설되고 건설을 저지할 수 있는 일은 하나님의 손에 달려있는 건 아닌가 정말 그렇게 생각했어요. 우리 마을에 있는 군사기지를 막는 건 하나님의 손에 달려있는 것이 아니고 그 주민들의 손에 달려있어요. 자녀들을 위해 군사기지를 평화의 시설로 전환하도록 하는 일이 그곳에 사는 주민들의 책임이라는 의식이 필요합니다.

박: '기지평화네트워크'라고 최근에 그런 활동이 생기고 있습니다. 강정, 군산, 평택, 서울과 경기지역에서 활동하시는 활동가들이 결합해서 네트워크를 만들어가는 것 같아요. 큰 싸움이 있었던 지역을 중심으로 결합하는 것보다 일상을 살아가는 현장이 있는 더 많은 지역이 결합해서 그런 고민들을 같이 하면 좋겠어

요. 소음소송운동은 성공적인 운동사례죠. 소음소송을 하면 배상을 받을 수 있다는 것을 알기 때문으로 보이는데요. 소음법개정과 관련해서는 많이 알려져 있지 않지만 군사비행장이 있는 지역은 관심을 굉장히 많이 갖고 있죠. 국회의원 선거시즌이 다가오면 기지가 있는 지역에서는 소음법을 만들려고 합니다. 소음의 기준에 따라 배상의 범위가 완전히 달라지기 때문에 많은 사람들이 개입하려고 해요. 나에게 이해관계가 있으면 삶의 중요한 문제라고 인식을 하는 것이죠. 사실 군사기지를 없애는 운동이나 군사기지와 긴장을 만들어내는 운동도 역시 우리 삶을 변화시키는 것이라고 이런 구체적인 이해관계나 그런 운동의 중요성을 설명해주는 전략도 필요한 것 같습니다.

일본은 전 지역에 있는 군사기지에서 사는 주민들의 네트워크가 있습니다. 활성화 정도는 잘 모르지만 매년 정기적으로 만나고 최근의 자기 지역 상황들을 지속적으로 보고하면서 서로 배워야 할 것들을 공유한다고 합니다. 한국도 그런 네트워크운동이 활성화되면 군대를 없애자는 운동보다도 군대가 주민들의 눈치를 보도록 할 수 있어요. 군대가 군사적인 계획을 세우기 전에 먼저 지역에서 살아가는 주민들의 눈치를 보도록 만드는 것이 더 중요하다고 생각합니다. 그 긴장감부터 만들지 않으면 항상 주민들은 당하고 있을 수밖에 없어요. '긴장'이라는 표현을 사용할 때는 군대가 시민들의 눈치를 보게 만드는 것입니다. 군사기지에서의 경험을 갖고 있는 분들이 끊임없이 경험을 공유하다보면 그런 네트워크를 만들 수 있지 않을까 생각합니다. 군대와 긴장관계가 생기면 대추리 주민과 활동가들에게 연락이 온다고 하더군요. 어떻게 싸워야 하고 해야 할 것이 무엇인지를 물어본다고 합니다. 그런 사례들이 한국사회에서 늘어나는 것만 보아도 언젠가는 한국에도 그런 네트워크가 생길 것 같습니다.

반전평화운동과 평화로운 통일운동

송: 군사주의 극복이나 평화로운 세상에 대한 논의는 우리나라에서는 여전히 통일과 긴밀한 관련이 있습니다. 분단적인 조건 속에서 군사기지 문제를 다루는 것이 매우 중요합니다. 북한과 대치하는 군사기지의 확대를 완화하자는 논리는 말할 것도 없고 방금 언급했던 평화네트워크운동 같은 건 고려하지 않으려고 할 것입니다. 한반도의 상황 속에서는 반전평화운동과 평화로운 통일운동은 함께 결합될 수밖에 없어요. 매우 복잡한 방정식을 풀어나가야 하는 상황인 것이죠.

박: 통일운동과 관련하여 평화운동이 전개되어야 한다는 점에

동의합니다. 최근 이명박, 박근혜 정부의 대북한정책의 기조 때문에 남북한의 평화논의가 경직되어 있었어요. 현장의 활동가들은 현장의 가능성을 확장하는 것이 중요합니다. 당장 현장에서 보이지 않는 상상력을 확대하는 것 말이죠. 현장에서 연대하는 것이 주민들에게 도움을 준다는 측면도 있지만 그런 현장에서 군대에게 아무 말도 못한다고 생각하는 사람들에게 누구나 입을 열어 요구사항을 말할 수 있다는 것을 보여주는 것이 중요합니다. 군대가 지금보다 더 줄어들고 군대가 사라지는 사회도 가능하다는 것, 적어도 우리 동네에서 군대가 없을 수 있다는 상상력을 보여주는 것이 가장 중요한 평화운동입니다. 더 많은 사람들이 평화운동에 개입할 수 있는 가능성들을 만들어가야 해요. 그런 의미에서 강정마을에서 싸움을 하고 공사를 막으려고 했던 것도 굉장히 중요한 운동이었지만 강정에 직접 가지는 못했지만 연대했던 많은 사람들이 있었는데 그 에너지가 훨씬 더 중요한 것 아닌가 생각합니다. 그런 사람들이 있기 때문에 기지가 건설되었다고 하더라도 앞으로는 적어도 기지 확장을 막을 수 있는 네트워크가 가능한 것이죠.

송: 군사기지가 지어졌으니 뭘 할 수 있겠느냐면서 더 이상 반대운동을 하지 말자고 하는 사람들은 군사기지가 더욱 확장되도록

허용하고 환경을 조성하는 사람들입니다. 군산도 30만평에서 300만평으로 기지가 확장되었습니다. 군산에서 기지가 확장되어 쫓겨난 마을에 갔을 때 추석 현수막을 내걸었는데 거기에 '이제 고향에서 맞이할 수 있는 마지막 추석'이라는 씁쓸한 문구가 들어가 있더군요. 군사기지 때문에 마을이 쫓겨나고 점점 사라져가는 모습을 보면서 주민들이 어느 시점에서 기지반대운동을 했었더라면 이 지경까지는 오지 않았을 수도 있었겠다는 생각을 했었죠. 일제강점기 때 만든 기지가 미군에게 넘어간 것입니다. 한국의 미군 군사기지에 대해서 중국이 가끔 문제를 삼기도 하죠. 그렇지만 생각보다 제주 해군기지에 대해서는 중국의 반응이 그렇게 뜨겁지 않았어요. 중국은 어쩌면 제주도의 해군기지가 앞으로 중국의 해군기지로 활용될 수 있는 가능성을 내다보는 것이 아닌가 하는 생각이 듭니다. 타이완의 군사기지들에 대해 중국이 문제 삼지 않고, 남지나해의 타이완의 군사기지가 이제 거의 중국에 넘어갈 위기에 처해있습니다.

한 번 군사기지가 되면 주인은 바뀌더라도 군사기지로 그대로 남아 있거나 계속 확장되어갑니다. 어떻게 해서든 군사기지를 없애야 해요. 매년 12월 13일에 난징학살희생자 추모제를 하는데 2016년 올해 그 추모제를 제주 알뜨르 비행장에서 개최했어요. 그 비행장도 거의 30만평 정도 되는 비행장인데 그중에 6

만평을 제외하고 나머지 땅은 시민들에게 매년 불하해서 농사를 짓게 하고 있습니다. 그렇지만 여전히 국방부의 땅이죠. 군사기지로 남아 있는 한 언젠가는 이 땅도 군사기지로 활용될 가능성이 있습니다. 대정에 있는 사람들에게 이 땅을 반드시 되찾아 평화적으로 활용해야 한다고 간청했어요. 군사기지를 어떤 형태로든 그 지역에 가장 필요한 평화를 위하거나 그 마을의 숙원사업을 할 수 있는 공간으로 점점 환원하자고 제안을 해야 합니다.

박: 저도 비슷한 생각입니다. 필요이상으로 많은 기지가 있고 현행법상으로는 군대가 필요하다고 하면 어디든 막을 수 있는 방법이 없어요. 국방부자료를 들여다보면 지금은 사용하지는 않지만 향후에 계획이 있다는 명분으로 주민들이 의미있게 사용할 수 있음에도 불구하고 그냥 묵혀두는 땅도 너무 많습니다. 그런 것을 찾아내는 일도 중요하죠. 그만큼 우리나라는 국방부가 원하면 뭐든지 할 수 있는 나라예요.

송: 강정에서만 봐도 국가안보사업이기 때문에 환경문제, 문화재문제 등 여러 가지 문제들이 적법한 절차를 무시하고 너무 쉽게 풀려나가더군요. 국가안보 이데올로기가 이렇게 강력하구나 생각했습니다.

'지역' 중심의 평화운동

박: 국가안보 이데올로기도 문제지만 '지역'이 없다는 생각을 합니다. 오키나와에 가서 공무원들 대상으로 인터뷰를 한 적이 있어요. 우리나라의 구청에 해당하는 곳에 갔는데 지금까지 인상 깊게 남아 있는 것이 있습니다. 우리나라 주민센터에 가면 등본이나 증명서를 떼는 일을 주로 하는데 이런게 일제나 독재시대의 잔재라고 생각합니다. 주민센터가 주민을 관리하는 역할만 해왔던 것입니다. 주민센터에서 가지고 있는 것도 주민들의 신상에 관한 문서들입니다. 주민들의 편의를 위해 적극적으로 하는 일이 거의 없어요. 일본이 지방자치가 발달했다고 할 때는 단순히 규모도 크지만 하는 일의 차원에서 그렇게 말하는 것입니다. 한마디로 주민의 편의를 위해 봉사하는 일을 하죠. 오키나와처럼 군사기지가 있는 곳에서 일본의 주민들이 군사기지로 인해 피해를 받고 있을 때 주민들의 민원을 대리하고 대행해주는 일을 일본의 시청과 구청에서 합니다. 한국에서는 중앙정부의 군사적 이데올로기에서 주민들을 방어해주는 것은 아무것도 없다고 해도 과언이 아닙니다. 주민들이 직접 싸워야 하죠. 한국의 군대도 아니고 외국의 군대와 직접 소통하거나 일을 풀어나가기에는 전문성도 부족할 뿐더러 절차적으로 잘 소통조차 되지 않

습니다. 그런 기관이 한국에는 없다는 것을 확인하게 되었어요. 그 이후 3,4년 정도 계속 고민했던 주제 중 하나는 지방정부가 주민의 권리를 보호해야 하는데 오히려 중앙정부의 목소리를 대변해주고 주민을 억누르는 일만 한다는 것입니다. 강정을 보면 제주도청이나 그 이하의 기관들이 다 그렇습니다. 주민센터의 역할은 문서와 관련해서 하는 일밖에 없습니다. 이것이 군사문화의 잔재라는 생각을 많이 하게 되었어요.

오키나와의 주민센터는 주민들의 편의와 민의를 대변하는 역할을 하더군요. 한국에는 이런 역할을 하는 데가 없어요. 중앙정부의 횡포에 대해 지역 주민들을 위한 창구들이 그런 역할들을 해야 하는데 한국은 그런 역할을 하지 않습니다. 한국은 중앙정부의 횡포를 막을 수 있는 지자체의 행정적인 역할이 너무 약합니다. 제주는 하는 척하지 실제적으로 아무런 기능을 하지 않아요. 행정기관에 그러한 부서와 시설을 만들어야 합니다. 행정기관들은 너무나 당연히 주민들의 민의를 대변하고 대행하는 일을 해야 합니다. 강정도 마찬가지로 그런 기능들이 필요하죠. 주민들이 어떤 피해를 받고 있는지, 공군기지가 있는 곳에서는 소음피해가 얼마나 되는지 접수하는 곳이 별로 없어요. 주민들이 한참 이야기를 해야 기껏해야 소음기 몇 대 설치하는 정도입니다. 제가 관심을 갖고 있는 것이 기지와 군사주의이다 보니 우리나라 주민들은 정말 대단하다는 생각이 들 때가 많습니다. 아무것도 없는 상태에서 맨살 부대끼면서 만나야 하죠. 일본이나 다른 나라의 사례를 보면 중앙정부가 그 지역에 피해를 끼쳤을 때는 일차적으로 방어해주고 대리해줄 수 있는 행정기관들이 있습니다.

 오키나와 공무원들이 일하는 현장 네 곳 정도를 둘러보면서 공무원들에게 물어봤어요. 오키나와는 기초단위마다 미군관련 업무를 담당하는 부서들이 있더군요. 언제부터 이 부서가 있었느냐고 물으니까 미군기지가 들어오기 전부터 있었는지 이후에 생긴 건지 잘 모르더라고요. 너무 오래 전부터 있었기 때문에 주민들이 그곳에 이미 살고 있었고 당연히 주민들이 기지로부터 피해를 받으면 주민들을 대신해서 군시설에 연락을 넣어줄 수 있는 창구로 역할을 해야 한다고 생각하는 것입니다. 얼마나 피해를 받고 있고 현재 주민들의 땅 얼마가 군대 때문에 묶여있는지 그런 것들을 항상 경제적으로 확인해주는 통계를 내는 부서가 있어서 두세 명의 공무원들이 일을 하고 있었습니다. 오키나와 몇 십 개의 지자체에 있고 그 부서 공무원들끼리 연대를 하면서 통계를 내 중앙정부를 견제합니다. 제주는 사실 하는 척만 하지 아무것도 없어요. 이런 조건을 만들어 가는 것도 앞으로 기지와 긴장을 만들어내고 기지를 줄이고 없애는 데 중요한 일이라고 생각합니다.

평택평화센터에 관여하면서 끊임없이 고민하는 것도 행정기관에 관련부서를 만들어서 거대한 기지가 있는 상황에서 주민들의 삶이 어떤 방식으로든 피해를 받을 수 있는 현실에 행정적이고 전문적으로 대처해주는 업무를 현실화하는 문제와 관련된 것입니다. 바다가 오염되거나 주민의 토지가 오염될 수도 있고, 폭력 사태가 발생할 수도 있고, 훈련으로 인해 오폭사고가 일어날 수도 있고, 사격장이 있는 곳에서는 총알이 갑자기 민간으로 날아올 수도 있어요. 이런 상황들을 주민들이 어떻게 매번 인터넷을 뒤져가면서 싸울 수 있겠어요. 이런 민원을 접수하는 일은 행정기관이 당연히 해야 하는데 한국의 기초단체는 관리하려고만 하고 주민들이 조용히 있기를 바랍니다. 다음 단계에 강정에서 필요한 것은 행정기관들이 이런 일들을 하게 하는 것이 아닐까 생각합니다. 그런 일들이 정말 중요한 일은 아니더라도 보다 상식적인 일을 만들어가는 것입니다.

'관제' 평화운동의 한계를 넘어선 조직화

송: 행정기관에서 마을 주민들의 숙원사업이든 평화를 위한 활동을 지원하는 사업이든 제도적으로 만들어지는 것은 좋은 일이

라고 생각합니다. 제주도에서 놀랐던 일이 하나 있어요. 제주도에도 평화와 관련된 부서가 있더군요. 제주도가 평화의 섬으로 선포되고 나서 부서가 만들어졌어요. 거기에서 평화와 번영을 위한 포럼을 5월에 개최하기도 합니다. 그런데 한직이에요. 무슨 실적을 내야하는데 그런 방면에 관심이 없었던 사람이기 때문에 아이디어도 없어요. 그래서 누가 좋은 제안을 해주기를 바란다는 느낌이 있습니다. 문제는 공무원들이 상대하고 있는 사람들은 대부분이 퇴직 외교관들과 같은 사람들입니다. 제주도의 평화센터도 모두 그런 사람들을 위한 자리 만들기 수준입니다. 그런 사람들이 모이다보니 평화포럼도 퇴직 정치인들 모임처럼 되어버렸어요. 관제포럼이라는 게 그런 느낌이죠. 정말 열정과 관심을 갖고 있는 사람들에 의해 이런 일들이 추진되어야 하고 부서일도 이런 일에 열의와 관심이 있는 사람들이 해야 합니다. 제도와 열정이 잘 조화가 되면 얼마나 좋겠어요.

박: 현장에 있다 보면 시스템에 대한 고민을 하지 않을 수 없어요. 예비군 거부하는 친구들 만나면서 가장 어려워하는 부분이 후원회를 조직하는 일이라고 하더군요. 누군가의 도움을 구하는 건데 예비군 거부를 하는 사람들이 순전히 자기 자신의 삶을 위해서만 그렇게 하는 것이 아님에도 불구하고 도움을 요청하

는 일을 너무 어려워합니다. 저 역시도 마찬가지였어요. 뒤돌아 생각을 해보면 누군가가 도움을 주고 싶을 때 참여의 가능성을 열어주는 가장 쉬운 일이 후원하거나 동참하거나 편지를 쓰거나 같이 기도해주는 것 등이라고 생각합니다. 강정마을을 응원하는 수많은 사람들이 있다고 생각해요. 평화운동을 위해서 이런 분들이 참여할 수 있는 일들이 더 많이 있으면 좋겠어요. 평화운동가만 하는 평화운동이 아니라 여러 사람들에게 가능성을 열어주는 일이 있었으면 합니다. 강정에서 이와 같은 일들이 무엇이 있을까 고민해보기도 하죠. 예비군 거부하는 친구들이 직장동료이기도 해서 대화도 나누고 재판에 함께 가기도 하고 후원도 하기 때문에 힘이 되는 것처럼 강정에서도 그런 일이 있으면 좋겠어요.

송: 강정은 후원이나 지원이 충분하다고 말할 수는 없지만 어느 정도는 만들어져가고 있습니다. 그 이유는 강정이 느슨한 공동체적인 관계 안에서 공생한다는 생각들이 있기 때문입니다. 양심적 병역거부와 같은 일은 그 뜻을 중요하게 생각하는 지인들이 옥바라지역할을 하게 돼요. 저는 가끔 그런 생각을 합니다. 어떤 사람들은 선교사들을 파송하기 위해 인사하러 공항에 다섯 번 나오면 어느 순간에 자기가 다른 사람들의 파송을 받으며 공

항을 떠나게 된다는 얘기를 합니다. 감옥에 면회를 자주 가게 되면 감옥에 들어오게 된다는 말이 있어요.

박: 그런 건 좋은 일인 것 같습니다. 비슷한 마음이었던 사람들이 후원자 혹은 옥바라지로 도와주는 사람이었다가 후에 본인의 일이 되는 경우도 많이 있습니다. 이런 것도 연대일 수 있겠어요.

송: 전염되는 것이죠.

통일운동과 동북아시아의 평화적 연대

박: 앞에서 잠시 이야기를 나눴지만 통일운동에 대한 앞으로의 계획이나 생각을 말씀해 주시면 좋겠습니다.

송: 사실 여전히 여러 생각들을 하고 있는 중이라 아직 명확한 계획을 정리하지 못하고 있어요. 어떤 부분은 순화시키고 여과해야 할 부분도 있을 것이라고 생각합니다. 저는 모든 국민들이 통일에 대해서 관심을 갖고 작은 일이라도 자기가 할 수 있는 위치에서 하나씩 하는 것이 중요하다고 생각합니다. 마치 환경운동하는 사람들처럼 말이죠. 거대한 조직적인 시스템을 만들어서

하는 것이 아니라 개인들이 통일을 위한 작은 기여들을 하는 것이 현단계에서 실제적으로 접근할 수 있는 일입니다.

저는 북한의 주민들과 연대해야 한다는 책임을 느끼면서도 과도할 정도로 신중할 수밖에 없는 이유가 우리나라에 있는 북한과 관련된 많은 단체들이 서로 매우 예민한 경쟁구도 속에 있기 때문입니다. 그래서 우리가 접근하지 않거나 할 수 없는 빈 공간을 찾아서 우리가 할 수 있는 통일운동을 해야 하는 것 아닌가 생각합니다. 현재 마음에 품고 있는 것은 문익환 목사님께서 시민의 한 사람으로서 주도적으로 통일을 위한 본인의 열망을 아주 단순하면서도 구체적으로 실천에 옮기셨던 것처럼 개별 시민들이 그런 용기를 낼 필요가 있어요. 그것을 위해 받는 고난의 잔이 가득 채워질 때까지 통일은 오지 못할 지도 모릅니다. 그 이후 한상렬 목사님 같은 분이 역사와 공동성명의 대의를 갖고 북한을 방문하셨지만 저는 문익환 목사님의 걸어가신 길을 따르는 것이 하나의 예라고 생각합니다. 북한에 다녀오신 이후에 두 분이 국내법에 의해 처벌을 받으셨지만 그런 고난의 길에 더 많은 사람들이 동참할 필요가 있어요. 통일에 대해 자주 얘기하면서도 실제적으로 통일에 대해 두려워하거나 사실상 방해하는 정부정책과 사람들에 대해 대항할 수 있는 의지를 가진 시민들의 통일운동이 계속 이어져야 합니다.

통일운동은 남북의 관계 속에서만 볼 것이 아니라 넓게는 인류공동체의 일이지만 한중일의 국제적 관계를 통해 함께 평화를 만들어가는 운동이 필요합니다. 제주, 오키나와, 타이완을 평화의 섬으로 만들고 이 세 섬을 둘러싸고 있는 바다를 공존과 평화의 바다로 만들기 위한 희망을 갖자는 뜻에서 평화캠프를 해마다 개최하고 있습니다. 이 세 섬 주변부에 많은 섬들이 있는데 군사적으로 긴장이 더 고조되고 있는 현실입니다. 군사기지도 늘어나고 있어요. 그곳 주민들은 한결같이 반대를 하죠. 그렇지만 섬들이 고립되어 있기 때문에 정부와 각개전투를 벌이는 것처럼 보이기도 합니다. 다윗과 골리앗의 싸움과 같아요. 그 지역 주민들과 함께 연대하면서 동북아시아의 공통의 평화를 함께 만들자는 희망을 함께 전해야 합니다. 이것을 더 증진시키기 위해서 평화캠프도 해마다 개최할 뿐만 아니라 항해도 준비하고 있어요. 섬 주민들에게 혼자가 아니라 함께 연대해야 하고 연대할 수 있다는 의식과 믿음을 심어줘야 합니다.

국적을 넘어서서 하나가 될 수 있고 동북아시아 지역의 평화를 함께 만들어 가자는 뜻에서 협력과 연대를 위한 항해를 준비하고 있고 거의 매달 항해연습을 하고 있어요. 그런데 이 항해를 이 섬들뿐만 아니라 동심원을 확대하면서 북한지역까지도 항해의 목표로 삼으려고 합니다. 휴전선을 통해 넘어가는 건 얼마나 어려운 일인지 알고 있죠. 바다는 언제나 우리에게 열려 있는 공간입니다. 바다는 바람만 불면 갈 수 있어요. 단순하고 무모한 짓으로 보일지도 모르죠. 북한을 방문하고 싶은 사람을 준비시키고 싶어요. 한반도는 한민족을 위한 영토입니다. 남북한 어디든지 법적으로는 막을 수 있을지 모르겠으나 진정한 명분은 없다고 생각합니다. 북한을 갔는데 너 왜 여기 왔느냐고 묻는다면 할머니 묘소를 찾아서 왔다고 말하면 그것이 이유가 안 될까요. 제 할머니가 황해도 출신이시거든요.

박: 남북한은 아니더라도 국경을 넘어가는 일은 나름 의미있는 일이라고 생각하는데 위험할 것 같은데요.

'다수적인' 통일관과 통일에 대한 상상력

송: 통일에 대한 의지가 많이 사그라져서 젊은이들은 통일에 대해 더 이상 관심을 갖고 있지 않다고 말하는 사람들이 있어요. 하지만 저는 절대 그렇지 않다고 생각합니다. 젊은이들이 정치에 관심을 갖고 있지 않은 것처럼 보이지만 실망하고 있던 상황에서 촛불집회처럼 폭발했어요. 남북한은 칼로 물베기처럼 오천년의 역사를 함께 해온 우리민족인데 지금 서로 보지 않아서 그

렇지 직접 가서 보면 우리의 잃어버린 반쪽이라는 사실을 느낄 수밖에 없을 것입니다.

박: 최근에 남북문제를 많이 살펴보고 있어요. 오히려 저는 통일운동이라는 용어를 잘 사용하지 않는 편입니다. 그게 나쁘다고 판단한다기보다는 통일운동과 관련해서 너무 예민한 사람들이 많아요. 통일에 대한 생각이 모두 다 다르더라고요. 통일이라는 단어가 등장하는 순간 자꾸 선이 그어져요. 선을 없애자는 운동을 하는 것인데 오히려 선이 더 많이 그어진다는 생각이 듭니다. 평화운동의 일환에서 작은 것부터 시작하려는 고민이 있었으면 좋겠어요. 남북의 대치가 근본적으로는 국가주의의 산물인데 우리가 자꾸 큰 문제에서부터 출발하게 되면 결국 누구의 통일이며 누구에 의한 방식인지에서부터 끊임없이 갈라지는 선택을 할 수밖에 없을 것입니다. 상상력을 키워서 남한이 보다 다양한 마을로 나눠지면 좋은 것처럼 더 작은 규모의 교류가 늘어나면 좋겠습니다. 아주 작은 단위의 지역이 연대하는 방식으로 국경이 무너졌으면 좋겠다는 상상을 합니다. 이 운동을 국가가 주도하지 않았으면 좋겠어요. 한국 안에도 남북문제를 바라보는 매우 다양한 그룹이 있는데 운동은 여기서부터 시작해야 될지도 모르겠어요.

남북의 문제보다도 통일을 바라보는 남한의 다양한 의견들을 통일해나가는 일이 더 중요한 이야기의 시작일 수도 있어요. 이 그룹들 간의 공통점을 찾는다면 가장 가까운 방식의 화해 즉 긴장을 줄이는 방식이 무엇인지를 찾아가는 과정에서 서로의 약속을 만들어가는 것이 필요합니다. 평화운동을 했지만 통일의 '통'자를 꺼내는 순간 내가 어느 지점에 서야할지를 고민해야 할 만큼 우리사회에서 너무나 중요하고 뜨거운 주제입니다. 물론 관심이 없는 사람도 있겠지만 그럼에도 늘 대선이나 총선 등 큰 이슈가 있을 때마다 모두가 의견을 내는 중요한 주제이기도 하죠. 제가 평화운동을 해온 방식에서 보면 약속을 만들어가는 방식에서부터 통일의 목소리를 내고 있는 우리가 서로 합의할 수 있는 것은 무엇인지를 물어보는 것입니다. 우리가 합의할 수 있는 최소한의 약속은 군사적 긴장을 낮추는 것이 아닐까요. 이 방향에 동의하다보면 우리가 원하는 마지막 단계까지 갈 수 있을 것 같습니다. 굳이 처음부터 마지막 단계의 다른 의견들 때문에 서로가 긴장할 필요는 없을 것 같아요. 남북운동이든 통일운동이든 그 운동이 남과 북을 연결하는 운동도 되지만 남한의 좌와 우를 연결하고 다양한 스펙트럼을 모아내는 중요한 주제가 될 수 있을 것 같다는 생각입니다.

최근에 이런 생각을 많이 해요. 무슨 일을 함께 하지만 서로 다른 생각을 갖고 있을 때 각자의 생각을 존중하면서도 최소한 함께 한 발 내디딜 수 있는 것이 중요하다는 것이죠. 남북문제나 통일은 너무나 큰 문제이기 때문에 많은 사람이 동의하지 않으면 한 발자국도 내디딜 수 없는 일입니다. 근본적으로 통일운동과 다른 이야기는 아니지만 정부가 주도하는 것이 아니라 우리가 동의할 수 있는 작은 약속에서부터 방법을 찾아갈 수 있으면 좋겠어요. 어쩌면 우리가 바라보는 최종적인 목표는 화해일 텐데 그것은 기본적으로 작은 약속과 다르지 않습니다. 추상적인 생각이긴 하지만 이런 과정을 통해 남북의 화해뿐만 아니라 동아시아의 화해로 나아갈 것입니다.

그렇다면 구체적인 현장이 어디일까 질문하게 됩니다. 어쩌면 그런 의미에서 제가 기지촌이라고 하는 지역으로 초점을 맞춰봤던 것이죠. 평화운동의 구체적인 현장이 어디일지 계속 생각하게 됩니다. 이런 일을 하면서 제가 어떤 입장을 이야기하는 순간 이 운동에 참여하는 사람들이 상당히 예민해지는데 저 또한 왜 이 문제를 예민한 것으로 전제하고 접근해야 하는 걸까 질문해요. 통일운동의 남북문제는 어쩌면 쉽게 이야기하고 함께 힘을 모아야 하는 운동인데 우리가 정반대의 길을 간 것은 아닐까 하는 생각도 하죠.

송: 통일에 대한 하나의 일치된 의견을 만드는 것은 통일이 되는 것보다 더 어려울 수 있을 것 같네요.

박: 그래서 가장 낮은 단계를 합의하면 됩니다. 군사적 긴장을 낮추자는 데 동의해가면 되지 않을까요.

송: 거기서부터 쉽지가 않습니다. 통일을 위해 군사력을 더 길러야 한다고 주장하는 사람도 있기 때문이죠. 기독교인들 중에는 이런 사람들이 유독 많습니다. 저는 그 의견차를 좁히기 쉽지 않을 것이라고 봅니다. 나름 생각을 갖고 다소간의 노력들은 할 것이고 어딘가에서 물꼬가 터질 것입니다.

박: 평화운동가에게 '우리가 다수다'라는 믿음이 있다고 생각합니다. 최근의 정치적 열망에서도 그렇지만 현실적으로는 우리가 늘 소수이지만 알고 보면 더 평화로운 세상을 바라는 사람은 다수일 것이라는 믿음이 있습니다. 그것을 어떻게 표현하느냐가 조금씩 다를 뿐이죠. 제가 자신 있게 행동할 수 있는 것은 어떤 방식으로든 우리 사회가 약속을 지키기를 원하고 그것이 누구를 죽이는 방식은 아니기를 바라는 믿음 때문입니다. 전쟁을 바라는 사람은 마지막에는 소수일 것이라고 생각합니다.

평화운동의 현장성이 변화의 핵심

송: 저도 그것이 현실이라고 생각합니다. 한국사회는 가난한 소시민들이 재벌을 염려해주는 사회입니다. 법인세를 낮추는 문제에 가난한 사람이 더 응원하는 것을 볼 수 있습니다. 본인의 사회적 계층을 인식 못하고 남을 위해 '종노릇'합니다. 평화도 마찬가지라고 생각합니다. 제주도에서도 주변의 사람들을 통해서 느낀 점이 있습니다. 제 개인적인 견해이긴 하지만 비무장평화의 섬 제주를 만드는 데 동의를 하느냐고 설문조사를 해보면 반대를 하거나 응답하지 않는 사람들이 많아요. 그런데 특이한 점은 제주도에 군사기지가 있는 것이 좋으냐 없는 것이 좋으냐의 질문에는 대부분이 군사기지가 없는 쪽을 선택하는데도 그렇게 응답한다는 점입니다. 그러니까 많은 사람들이 군대가 있어야 할 것이라고 생각하지만 실제로 마음속에는 군대가 없기를 바라죠. 두 가지 생각이 분열적으로 존재합니다. 많은 사람들은 평화롭기를 원할 것입니다. 그러나 한편으로는 우리 의식은 지나칠 정도로 세뇌가 되어서 군대 없이는 평화도 없다는 생각에 매우 익숙합니다. 우리가 사람들의 마음속에 있는 진정한 희망을 잘 풀어내는 것이 정말 중요한 것 같습니다.

박: 그것을 끄집어내는 것이 정말 중요한 일입니다. 사람들 마음에 그것이 있다고 생각하기 때문에 끊임없이 활동을 하는 것입니다. 누군가 우리의 현장을 보고 마음을 바꾸게 될 것이라고 믿기 때문에 평화활동들을 지속적으로 할 수 있는 것입니다.

송: 그런 마음을 끌어내기 위해서는 어떤 대가(代價)가 필요한 것 같습니다. 제주 강정에서 활동하고 있는 최성희 씨가 해군기지 반대운동을 아주 거칠고 상스럽게 제지하는 용역들과 군인들을 바라보면서 저 사람들도 언젠가는 평화운동가가 될 수 있다는 희망을 저버리지 말자는 말을 반복해서 했어요. 저에게는 정말 따뜻하고 아름다운 말로 들렸습니다. 브루스 개그넌이라는 유명한 평화운동가도 원래 군인이었는데 군대에서 1인 시위를 하는 사람을 통해서 마음이 개종이 되었어요. 실제로 평화운동가들 중에 그런 사람들이 많습니다. 주변에 정말 폭력적인 사람들이나 평화운동을 방해하는 사람들에게 희망을 가져야 합니다. 그런 사람들도 실제로는 그들의 마음속에 평화에 대한 갈망이 담겨있다는 것을 믿고 존중할 필요가 있어요. 간디가 우리를 반대하고 가로막고 있는 사람들을 가족처럼 생각하지 않고는 결코 승리할 수 없다고 말했죠. 저는 이 말을 강정에서도 계속 마음에 새겼었어요. 그런 사람들의 내면에 있는 평화에 대한 희망이 발

현이 되어서 자신을 둘러싸고 있는 선입견이나 고정관념을 부수고 나올 수 있을 정도의 힘을 얻을 수 있도록 계속적으로 평화에 대한 시위든 평화의 활동들을 꾸준히 해나가는 것이 중요한 과제인 것 같습니다.

박: 한국에도 이라크전쟁 당시 군인이었던 강철민이나, 2008년 광우병 촛불시위 당시 의경이었던 이길중이 있죠. 최근에 비슷한 사례를 들었습니다. 탄핵관련 촛불시위에 참여를 하다보면 청와대 근처에 있는 사무실 화장실들을 개방하는 경우가 있어요. 참여연대에서 활동하는 어떤 지인이 화장실에 들어가게 되었는데 화장실 안에서 "어둠은 빛을 이길 수 없다~"라는 노래가 들려 시민들이 와서 화장실을 사용하나보다 생각했는데 의경이 나와서 서로 깜짝 놀랐던 경험을 이야기로 직접 들었습니다. 우리가 마주 대하는 공권력은 인격을 상실한 대상처럼 보이지만 사실 국가폭력을 대변하는 그들이 언젠가는 평화운동 지지자나 운동가가 될 수 있습니다. 의경들을 마주서보면 헬멧 속에 감추어진 얼굴로 흐느끼는 분들을 볼 수 있어요. 그곳에 그렇게 서있는 것 자체가 너무나 고통스러운 것이죠. 차마 그 껍질을 벗을 수 없기 때문에 그렇게 묵묵히 서있다는 것을 확인하다보면 더 그런 가능성을 기대하게 됩니다.

'칼을 쳐서 보습을'

송: 그리스도인들이 평화운동에 기여할 수 있는 중요한 지점이 있다고 생각합니다. 그리스도인들에게는 전쟁 없는 세상에 대한 묵시가 주어져 있어요. '칼을 쳐서 보습을 만들고 창을 쳐서 낫으로 만드는' 그런 묵시 말이죠. 그런 묵시의 말씀을 마음속에 담고 평화운동을 하는 사람과 막연히 전쟁이 없는 세상이 좋은 것 아닌가 생각하면서 평화운동 하는 사람 간에는 큰 차이가 있다고 생각합니다. 지금도 강정의 평화운동의 중심에 그리스도인들이 있습니다. 가톨릭교인도 있고 개신교인도 있어요. 이들이 좋은 영향력을 주고 있습니다. 이들은 끝없는 희망과 불굴의 확신을 갖고 낙심과 환멸을 느낄 수 있는 상황에서도 그것을 극복해나가려는 신앙과 신념의 힘이 있는 것 같습니다. 강정에서 해군기지가 나가지 않고 그곳에서 지속적으로 평화의 백신이 만들어지는 상상을 해볼 수 있어요. 해군기지 완공에 대한 실망과 좌절을 넘어서 어떤 새로운 일이 일어나는 계기가 될지도 모른다는 생각도 품을 수 있죠. 만약에 실제로 해군기지가 저지되었다면 어떤 일이 벌어질까 생각했을 때 강정마을 사람들뿐만 아니라 제주사람들과 활동가들 사이에 극한의 대립과 갈등이 발생했을지도 모릅니다. 평화의 길이 계속적으로 지체되는 것은 안타

깝지만 지체되는 데는 함의가 있을 것입니다. 전쟁 없는 세상에 대한 희망을 갖고 계속적으로 전쟁 없는 세상으로 나아갈 책임과 과제를 우리에게 수행하도록 시각화하는 것이죠. 젊은 세대가 이 험한 길에 계속 많이 들어서야 합니다.

박: 이 세상이 평화로워질 때까지 끊임없이 그런 사람들이 생겨날 것이라고 믿습니다.

에필로그

평화의 답장을 기다리며

 몇 대의 전투기가 하얀 구름을 그리며 하늘을 가로지르자 곧 시끄러운 소음이 귀를 사정없이 두드립니다. 어린이 어른 할 것 없이 모두 귀를 막으면서 하늘을 올려다봅니다. 구경 온 사람들은 이 불쾌한 소음에도 하늘을 날아가는 거대한 강철 덩어리가 신기한지 묘한 표정을 짓습니다. 몇 사람은 마치 사격을 하듯 거대한 카메라를 하늘로 향하고 전투기를 쫓습니다. 찰칵찰칵찰칵. 카메라 셔터의 박자에 맞춰 전투기들은 서서히 눈에서 사라집니다.

 올해 성남에 위치한 서울공항에는 2년마다 열리는 아덱스(ADEX)라는 이름의 무기 박람회가 열렸습니다. 영어 알파벳을 그럴 듯하게 배치했지만 실상은 정부가 무기를 대규모로 거래하기 위해 마련한 자리입니다. 여기에 과거 에어쇼의 몸집을 키워 일반인을 위한 전시회를 더했습니다. 이제는 국산 무기를 수출하겠다는 이상한 논리까지 더해서 말이지요.

평화활동가들도 매번 이 날에 맞춰 준비를 합니다. 외국에서 온 무기 상인들에 항의하는 직접행동도 하고, 행사 당일에는 박람회 입구부터 전쟁무기의 실상을 알리는 전시회를 진행합니다. 이 무기들이 민간인들에게 얼마나 위험한지, 또 기업들은 무기를 만들어서 얼마나 큰 이익을 얻는지, 이 비싼 무기를 사지 않고 복지에 사용한다면 우리의 삶이 얼마나 달라질 수 있는지 말합니다. 하지만 중간중간 하늘을 가르는 전투기가 출현하면 모두 하던 일을 멈출 수밖에 없습니다. 바로 옆 사람의 목소리도 들리지 않을 정도로 시끄러운 굉음은 다른 일들을 모두 중단시키기에 충분합니다.

전투기를 올려보며 내가 선 자리가 더 이상 안전한 장소가 아니라면 어떨지 상상해보았습니다. 이 전투기 소리를 실제 전쟁터에서 들었다면 어땠을까요. 육중한 제트엔진의 소음이 귀가 아니라 가슴을 세차게 두드렸겠지요. 더군다나 지상에 거대한 그림자를 그리며 날아가는 전투기를 감히 쳐다볼 사람도 많지 않을 겁니다. 주위를 둘러보았습니다. 하지만 관객들 중에 전투기를 보며 불편한 표정을 짓는 사람은 찾을 수 없었습니다. 여기는 안전한 박람회장이라는 걸 잘 알고 있습니다. 하지만 제가 떠올렸던 그 기분을 전해주고 싶었습니다.

일본의 소설가이자 평화활동가 오다 마코토는 미국 유학시절 1945년 오사카대공습을 기록한 뉴욕타임스의 사진을 보며 벌레의 편에 서서 싸우겠다고 생각했습니다. 하늘에서 조감도로 촬영한 사진에는 폭격기 아래로 도시가 불타고 있었습니다. 하지만 사진에는 땅에서 떨며 숨죽이고 있던 사람들의 모습은 없었습니다. 바로 자신과 같이 대공습 당시 폭격을 겪었던 사람들의 경험과 달랐던 것이지요. 이 경험은 새의 눈으로 보면 폭격은 마치 불꽃놀이처럼 아름답겠지만 땅에 선 벌레의 입장에서는 끔찍한 현실이라는 사실을 알려줍니다. 그리고 자신의 전쟁 체험을 통해 오다 마코토는 벌레를 찾는 새가 아니라 새를 피하는 벌레의 편에서 살기로 결심합니다.

정부가 무기를 도입할 때마다 기왕이면 더 비싸고 강한 무기를 가졌으면 좋겠다고 말하는 사람들이 있습니다. 전쟁무기가 어른들을 위한 장난감도 아닌데 세금에는 민감하면서 수조 원짜리 무기를 좋아하는 이유를 이해하기 어렵습니다. 남북 간에 갈등이 있을 때마다 전쟁도 불사하겠다는 사람도 만납니다. 그럴 때면 저는 이 사람들이 혹시 전쟁을 새의 눈으로 보고 있는 것은 아닐까 생각합니다. 어떻게 전쟁을 나와는 관계없는 듯이 이야기하는지 궁금하기도 합니다. 그리고 그때마다 제가 할 수 있는 일은 전쟁을 벌레의 눈에서 설명해주는 거라고 생각했습니다. 우리는 전쟁에서 어느 편에 서 있을까요? 새일까요 벌레일까요.

제가 쓴 편지는 어쩌면 그런 바람이었을지 모르겠습니다. 이 책에 실린 편지는 모두 2012년 5월부터 2013년 11월까지 〈복음과 상황〉을 통해 연재했던 글입니다. 강정마을 해군기지에 반대하며 송강호 선생님이 구속되면서 시작된 두 사람 간의 편지를 지면을 통해 공개하기로 결정하면서 걱정이 앞섰습니다. 무엇보다 편지를 통해 나눈 주제들이 하나같이 무겁고 불편한 이야기였기 때문입니다. 감옥에서 시작하는 이야기는 감옥보다 더 무거운 책임을 묻는 것 같았습니다. 하지만 반면 더 많은 사람과 이야기하고 싶은 마음도 숨기고 싶지 않았습니다. 비록 근사하지 않더라도 한 명이라도 더 이 불편한 이야기에 초대하고 싶었습니다. 너무 작아서 잘 보이지 않는 사람들의 이야기를 편지로 나누고 싶었습니다.

그런데 이 글을 준비하면서 저 역시 제가 보낸 편지의 수신인이 되었습니다. 마치 5년 전의 제가 지금의 저에게 보내는 편지라도 되는 것처럼 편지를 읽었습니다. 다시 편지를 읽게 될 거라고 생각하지 않았습니다. 다시 읽으면서 가장 부끄러웠던 것은 부족한 글 솜씨였습니다. 하지만 그보다 편지를 통해 생각의 발자국을 따라가는 경험은 감사했습니다. 지금의 저는 어떤 답장을 해줄 수 있을지 생각했습니다.

마지막 편지를 보낸 후 4년간 적지 않은 일들이 있었습니다. 강정마을에는 결국 해군기지가 완공되었고, 사드 배치 문제로 이번에는 성주 소성리 주민들을 진압하기 위해 수천 명의 공권력이 투입되었습니다. 올해 들어 북한은 한 달에 몇 차례씩 미사일을 발사했고 핵실험까지 진행했습니다. 미국은 한반도만이 아니라 세계 곳곳의 분쟁지역을 자극하고 있습니다.

하지만 우리의 평화도 멈추지 않습니다. 강정마을에는 군사기지를 감시하고 다시 해군을 내보내기 위한 움직임이 계속 되고 있습니다. 성주 주민들도 포기하지 않았습니다. 대추리는 이제 10년이 되었지만 아직 평화를 이야기합니다. 평화교육을 위한 활동도 과거보다 활발해졌습니다. 다른 나라의 분쟁지역과 연대하는 활동도 계속 소식을 듣고 있습니다.

미약하지만 이런 노력들을 다시 소개할 수 있다면 좋겠다고 생각했습니다. 편지를 통해 나누지 못한 평화의 현장들이 많습니다. 큰 전쟁은 당장 막을 수 없더라도 주변의 작은 전쟁에 맞서는 사람들이 있습니다. 어쩌면 그들 하나하나가 아직 다 쓰기 못한 편지라는 생각도 했습니다. 그리고 모두 수신인들을 기다리고 있습니다.

편지를 읽으며 SNS에서 유행하는 유리병에 담긴 편지 이야기가 생각났습니다. 그 이야기처럼 송강호 선생님과 저의 편지를 읽은 분들이 다른 5명에게 평화의 편지를 써야 한다면 어떨까요. 어쩌면 재미있는 일이 벌어질지 모른다고 혼자 웃어보았습니다. "평화를 위한 싸움은 상상력과 예술의 힘으로 싸우는 것이며 사랑과 우정의 힘으로 폭력에 대항하는 것"이라는 말을 다시 생각해 봅니다.

편지가 다시 저에게 도착하기를 기다려 봅니다. 그때 다시 평화의 이름으로 인사드리고 싶습니다.

2017년 12월 11일
박정경수 드림